COLLECTION
ROLF HEYNE

DIE
WEINE
SÜD-
AFRIKAS

DIE WEINE SÜD- AFRIKAS

WENDY TOERIEN

MIT EINEM VORWORT VON JENS PRIEWE

COLLECTION ROLF HEYNE
MÜNCHEN

DANKSAGUNG

Unser Dank gilt allen Weinmachern und Weinbauern, die uns so großzügig ihre Zeit gewidmet haben und ihr fachmännisches Können, ihr Wissen und ihre Liebe zum Wein mit uns Autoren teilten. Wir versuchen lediglich ihre Botschaft zu verbreiten. Ich selbst nutze schließlich die Gelegenheit, meinen besonderen Dank auszusprechen an Johan Malan vom Weingut Simonsig, Nicky Krone vom Weingut Twee Jonge Gezellen, Carl Schultz vom Weingut Hartenberg und an den Weinbauern Johan Pienaar für seinen offenen Empfang und seinen ebenso offenen Geist.
Die Collection Rolf Heyne dankt Jossi Loibl, auf dessen Anregung dieses Buch ins Programm genommen wurde.

Titel der englischsprachigen Originalausgabe
WINES & VINEYARDS OF SOUTH AFRIKA

Ins Deutsche übertragen von Stephanie Giltjes
Redaktion: AIO, München

Copyright © 2000 Struik Publishers (Pty) Ltd. (a member of Struik New Holland Publishing (Pty) Ltd.)
Text © Wendy Toerien 2000
Fotografie © siehe Bildquellennachweis
Karten © Struik Image Library/Dave Snook 2000
Copyright © 2002 der deutschen Ausgabe by Collection Rolf Heyne GmbH & Co. KG, München

Alle Rechte, insbesondere das Recht der Vervielfältigung und Verbreitung, vorbehalten. Kein Teil des Werkes darf in irgendeiner Form (durch Fotokopieren, Mikrofilm oder ein anderes Verfahren) ohne schriftliche Genehmigung reproduziert oder unter Verwendung elektronischer Systeme vervielfältigt oder verbreitet werden.

Umschlaggestaltung: RME/Roland Eschelbeck/Rosemarie Kreuzer, München, unter Verwendung von Fotos von Shaen Adey/SIL (Vorderseite) und Armin Faber, Faber & Partner, Düsseldorf (Rückseite)
Herstellung: Karlheinz Rau
Illustration: Dave Snook
Satz: SatzTeam Berger, Ellwangen/Jagst
Repro: Hirt & Carter Cape (Pty) Ltd.
Druck und Bindung: Tien Wah Press, Singapore

Printed in Singapore

ISBN 3-89910-150-2

BILDQUELLENNACHWEIS

SHAEN ADEY/SIL: Seiten: 5 (drittes Bild von unten); 19 (unten); 24–25, 118, 121 (unten), 124, 127, 133, 153, 168.
MIKE ALLWOOD-COPPIN/NDWP: Seiten 40–41. **PAT DE LA HARPE/AFRICA IMAGERY:** Seite 126. **ROGER DE LA HARPE/AFRICA IMAGERY:** Seite 11. **GERHARD DREYER/SIL:** Seite 161. **JEAN DU PLESSIS:** Seite 160. **CHARLEY VAN DUGTEREN:** Seiten 114–115, 157 (unten), 171 (unten), 172–173.
CHARLY VAN DUGTEREN/SIL: Seiten 13 (oben), 15, 16, 19 (oben), 23 (oben), 29 (oben), 31, 34 (oben), 37 (oben), 38 (oben), 39 (oben), 40 (oben), 43, 47 (unten), 50 (oben), 52 (oben links und rechts), 55, 56 (oben), 57 (oben), 60 (oben), 62 (oben), 65 (oben), 67, 69 (oben), 72, 74 (unten), 75 (unten), 76 (unten), 81 (unten), 82 (unten), 83 (oben), 84 (oben), 85 (oben), 86 (oben), 87 (unten), 88 (oben), 97 (oben), 98 (oben), 101, 103 (oben und unten), 113 (rechts), 114 (oben), 121 (oben), 122, 129, 135 (unten), 138 (links, rechts), 142 (oben), 147 (oben), 149, 150, 157 (oben), 163 (oben), 164 (links), 171 (oben), 173 (oben).
HEIN VON HÖRSTEN: Seiten: 5 (unten), 10, 13 (unten), 14, 17, 18, 20, 21, 23 (unten), 26, 29 (unten), 30, 32, 45, 47 (oben), 50 (unten), 51, 52 (unten), 53, 56 (unten), 57 (unten), 60–61, 62 (unten), 65 (unten), 66, 70–71, 74 (oben), 75 (oben), 76 (oben), 88 (unten), 97 (unten), 110, 119, 122–123, 144, 145, 154, 155, 169.
LANZ VON HÖRSTEN: Seiten: 5 (oben, zweites Bild von oben, drittes Bild von oben, zweites Bild von unten), 27, 34–35, 36, 38 (links), 39 (unten, 42, 48, 54–55, 58, 69 (unten), 78, 79, 81 (oben), 83 (oben), 83 (unten), 84 (unten), 85 (unten), 86 (unten), 87 (oben), 90–91, 92, 94, 95, 99, 100, 102, 104–105, 106–107, 109, 111, 113 (links), 116, 130, 131, 132, 135 (oben), 136–137, 139, 143, 147 (unten), 148, 151, 163 (unten), 164–165, 166.

INHALT

6		**EINE WEINNATION IM AUFSCHWUNG**
		VORWORT VON JENS PRIEWE
6		**DAS WEINBAULAND SÜDAFRIKA**
9		**DIE KAP-ANBAUGEBIETE**

WEINE, WEINMACHER UND WEINGÜTER

11		CONSTANTIA
21		DURBANVILLE
27		STELLENBOSCH
79		PAARL
95		FRANSCHHOEK
111		WELLINGTON
119		SWARTLAND
127		TULBAGH
133		OVERBERG
145		ROBERTSON
155		WORCESTER
161		KLEIN KAROO
169		OLIFANTS RIVER

| 174 | | **ANHANG** |

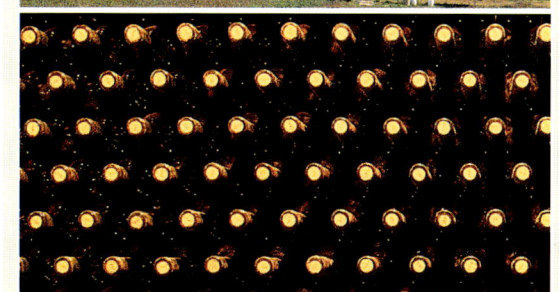

JENS PRIEWE

EINE WEINNATION IM AUFSCHWUNG
Ein Vorwort

Während Weine aus Südafrika längst die Regale der Weinhandlungen füllen, sind Informationen über den südafrikanischen Wein immer noch rar. Diesem Mangel will Wendy Toerien mit ihrem Buch »Die Weine Südafrikas« abhelfen. Das Vorhaben ist ihr glänzend gelungen. Die Autorin zeigt, dass sich der Wind im Land am Kap der Guten Hoffnung gedreht hat, was den Wein angeht. Immer mehr Weinfarmer – wie die Winzer des Landes heißen – streben danach, ihren Reben Qualität statt Menge abzufordern. Immer mehr Weinmacher arbeiten daran, die Kluft, die zwischen Südafrika und dem Rest der Welt bestand, zu schließen. Folge ist, dass immer neue, immer bessere Weine aus dem südlichen Teil Afrikas kommen.

Menschen, die Südafrika bereist haben, mögen mit dieser Botschaft bereits vertraut sein. Doch Wendy Toerien belässt es nicht bei der bloßen Feststellung. Sie entführt den Leser in die faszinierende Hügellandschaft Stellenboschs, der Heimat des roten Pinotage. Sie begleitet ihn in das heiße, von schroffen Felsmassiven eingerahmte Paarl mit seinen dunklen, dichten Cabernets und Syrahs. Sie führt sie ins kühle, meernahe Hermanus, von wo die neuen Chardonnays und Pinot Noirs kommen. Sie beschreibt die Vorzüge moderner Hightech-Kellereien, sie berichtet vom Charme der malerischen kap-holländischen Weinfarmen von Constantia, aus deren Kellern die schönsten Sauvignon Blancs des Landes kommen. Neben den bekannten Weinregionen vergisst die Autorin nicht die neuen *cool climate areas* zu erwähnen, in die der südafrikanische Weinbau zunehmend ausweicht: etwa die raue, windige Atlantikküste bei Durbanville, einem verschlafenen Vorort von Kapstadt, oder das putzige Städtchen Darling, das bislang nur wegen seiner Blumenmeere Schlagzeilen machte. Vielleicht liegt dort die Zukunft des südafrikanischen Weinbaus.

Dabei schlägt ihr Herz erkennbar für die kleinen, kreativen Weinbaubetriebe, in denen Individualisten mit Ambition, Intuition und Leidenschaft an ihren Weinen feilen. Sie verkennt aber auch nicht die Bemühungen der großen Weinindustrie, sich von ihrer teils unseligen Vergangenheit zu lösen und den neuen Herausforderungen zu stellen.

Südafrika ist eine Weinnation im Aufschwung. Genährt wird der Aufschwung durch einen boomenden Tourismus, der die Botschaft vom neuen südafrikanischen Wein in der ganzen Welt verbreitet. Die atemberaubende Schönheit der Landschaft hat auch Menschen, die eigentlich zum Golfspielen oder wegen der weißen Strände ans Kap gekommen sind, Bekanntschaft mit dem Wein schließen lassen. Denn der Besuch von Weingütern ist die schönste Art, das Kap zu erleben. Fast alle Güter sind für Besucher offen. Viele laden zum Verweilen ein. Einige betreiben nebenher Feinschmeckerrestaurants, andere servieren auf gepflegtem Rasen unter knorrigen Eichen eine »kleine Küche«: Salate, Sandwiches, Pasta mit Scampi zum Beispiel. Dazu wird gut gekühlter Rosé oder Sauvignon Blanc angeboten. Nirgendwo auf der Welt gibt es ein entspannteres *hang over* als in den parkartigen Gärten der Weingüter, umgeben von blühenden Hortensien und leuchtender Bougainvillea.

Doch bei aller Begeisterung sollten die Weintrinker, die heute genüsslich an ihrem Chardonnay oder Merlot nippen, nicht vergessen, dass die Geschichte des modernen südafrikanischen Weins noch jung und das Potential, das in den Böden am Kap der Guten Hoffnung steckt, nicht ausgeschöpft ist. Viele Weinberge stammen noch aus der alten Zeit, als Südafrika ein Massenweinland war. Die Reben sind zwar genauestens auf Viruskrankheiten geprüft, aber nicht nach Qualität selektiert worden. Viele Weinfarmer kommen mit dem Wegfall der Traubenabnahme-Garantien und dem Umbau des Genossenschaftswesens nicht zurecht. Und manche der neuen, publicitysüchtigen Weininvestoren, die pompöse Weinkeller hochziehen, haben von Wein keine Ahnung und wollen nur den schnellen Profit. Das heißt: Die Wandlung vom Massenproduzenten zur Spitzenweinnation ist in Südafrika noch nicht vollzogen. Einer kleinen Zahl von Hochgewächsen steht eine große Menge biederer Tropfen und ein Meer von schlichten Billigweinen gegenüber, die unter bunten Phantasie-Etiketten verkauft oder im Fass exportiert werden, um anonym in irgendwelchen internationalen Weinverschnitten zu verschwinden.

Wendy Toerien stellt hier nur die guten und die sehr guten Weine Südafrikas vor. Aber sie tut es mit einer Kennerschaft, die in Südafrika selten anzutreffen ist. Durch ihre langjährige Redakteurstätigkeit für das führende Weinmagazin Südafrikas hat sie die Entstehung der neuen Weinszene genau beobachtet. Sie kennt die Weinfarmer und Weinfarmen. Sie degustiert deren Weine regelmäßig. Kultur und Ethnologie der Kapprovinz sind ihr gleichermaßen vertraut. Kurz: Sie weiß, worüber sie schreibt. Ihr Buch ist daher nicht nur animierend, sondern auch verlässlich in seinem Informationsgehalt.

DAS WEINBAULAND SÜDAFRIKA

Südafrika wird endlich als Produzent von Qualitätsweinen anerkannt. Das Kap ist mit seinem milden mediterranen Klima, das von maritimen Witterungsbedingungen und bergigem Terroir beeinflusst ist, ideal für den Anbau von guten Weintrauben. Die Winter, die mitten im Jahr liegen, sind kalt und regnerisch und geben den ruhenden Rebstöcken Zeit, um neue Kräfte zu sammeln und Wasser zu speichern. Der Frühling ist gewöhnlich mild und sonnig genug, damit die Rebstöcke gut knospen und sich genügend Beeren bilden können. Die Sommer sind warm bis heiß, mit langen, sonnigen Tagen, wodurch ein optimales Reifen der Früchte gefördert wird. Übermäßige Hitze wird oft durch den vorherrschenden Südostwind und Brisen vom kalten Atlantik an den Süd- und Westküsten gemäßigt. Unter solchen Bedingungen gibt es selten einen schlechten Jahrgang, anders als in Europa, wo die Jahrgänge uneinheitlicher sind.

Die Böden der südafrikanischen Weinländer bestehen hauptsächlich aus Granit, Schiefer oder Sandstein. Die Böden in Talsohlen und an Flussufern sind sandig oder angeschwemmt und ziemlich tief. Kennzeichnend für die letzteren ist die dunkelbraune, nahezu schwarze Farbe und der hohe Gehalt an organischen Nährstoffen. Es waren traditionell genau diese Gebiete – wegen der guten Bewässerungsmöglichkeiten und des bequemen Anbaus –, wo Weintrauben im Überfluss angebaut wurden; die Folge war die Produktion von riesigen Mengen mittelmäßigen Weins.

Die zunehmende Fachkenntnis im Weinbau, die über die letzten Jahrzehnte erworben wurde, hat dazu geführt, dass viele Weinbauern nun ihre Reben in den Vorgebirgen anbauen und nach besseren Böden und einem kühleren, mittleren Klima suchen, wo die Früchte langsamer reifen und geschmacksintensiver sind. Diese Bedingungen finden sich sowohl in traditionellen erstklassigen Weingebieten als auch im heißen Hinterland, der Heimat des früheren Massenweins.

Wirklich aufregend sind jedoch die neuen Weinbaugebiete, die im Anschluss an die schon lange überfällige Abschaffung des protektionistischen Quotensystems des KWV in den frühen 90er Jahren des 20. Jahrhunderts erschlossen wurden.

Dieses Quotensystem besagte, dass der Anbau von Weintrauben nur auf bereits bestehenden Gütern auf historisch abgegrenzten Gebieten erlaubt war. Darunter gab es jedoch viele Gebiete, die in hohem Maße für die Erzeugung von Qualitätsweinen ungeeignet waren.

Das Weinberg-Management spielte nun ebenfalls eine wichtige Rolle. Zusammen mit wissenschaftlichen Bodenanalysen, die den Bodentyp bestimmen und darüber Aufschluss geben, welche Rebsorten für welchen Boden am besten geeignet sind, verwenden die Weinbauern nun Geräte wie Neutronensonden, um den Feuchtigkeitsgehalt des Bodens zu überwachen. Der Sprühbewässerung, die früher wahllos und in großem Umfang in den heißeren Regionen durchgeführt wurde und deren Folge große Ernten mit verwässertem Saft waren, steht man heute ablehnend gegenüber. Die Tröpfelbewässerung ist eher angebracht, da sich die Weinbauern nun mit Begriffen wie zum Beispiel Belastungsgrad der Rebstöcke vertraut machen und in der Lage sind, den Rebstöcken auch über heiße Perioden hinwegzuhelfen.

Auf den meisten südafrikanischen Weingütern werden die Reben auf dem Spalier gezogen, obwohl viele Weinmacher glauben, dass die Trauben von Busch-Rebstöcken ein größeres natürliches Gleichgewicht besitzen und im Geschmack kräftiger und konzentrierter sind.

Bei der Sortenauswahl achtet man immer mehr darauf, dass die Rebsorten (siehe dazu auch S. 8) Weine von bester Qualität erzeugen, und gleichzeitig versucht man mit den Markt-Trends Schritt zu halten. In den 1990er Jahren, die als die Jahre der »Big Six« gelten – Sauvignon Blanc, Chardonnay, Cabernet Sauvignon, Merlot, Shiraz und Pinotage –, verbesserte sich der Ruf des Kaps wesentlich.

Die Weinbauern werden dazu ermutigt, die Zahl ihrer Pflanzungen zu erhöhen und die vielen ungeeigneten und nicht marktgängigen Sorten zu ersetzen. Der Schwerpunkt in den Hauptweinregionen liegt bei den roten Rebsorten, sowohl bei den Premium-Etiketten als auch bei den fruchtigen Weinen für jeden Tag, für die das warme, gemäßigte Klima so geeignet ist. Insgesamt aber sind weniger als 20 % der Weinberge den roten Sorten gewidmet. Cabernet Sauvignon, Pinotage, Merlot und Shiraz sind bereits in den besten Lagen eingepflanzt.

Was die Auswahl der verschiedenen Sorten betrifft, legt man heute zum Glück mehr Wert auf örtliche Anpassungsfähigkeit und Markttrends, als dies noch in der Vergangenheit der Fall war. Die Weinhändler sind zwar immer noch auf die bedeutenden Bordeaux-Klassiker Cabernet Sauvignon, Merlot und Cabernet Franc festgelegt – die in den 1970er und 1980er Jahren eingeführt wurden –, sie sind aber fest entschlossen, ihre Weine mit zusätzlichen Médoc-Sorten wie Malbec und Petit Verdot zu verfeinern.

Die Rhône stellt ein neues Feld der Inspiration dar, wobei sich nun zum Shiraz noch Mourvèdre, Grenache und die weißen Viognier-Sorten gesellen. In ähnlicher Weise werden auch die italienischen Sorten wie Sangiovese und Nebbiolo getestet. Im Streben nach verbesserter Qualität wurde von den Cap-Classique-Machern die besondere Champagnertraube Pinot Meunier eingeführt.

Die sorgfältige Auswahl der Klone ist heute gängige Praxis: Sauvignon Blanc von der Loire, Sémillon aus Australien, Chardonnay aus Burgund und Kalifornien. Alte Schweizer BK5-Pinot-Noir-Klone werden durch ausgezeichnetes Material aus Burgund ersetzt. Der »Schleipp-Klon«, der unter den Weinerzeugern der Neuen Welt besonders beliebt ist, hat dem Cabernet Sauvignon ein neues Geschmacksprofil verliehen.

Trotz des idealen Klimas hat auch Südafrika Probleme mit Rebkrankheiten; die häufigsten sind der echte und der falsche Mehltau. Die größte Plage der Kap-Weinländer ist jedoch immer noch das Virus der Blattrollkrankheit.

Südafrikanische Forscher haben einen Weg gefunden, das Virus im Zaum zu halten, indem man »gesäubertes« Material fortpflanzt. Doch obwohl den Farmern »virusfreies« Material geliefert wurde, berichten sie, dass das Virus immer wieder zurückkehrt. Nicht nur chronischer Mangel an Pflanzenmaterial, sondern auch die unzuverlässigen Lieferungen von kommerziellen Rebschulen haben private Erzeuger dazu veranlasst, eigene Rebschulen zu gründen.

Gemäß den neuesten verfügbaren Statistiken sind nahezu 100 000 Hektar Land mit Rebstöcken bepflanzt. Es gibt mehr als 4 600 hauptberufliche Weinbauern einschließlich der 95 Weingüter (»estates«), der 67 Kooperativen (»Co-operative Cellars«), der 125 Privatkellereien (»Private Cellars«) sowie der 8 Großhändler und Großkellereien wie KWV, Stellenbosch Farmers' Winery und Distillers.

Die Herkunftsklassifikation beruht auf dem »Wine-of-Origin«-Prinzip. Es gewährleistet, dass mit der Herkunftsangabe auf dem Etikett sämtliche verwendeten Trauben aus der genannten Appellation stammen. Mit der Angabe von Rebsorte und Jahrgang ist sichergestellt, dass der Wein mindestens zu 75% aus der genannten Sorte des entsprechenden Jahrgangs besteht.

Die »Kap-Weinländer« sind in vier Weinregionen unterteilt: die Küstenregion (Coastal region), das Breede River Valley, Klein Karoo und das Olifants River Valley.

Jede Weinregion ist unterteilt in Gebiete (»districts«). Die acht wichtigsten sind: Stellenbosch, Paarl, Robertson, Worcester, Swartland, Tulbagh, Overberg und Calitzdorp. Cape Point ist erst kürzlich hinzugekommen; es befindet sich zwar noch im Entwicklungsstadium, besitzt aber ein vielversprechendes Potenzial.

Innerhalb dieser Gebiete gibt es Bezirke (»wards«), die aus einer Gruppe von Farmen bestehen, die sich ein ähnliches Terrain teilen. Beispiele sind Constantia oder Franschhoeck.

Die kleinste Produktionseinheit im Wine-of-Origin-Schema ist das Weingut (»estate«); es besteht aus einem oder mehreren aneinander angrenzenden Besitztümern, verfügt über einen eigenen Weinkeller und füllt seinen Wein selbst in Flaschen ab. Früher durften nur Trauben aus eigenem Anbau dazu verwendet werden, doch seit 1995 ist es den Weingütern gestattet, Trauben hinzuzukaufen, solange die Menge nicht 45 % ihrer gesamten jährlichen Maische-Menge übersteigt und der Wein unter einem »non-estate«-Etikett abgefüllt wird.

Da die Exporte boomen, haben verschiedene Weingüter beschlossen, sich »deregistrieren« zu lassen, und operieren nun als »Privatkellereien« ohne Beschränkungen bezüglich der Herkunft der Trauben. Andererseits haben einige frühere »Privatkellereien«, die Trauben hinzukauften, inzwischen den Status »estate« erreicht, von dem sie glauben, er sei unerlässlich, um für ihren Terroir-spezifischen Stil und die Qualität ihrer Weine zu werben.

Es ist schwierig, unter den rund 300 Kellereien die wichtigsten hervorzuheben, zumal ständig neue hinzukommen. Die Auswahl in diesem Buch basiert daher auf den Kriterien der Weinqualität, des gleich bleibenden Standards über Jahre hinweg sowie der Ambition, Intuition und Leidenschaft, mit denen die Weinerzeuger ihr Geschäft besorgen.

Die Weinkellereien, die hier als bedeutende Erzeuger bezeichnet werden, sind alle einen Besuch wert, sei es wegen des Charmes und des Charakters des Ortes und der Menschen, die dort leben, sei es das historische Gehöft, der Designer-Keller oder der besucherfreundliche Treffpunkt. Diese Erzeuger werden zu Beginn eines jeden Kapitels zusammen mit Details zu ihren Weinen charakterisiert. Alle anderen Erzeuger sind im Anschluss an die hervorgehobenen Weinkellereien alphabetisch aufgelistet.

DIE WICHTIGSTEN REBSORTEN, DIE WEINE, DIE HERSTELLER

Der Qualitätsaufschwung des südafrikanischen Weins ist eng mit den »Big Six« verknüpft, jenen sechs Premium-Rebsorten, aus denen fast alle der besten Weine sind: Sauvignon Blanc und Chardonnay sowie Cabernet Sauvignon, Merlot, Shiraz und Pinotage. Das bedeutet aber nicht, dass diese Sorten auch mengenmäßig die Hauptrolle spielen. Vielmehr kommt der Chardonnay als die quantitativ wichtigste Premium-Sorte nicht über rund 5% Anteil hinaus. Der Shiraz am Ende der Skala bringt es gerade auf etwas mehr als 1%.

Dominiert wird der südafrikanische Weinbau nach wie vor vom Chenin Blanc. Mehr als ein Viertel aller Rebflächen sind damit bepflanzt. Die Sorte, die wahrscheinlich im 17. Jahrhundert von holländischen Siedlern eingeführt wurde, bringt in der Regel einen nicht sonderlich ausdrucksvollen Massenwein hervor, der zumeist in Verschnitte eingeht oder zu lieblichen Dessert- und Schaumweinen verarbeitet wird. Ferner wird daraus Traubensaft oder Traubenmostkonzentrat hergestellt.

Eine kleine Gruppe von Winzern jedoch baut die Rebe unter strenger Ertragsbegrenzung in kühlen Lagen an, vergärt zum Teil im Holz und erzeugt so charaktervolle Weine. Genannt seien L'Avenir, Ken Forrester und Mulderbosch.

Colombard und Sultana belegen mit je rund 11% weniger als die Hälfte der Rebfläche, die Chenin Blanc bedeckt. Ein großer Teil der Colombard-Weine wird zu Brandy verarbeitet. Einige jedoch sind bei ausgezeichnetem Preis-Leistungs-Verhältnis gut und frisch. Die Sultana-Traube geht zumeist in die Destillation oder wird zu Traubenkonzentrat verarbeitet.

Mit je rund 5% ist der Anteil von Chardonnay, Sauvignon Blanc und Muscat d'Alexandrie (auch Hanepoot genannt) noch einmal um die Hälfte niedriger als der von Colombard und Sultana.

Aus Muscat d'Alexandrie, der vorherrschenden Muskatellersorte am Kap, werden meist alkoholverstärkte, sherryartige Weine, Traubensirup oder Rosinen hergestellt.

Unter den Premium-Rebsorten hat der Chardonnay in den letzten Jahren die rasanteste Entwicklung erlebt; allein im letzten Jahrzehnt hat sich die Anbaufläche fast verdoppelt.

Der Wein aus dieser Rebsorte wird zumeist in kleinen Holzfässern vergoren, erreicht aber in der Regel nicht die Fülle kalifornischer und australischer Chardonnays. Wichtige Erzeuger sind Glen Carlou, Thelema, Hamilton Russell und Bouchard Finlayson.

Die Spitzenweine aus Sauvignon Blanc können durchaus mit ihren Konkurrenten aus Neuseeland und Kalifornien mithalten. Die meisten werden nicht im Holzfass ausgebaut. Zu den besten Erzeugern gehören Buitenverwachting, Klein Constantia und Mulderbosch. Einige Weingüter vergären die Rebe in Barriques; sie erscheinen dann meist als Fumé Blanc oder Blanc Fumé.

Weitere Weißweinsorten wie Riesling, Sémillon und Gewürztraminer spielen kaum eine Rolle. Zwar erscheint der Cape Riesling mit 3,3% Anteil in der Statistik, doch hat diese Sorte nichts mit dem »weißen« Riesling, wie wir ihn kennen, zu tun. Dahinter verbirgt sich vielmehr die aus Südwestfrankreich stammende Sorte Crouchen, die belanglose Massenweine liefert. Verwechslungsgefahr ist allerdings gegeben, weil innerhalb Südafrikas der Cape Riesling als »Riesling« verkauft werden darf, während der echte Riesling »Weisser Riesling« oder »Rhine Riesling« genannt wird. Alle Weißweinsorten zusammen nehmen 85% der gesamten Rebfläche von rund 100 000 Hektar ein.

Unter den roten Rebsorten, die also, bei allerdings steigender Tendenz, nur 15% der Weinberge belegen, steht der Cabernet Sauvignon mit rund 5% quantitativ und qualitativ an der Spitze. Vor allem in den 1970er und 1980er Jahren wurde diese Premium-Rebe zusammen mit den anderen Bordeaux-Klassikern Merlot und Cabernet Franc eingeführt. Spitzenerzeuger sind Rustenberg, Thelema, Clos Malverne und Saxenburg.

Es folgen Cinsaut und Pinotage mit etwa 4% Flächenanteil. Während der Cinsaut als sortenreiner Wein völlig unbedeutend ist – er dient in der Regel zum Verschneiden –, ist der Pinotage der aufsteigende Star unter den südafrikanischen Rotweinen. Die Anbaufläche dieser praktisch nur am Kap zu findenden Rebe hat sich im letzten Jahrzehnt fast vervierfacht. Ebenso rasant verlief die Steigerung der Qualität. Spitzenerzeuger sind Kanonkop, Grangehurst, Simonsig und Lanzerac.

Merlot mit einem Anteil von 2% geht hauptsächlich zusammen mit Cabernet Sauvignon und Cabernet Franc in Bordeaux-Verschnitte oder andere Cuvées ein. Reinsortig wird er selten abgefüllt. Hochwertige Merlots produzierten Thelema, Morgenhof und Plaisir de Merle.

Quantitativ stark steigende Tendenz zeigt auch die Rhône-Rebsorte Syrah, die hier wie in Australien Shiraz genannt wird. Die Anbaufläche hat sich bei ständig steigender Qualität in den letzten Jahren verdreifacht. Herausragende Erzeuger sind Boekenhoutskloof, Hartenberg und Saxenburg.

Die übrigen roten Rebsorten spielen nur eine untergeordnete Rolle. Cabernet Franc geht fast ausschließlich in Cuvées ein und aus Pinot Noir machen Hamilton Russell, Bouchard Finlayson und Cabrière zwar sehr gute Weine, doch sind diese mengenmäßig unbedeutend. Das gilt auch für Tinta Barocca und Touriga Nacional, die der Portweinproduktion dienen.

DIE WICHTIGSTEN REBSORTEN

	Anteil an Gesamtrebfläche	Veränderung in den letzten 15 Jahren
Chenin Blanc	26,8%	– 5%
Sultana	11,1%	
Colombard	10,9%	
Muscat d'Alexandrie	5,3%	
Chardonnay	5,2%	+ 5000%
Cabernet Sauvignon	5,1%	+ 100%
Sauvignon Blanc	4,7%	+ 1075%
Cinsaut	4,1%	– 63%
Pinotage	3,9%	+ 15%
Riesling	3,3%	+ 100%
Merlot	2,0%	+ 250%
Shiraz	1,2%	
Restliche Rebsorten	16,4%	
Weißweinsorten	15,0%	
Rotweinsorten	85,0%	

JAHRGANGSBEWERTUNG DER ROTWEINE

1984	7
1985	6
1986	7
1987	8
1988	6
1989	8
1990	7
1991	8
1992	8
1993	7
1994	7
1995	9
1996	6
1997	7
1998	9
1999	8
2000	7

(10 = groß, 7 = Durchschnitt, 4 = schlecht)

DIE GRÖSSTEN PRIVATEN GÜTER

Weingut	Distrikt/Bezirk	Rebfläche
Nederburg	Paarl	690 Hektar
Boschendal	Franschhoek	500 Hektar
Plaisir de Merle	Paarl	400 Hektar
Bergsig	Worcester	370 Hektar
Fairview	Paarl	320 Hektar
Landskron	Paarl	275 Hektar
Twee Jonge Gezellen	Tulbagh	270 Hektar
Simonsig	Stellenbosch	270 Hektar
Mooiuitsig	Robertson	270 Hektar
Villiera	Paarl	170 Hektar

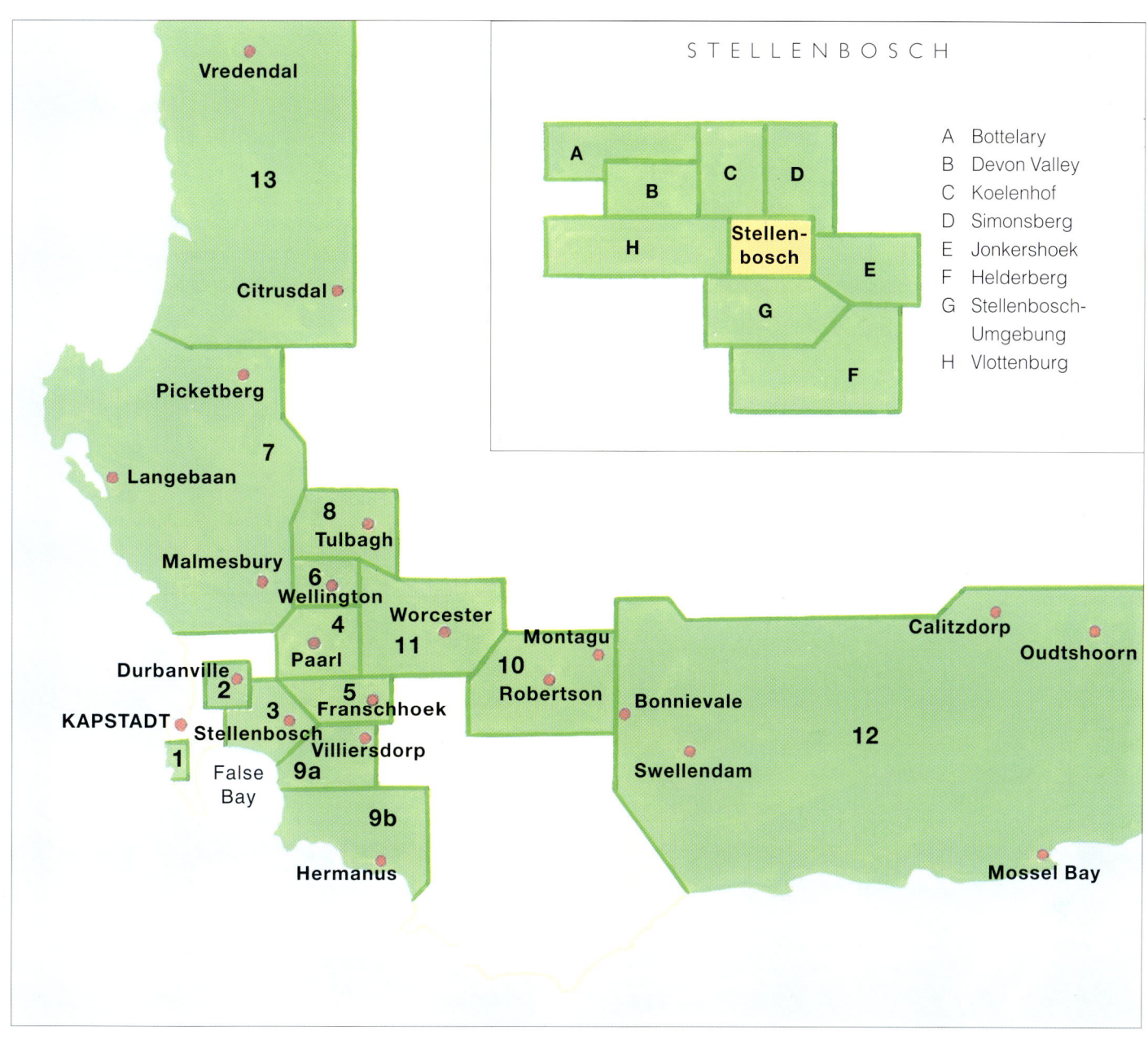

DIE KAP-ANBAUGEBIETE

1 Constantia
2 Durbanville
3 Stellenbosch
4 Paarl
5 Franschhoek
6 Wellington
7 Swartland
8 Tulbagh
9 Overberg
9a Elgin
9b Walker Bay
10 Robertson
11 Worcester
12 Klein Karoo
13 Olifants River

JENS PRIEWES TOP-TEN-WEINGÜTER UND IHRE WEINE

Weingut	Spitzenwein	Rebsorte	Distrikt/Bezirk	Rebfläche
Buitenverwachting	Christine	Cabernet Sauvignon, Merlot	Constantia	100 Hektar
Rustenberg	Peter Barlow	Cabernet Sauvignon	Stellenbosch	60 Hektar
Thelema	Cabernet Sauvignon		Stellenbosch	50 Hektar
Grangehurst	Pinotage		Stellenbosch	12 Hektar
Kanonkop	Pinotage		Stellenbosch	140 Hektar
Saxenburg	Private Collection	Shiraz	Stellenbosch	90 Hektar
KWV	Arnold Perold	Shiraz	Paarl	48 Hektar
Laibach	Friedrich Laibach	Cabernet Sauvignon, Merlot	Stellenbosch	50 Hektar
Veenwouden	Merlot		Paarl	18 Hektar
Vergelegen	Vergelegen	Cabernet Sauvignon, Merlot, Cabernet Franc	Stellenbosch	100 Hektar

C O N S T A N T I A

Offiziell ist Constantia einer der Bezirke innerhalb der Küstenregion. Dieser Bezirk hat ein von maritimen Witterungsbedingungen günstig beeinflusstes Klima. Historisch gesehen ist Constantia der Sitz des Kapwein-Anbaus, der Ort, den im 17. Jahrhundert der autokratische Kap-Gouverneur Simon van der Stel auswählte, um sein eigenes kleines Königreich zu gründen, ein landwirtschaftliches Modellunternehmen, in dem Weine zufällig ihren Platz fanden. Sie gediehen hier in dem milden, gemäßigten Klima mit seinen reichlichen Niederschlägen im Winter. Heute ist Constantia immer noch außerordentlich grün, doch es sind die Gärten der Nobelvororte, die öffentlichen Besitztümer mit Rasen und Bäumen und die Pferdekoppeln, die die Vegetation so üppig wirken lassen. Die Rebstöcke mussten ums Überleben kämpfen und an die Entwicklung im Wohnungsbau ging kostbarer Boden verloren.

Stattliche Herrenhäuser mit Giebeln aus dem 17. Jahrhundert wie Groot Constantia tragen zum einzigartigen Charme der Weingüter bei.

Doch zur gleichen Zeit gab es eine Renaissance der wichtigsten historischen kap-holländischen Besitztümer zusammen mit der Entwicklung von einigen erstklassigen Weingütern. Dafür war viel Geld aus Übersee, von privater Seite und von Kapitalgesellschaften erforderlich. Doch Constantias vorzügliches Weinbaupotenzial lohnte die Mühe. Und der Erfolg führt zur Erforschung neuer Gebiete mit einem ähnlichen Profil, wie zum Beispiel dem Hout Bay Valley auf der anderen Seite des Constantiaberges. Und schon bald wird es Cape-Point-Weine geben – gemäß dem neuen Cape-Point-Gebiet, das 1998 festgelegt wurde. Es verläuft ungefähr vom Chapman's Peak entlang der äußeren Umgrenzungslinie des Silvermine-Naturreservates zur Kalk Bay an der Küste der False Bay. Stadtplaner Sybrand van der Spuy rodet zur Zeit zusammen mit dem früheren Weinmacher Emmanuel Bolliger etwa 15 Hektar unberührtes Land und bepflanzt das neue Weingut Noordhoek mit Sauvignon Blanc, Sémillon, Chardonnay, Cabernet Sauvignon und Merlot.

CONSTANTIA

1. Ambeloui
2. Buitenverwachting
3. Constantia Uitsig
4. Groot Constantia
5. Klein Constantia
6. Steenberg

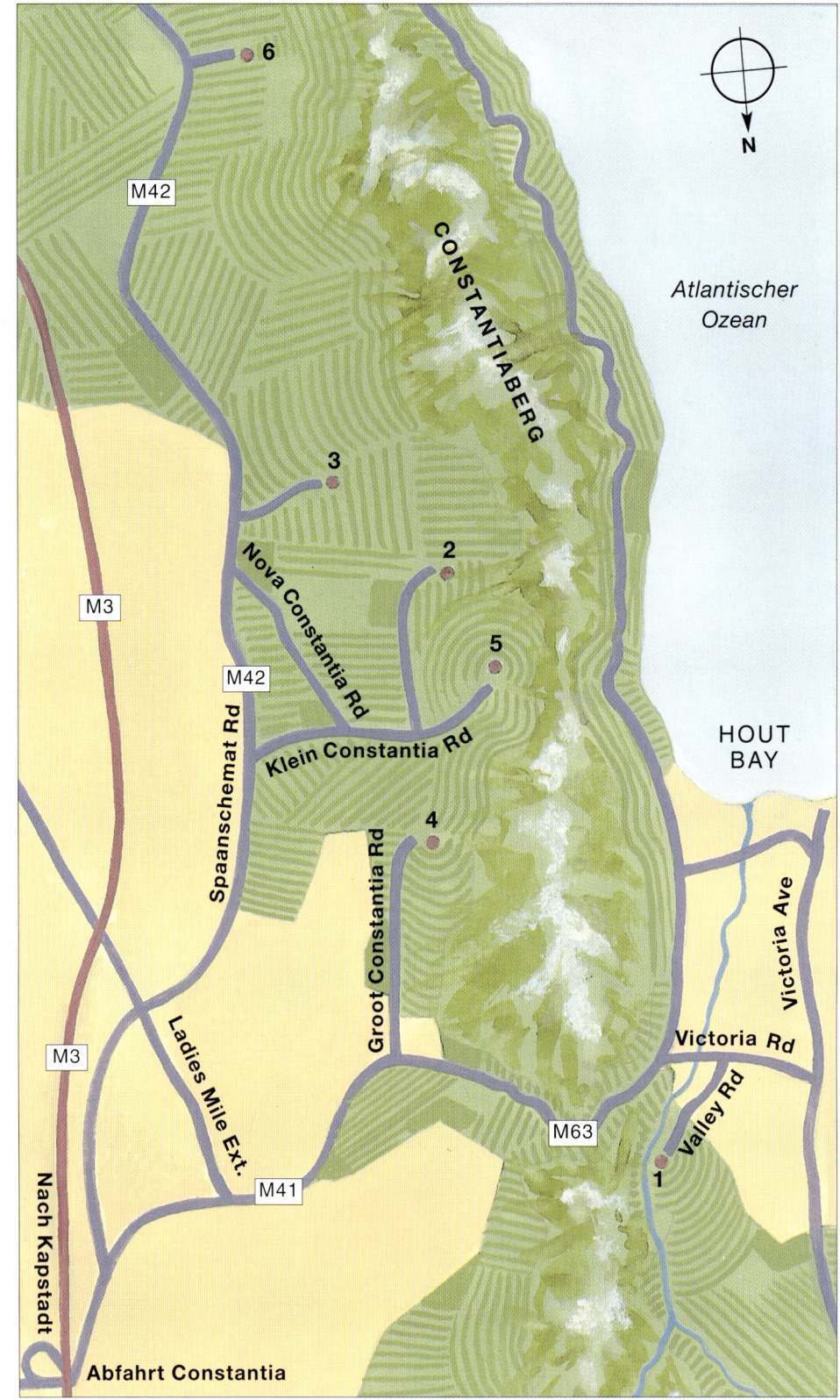

SEITE 10: Auf den von kühlem Klima beeinflussten Weinbergen entlang des Constantiaberges gedeiht ein überwältigend guter Sauvignon Blanc, während die roten Rebsorten wie Cabernet und Merlot eine unverwechselbare Eleganz aufweisen.

BUITEN-VERWACHTING

EIGENTÜMER
Christine Müller und Lars Maack

HAUPTWEINE
Christine, Cabernet Sauvignon, Sauvignon Blanc, Chardonnay, Rhine Riesling, Buiten Blanc, Buiten Keur, Brut Cap Classique, Noblesse Noble Late Harvest

Die Nachfrage nach den erstklassigen Weinen dieses Weinguts übersteigt die Produktion bei weitem. Diese liegt derzeit bei etwa 50 000 Kisten aus 100 Hektar Land (inklusive der etwa 20 Hektar Pachtland in der Nähe, auf dem ausschließlich Sauvignon Blanc angebaut wird). »Das hier ist Sauvignon-Blanc- und Cabernet-Gebiet«, behaupten der Weinmacher Hermann Kirschbaum und der Eigentümer Lars Maack, der zugleich Geschäftsführer ist.

Maack ist der Sohn der Deutschen Christine Müller und ihres Ehemanns Richard, die 1981 das heruntergekommene Buitenverwachting komplett mit holländischem Herrenhaus kauften, einen großen und zweckmäßigen Keller bauten und die Reben in ausgewählten Lagen erneuerten.

Kirschbaum sagt von sich selbst, er sei ein »Konservativer« und ein »Traditionalist«; dennoch hat er den Stil der Buitenverwachting-Weine verändert. Der preisgekrönte Merlot seines Vorgängers bildete in den frühen 90er Jahren des 20. Jahrhunderts das Rückgrat der durchweg hervorragenden, wunderbar ausgeglichenen Cuvée *Christine*, des klassischen Aushängeschilds Buitenverwachtings. Dieser Wein wird seit kurzem auf der Basis von Cabernet hergestellt. Nun gibt es auch wieder den reinsortigen Cabernet, der ein paar Jahrgänge lang nicht produziert wurde: elegant, doch voll Geschmack und mit festen, reifen Tanninen. Den Merlot verwendet man unterdessen für die zweite rote Cuvée, den *Buiten Keur*, einen Wein für jeden Tag. Unter den Neupflanzungen findet man ebenfalls ein wenig Cabernet Franc und eine Spur Malbec: »für die Farbe«.

Auf dem Weingut wird überwiegend Sauvignon Blanc erzeugt, und zwar im Loire-ähnlichen Stil: frisch und herb. Diese Rebsorte hat den Riesling als Hauptbestandteil des *Buiten Blanc* ersetzt, der nun auch mehr Chenin Blanc enthält.

Auch der Riesling wurde einer Verbesserung unterzogen. Er ist jetzt ein angenehmer, leichter, duftiger, eher trockener Wein, ähnlich einem deutschen Riesling. Buitenverwachtings Riesling neigt leicht zur Edelfäule, und das Ergebnis ist einer der besten Beerenauslesen am Kap, ein fülliger und doch nicht übermäßig süßer Wein, der seine Komplexität der zeitweisen Gärung in Eichenfässern verdankt. Der Chardonnay ist voll und cremig im Geschmack und entwickelt reif ein köstliches Limettenaroma.

Alte Schweizer BK5-Pinot-Noir-Klone werden ausgerissen und durch Burgunderklone ersetzt, von denen man hofft, dass sie in dem kühlen Klima gut gedeihen.

OBEN: Besitzer und Hauptgeschäftsführer Lars Maack mit Weinmacher Hermann Kirschbaum.
UNTEN: Auf Buitenverwachtings Weinbergen wird auch Pinot Noir für einen guten flaschenvergorenen Schaumwein angebaut.

GROOT CONSTANTIA

EIGENTÜMER
Groot Constantia Trust

HAUPTWEINE
Gouverneurs Reserve, Cabernet, Shiraz, Shiraz Merlot (Heerenrood), Constantia Rood, Pinotage, Chardonnay Reserve, Chardonnay, Sauvignon Blanc, Weisser Riesling, Gewürztraminer, Chardonnay Noble Late Harvest, Natural Sweet, Tawny Port

Mit dem neuen Weinmacher Bob de Villiers hat das historische Weingut Groot Constantia an der Schwelle zum neuen Jahrtausend anscheinend endlich seinen Platz gefunden. Der Weinkeller wurde modernisiert, kleine Eichenfässer angeschafft.

Etwa 45 000 Kisten Wein werden aus Reben erzeugt, die im Rahmen eines auf 15 Jahre angelegten Neubepflanzungsprogramms während des letzten Jahrzehnts gepflanzt wurden. Während sich die Produktion seit Mitte der 1990er Jahre nahezu verdoppelt hat, wurde das riesige Sortiment des Weinguts zurückgestutzt. Die Weinberge wurden von etwa 100 Hektar auf schließlich 88 Hektar reduziert, auf denen größtenteils klassische Weine angebaut werden.

Doch das Weingut wird auch weiterhin reichlich Weißweine vom Typ »Blanc-de-Blancs« sowie trockene Rotweinverschnitte produzieren. Hauptgeschäftsführer Danie Appel meint dazu: »Bei der Weinbereitung verfolgen wir zwei Absichten: zum einen die Herstellung von Weinen erstklassiger Qualität, für die Constantia das Potenzial besitzt und die seriöse Weinliebhaber von uns erwarten; zum anderen möchten wir alle Weintrinker ansprechen, vom Brandy-mit-Cola-Trinker bis hin zum japanischen Touristen, der noch nie südafrikanische Weine probiert hat. Diese Leute suchen einen unkomplizierten, oftmals leicht süßen Wein.«

Erst seit 1993, als das bis dahin staatliche Weingut in den Besitz eines Trusts überging, wird Constantia als rein kommerzielles Unternehmen geführt. Nachdem das Gut ein Jahrhundert lang durch die typischen bürokratischen Auflagen eingeengt war und eher als beliebtes Touristenziel geführt wurde denn als Weingut für erstklassige Weine, konzentriert sich Groot Constantia nun auf seine Weine.

Ein Großteil der Weinberge überzieht die Süd- und Südosthänge des Constantiabergs bis auf eine Höhe von etwa 220 m über dem Meeresspiegel, von wo aus man die nahe gelegene False Bay überblicken kann. Die Böden bestehen aus dem Sandstein des Tafelbergs. In höheren Lagen sind es granithaltige Lehmböden, während die Böden weiter unten sandiger und wärmer sind. Hier gedeihen klassische Weine, die in kühlem Klima wachsen. Der Sauvignon Blanc ist ein feiner, vollmundiger und fruchtiger Wein. Der *Weisse Riesling*, der oft erst gepflückt wird, wenn etwas Edelfäule ihm zusätzliche Komplexität verleiht, ist ein reicher Wein mit einem großen Alterungspotenzial. Die Chardonnays – sowohl die Standard- als auch die Reserve-Version – weisen ebenfalls ein Aroma von Früchten auf, die langsam reifen konnten. Dadurch sind sie konzentrierter im Geschmack, was zusammen mit einer subtilen Holznote üblicherweise außerordentlich elegante Weine ergibt.

Einige schwören jedoch auf die Rotweine des Weinguts. Groot Constantias Cabernets, Shirazes und Pinotages aus den 1960er Jahren sind immer noch lebendig, komplex und ausgewogen. Heute wachsen in den mit roten Rebsorten bepflanzten Weinbergen überwiegend die französischen Klassiker Merlot, Cabernet Sauvignon, Cabernet Franc und Shiraz sowie der Lokalmatador Pinotage. Der *Gouverneurs Reserve*, ein traditioneller Verschnitt im Bordeauxstil aus Cabernet Sauvignon, Merlot und Cabernet Franc, war zwar noch nie ein besonders bedeutender Wein, aber man konnte ihn relativ jung trinken. Wenn er jedoch zehn Jahre in der Flasche reift, überrascht er mit einer lieblichen, abgerundeten Eleganz. Groot Constantias Shiraz, der erfolgreich mit Merlot verschnitten wird und unterschiedlich als *Heerenrood* oder einfach als *Shiraz Merlot* etikettiert wird, ist ein köstlicher Wein.

Das aus dem 17. Jahrhundert stammende Gut Groot Constantia (linke Seite) wird von Danie Appel geführt, unten mit Weinmacher Bob de Villiers vor dem historischen Keller.

KLEIN CONSTANTIA

EIGENTÜMER
Duggie und Lowell Jooste

HAUPTWEINE
Cabernet Sauvignon, Shiraz, Marlbrook,
Pinot Noir, Sauvignon Blanc,
Rhine Riesling, Sémillon,
Vin de Constance Natural Sweet

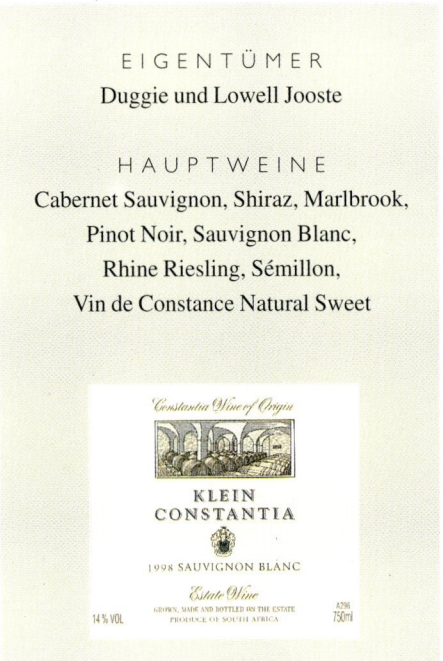

Vater und Sohn Duggie und Lowell Jooste mit ihrem Weinmacher Ross Gower.

1980 kaufte die Familie Jooste diesen verfallenen historischen Besitz, der im 17. Jahrhundert ein Teil von Van der Stels Constantia war. Den Ausschlag dazu gab das Terroir der Farm. Die Lagen im Süden und Südosten, die auf einer Höhe von bis zu 300 m über dem Meeresspiegel liegen, bieten ideale kühle Witterungsbedingungen für Sauvignon Blanc, Chardonnay und Pinot Noir, während man weiter unten, an den nördlichen Hängen in etwa 90 m Höhe über dem Meeresspiegel, Rotwein anbaut. Zusammen mit den tiefen, feuchtigkeitsspeichernden Böden bedeuten die kühlen Witterungsbedingungen im Allgemeinen, dass die Früchte etwa zwei Wochen später als in Stellenbosch reifen, wodurch die Trauben hier im Geschmack konzentrierter sind.

Nach einer Unterbrechung des Weinbaus von 50 Jahren füllte der Weinmacher Ross Gower 1986 den ersten Jahrgang des Weinguts in Flaschen ab. Entgegen allen Trends versetzte er sein Sauvignon-Lesegut in Jahrgängen wie zum Beispiel 1987 und 1993 mit einigen von Edelfäule befallenen Trauben. Dies ergab einen eigenwilligen, schönen Wein. Sauvignon Blanc ist die am meisten gepflanzte Sorte auf dem 75 Hektar Land umfassenden Gut, auf dem zu 70 % weißer und zu 30 % roter Wein angebaut wird. Die ausgezeichnete Beerenauslese wird ebenfalls aus Sauvignon Blanc hergestellt. Gower hat erst kürzlich mit einem überwältigenden, fruchtigen Sémillon mit Nuancen von Gras und einem ausgeprägten Feigenaroma für ähnliche Aufregung gesorgt. Sein großartiger süß-saurer *Rhine Riesling*, dem wiederum manchmal mit edelfaulen Trauben Substanz verliehen wird, ist einer der besten am Kap.

Klein Constantias Weine, für die der hohe Alkoholgehalt typisch ist, waren schon immer sehr kräftig. Gower, dessen persönlicher Geschmack mehr zu vollmundigen, abgerundeten Rotweinen geht, meint: »Wir möchten bedeutende Weine machen; es sind die großen Weine, die mehr Charakter erkennen lassen.« Doch die Fortschritte von Gowers jüngsten Versuchen, die Fülle der Neuen Welt mit der Eleganz der Alten Welt zusammenzufügen, waren nie deutlicher als in den letzten Jahrgängen des immer noch konzentrierten und doch überaus ausgewogenen und geschmeidigen *Marlbrook*, dem Aushängeschild des Weinguts: ein Rotwein aus den beiden Cabernets und Merlot.

Der sortenreine Cabernet besitzt die unverwechselbare Minze-Note und hat seit kurzem eine weniger starke, klassischere Gestalt angenommen. Der Burgunderklon PN113 hat erst kürzlich einen ausgewogenen Pinot Noir mit einem köstlichen Beerenaroma hervorgebracht. Der warme, pfeffrige Shiraz, dem amerikanische Eiche die süße und würzige Note verleiht, wird in winzigen Mengen hergestellt. Die Shiraz-Produktion wird in den nächsten fünf Jahren durch Neupflanzungen angehoben, und zwar auf dem erst kürzlich erworbenen Besitz, der im wärmeren Helderberg-Gebiet von Stellenbosch liegt. Von hier stammen auch der Cabernet Sauvignon und der Merlot von Busch-Rebstöcken. Die neue Rebfläche kann auch schon bald zu einem Zweitetikett führen.

Die enge Verbindung von Tradition und modernem Know-how zeigt sich ebenfalls in Klein Constantias größtem Erfolg, dem *Vin de Constance*. Von diesem in alten Holzfässern ausgebauten edelsüßen Wein, der aus Muscat-de-Frontignan-Trauben und in der Tradition der alten, süßen Constantia-Weine aus dem 17. Jahrhundert hergestellt wird, waren die meisten kritischen Gaumen hingerissen. Er wurde auf internationalen Weinwettbewerben Seite an Seite mit dem Château d'Yquem präsentiert.

RECHTE SEITE: Die Top-Weinberge von Klein Constantia werden nun mit mehr Sauvignon Blanc und einem Pinot-Noir-Klon aus Burgund bepflanzt.

STEENBERG

EIGENTÜMER
Johnnic Industrial Corporation

HAUPTWEINE
Merlot, Cabernet Sauvignon, Sauvignon Blanc, Chardonnay; Motif Blanc Sec, Rosé Sec und Rouge Séc

STEENBERG
ANNO 1682
1999
SAUVIGNON BLANC
produced and bottled
at STEENBERG
product of SOUTH AFRICA
ALC. 13.0% VOL
WINE OF ORIGIN CONSTANTIA A530 750 ml

Man geht davon aus, dass in Südafrika Wein zum erstenmal auf diesem historischen kap-holländischen Besitz angebaut wurde, und zwar 1695. Fast drei Jahrhunderte später trat die Industrie-Holding und Immobiliengruppe Johnnic mit Hauptsitz in Johannesburg auf den Plan, um die Farm vor Verfall und Ruin zu bewahren. Nun, da der Besitz zum Golfplatz mit Restaurant und einem luxuriösen Landhotel geworden ist, werden wieder Weine produziert. Die 70 Hektar Weinberge liegen ideal auf den kühlen Süd- und Osthängen mit ihren sechs verschiedenen Bodenarten. Die Böden sind im Allgemeinen leichter und krümeliger als die der benachbarten Güter. Auf ihnen werden ausschließlich die Klassiker angebaut: Pinot Noir auf dem steinigen Boden, tief liegender zersetzter Granit für Cabernet, Merlot und Cabernet Franc und Chardonnay, Sémillon sowie der ausgezeichnete Sauvignon Blanc auf den höher gelegenen Hängen. Zu den neueren Pflanzungen gehört auch Shiraz.

Seit 1990 führt Hermann Hanekom die Geschäfte. Sein Weinmacher Nicky Versfeld arbeitet in einem hochmodernen Weinkeller, in dem der Wein in 1200 Fässern reift. Ebenso wie Hanekom glaubt er, dass gute Trauben unerlässlich für die Weinqualität sind, und er schreibt Steenbergs Erfolg dem Terroir zu. Die Eingriffe im Keller sind auf ein Minimum reduziert, mit so wenig Klärungs- und Filtrationsprozessen wie möglich.

Der Sauvignon Blanc ist typisch: bissig, reich an Nuancen von Gras, Nesseln und Pfeffer, im Geschmack geschmeidig und saftig. Die Sémillons sind vollmundig und würzig, wobei die im Holz ausgebaute Version im Geschmack konzentrierter ist und über dem Limonen- und Zitrusaroma ein unverwechselbares Nussaroma aufweist. Der Chardonnay gewinnt, wenn er gelagert wird.

Das Weingut Steenberg wurde kürzlich restauriert. In den Gebäuden aus dem 18. Jahrhundert sind nun ein Luxushotel und ein Restaurant untergebracht. Die Weinberge wurden mit modernen Klassikern wie Sauvignon Blanc, Cabernet und Merlot neu bepflanzt.

Der Steenberg-Weinmacher Nicky Versfeld (LINKS) ist Experte für Sauvignon Blanc. Die Weinberge unterstehen der fachmännischen Leitung Herman Hanekoms.

Was die Rotweine anbelangt, so produziert Constantia unter all seinen Konkurrenten wahrscheinlich die fruchtigsten Weine. Der Merlot ist ein wunderbar weicher, samtiger Wein, der einen cremigen, schokoladigen Charakter mit einem würzigen, mineralischen Biss und festen, aber reifen Tanninen verbindet. Der Cabernet besitzt den für diese Sorten typisch rauchigen Duft, gestützt von einem starken Aroma reifer schwarzer Johannisbeeren. Für beide Weine verwendet man eine Kombination aus neuen und gebrauchten Eichenfässern. Hinzu kommt noch eine Parzelle, die mit Nebbiolo bepflanzt ist, der italienischen Rebsorte, die vor allem im Piemont auf hoch gelegenen Weinbergen gedeiht. Hanekom glaubt, dass Steenbergs Nähe zum Meer die Sorte mit den kalten Landwinden versorgt, die sie zum Gedeihen braucht.

AMBELOUI

Nick Christodoulou, der frühere Geschäftsführer der Pretoria-Versicherung, und seine Frau Anne kauften ihren »kleinen Weinberg« (so *Ambeloui* auf zyprisch) im Jahre 1990. Vier Jahre später bepflanzten sie knapp einen Hektar mit Chardonnay und Pinot Noir auf dem Besitz im Hout Bay Valley. Unter dem Haus wurde ein kleiner Weinkeller gebaut, der mit überwiegend handbetriebenen Geräten aus Frankreich ausgestattet ist. Die ganze Familie einschließlich der vier Kinder sprang ein, um die ersten Trauben im Jahr 1998 zu ernten.

»Unsere Weine werden immer richtig von Hand gekeltert sein«, sagt Anne. Mit der Hilfe von Weinhändler Hermann Kirschbaum vom Nachbarweingut Buitenverwachting haben sie etwa 1300 Flaschen *Lisa Brut MCC* produziert, einen klassischen Schaumwein, benannt nach ihrer ältesten Tochter.

CONSTANTIA UITSIG

Das kleinste Weingut am Constantiaberg ist Constantia Uitsig, ein historischer kap-holländischer Besitz, der von dem Geschäftsmann Dave McCay und seiner Frau Marlene renoviert wurde.

Mit dem fachmännischen Rat von André Badenhorst, der auf Groot Constantia geboren wurde und dabei mithalf, das angrenzende Nachbarweingut Buitenverwachting mit aufzubauen, begannen die McCays im Jahre 1990, ihre Weinberge zu bepflanzen. Ein Keller ist noch in Planung; das historische Original wurde von den Vorbesitzern zerstört. Die Weine werden für sie von Nicky Versfeld im nahe gelegenen Weingut Steenberg hergestellt. Der Merlot, der im Gegensatz zu den schweren, eher klassischen Merlots der Nachbarweingüter ein weicher, geschmeidiger Wein für jeden Tag ist, ist wahrscheinlich der beste Rotwein. Der *Sémillon Reserve*, ein großer und geschmackvoller, fruchtiger und doch rassiger Wein, ähnelt im Stil sehr einem Sauvignon Blanc. Die gegenwärtige Produktion aus etwa 30 Hektar Rebfläche beträgt rund 14 000 Kisten Wein.

In den letzten zwei Jahrzehnten wurden in die Entwicklung der historischen Weingüter Constantias riesige Mengen Geld investiert. Dazu gehört auch der Newcomer Constantia Uitsig.

DURBANVILLE

Durbanville ist ein Bezirk in der »Coastal region« und liegt in den grünen Hügeln des Tygerbergs. Von hier kommen erstklassige Weine, die von den Großen der berühmteren Weinregionen produziert wurden: Nederburg und der KWV in Paarl, Distillers und der Stellenbosch Farmers' Winery.

Die hügelige Landschaft bietet Hänge in unterschiedlichen Höhen und ermöglicht den Anbau sowohl von roten als auch von weißen Trauben in exzellenter Qualität. Durbanville ist 15 km vom Meer entfernt; der Atlantik im Süden und im Südosten die False Bay. Zwischen September und März halten die kühlen Meeresbrisen die Temperatur bei gemäßigten 19°C, während die berüchtigten Südostwinde die Feuchtigkeit mildern, in der die Weinkrankheiten gedeihen. Obwohl die durchschnittliche Niederschlagsmenge relativ gering ist (300–400 mm), helfen die tiefen, kalten Granitböden mit ihrem recht hohen Lehmgehalt, die Feuchtigkeit zu bewahren.

Die kühlen Granitböden speichern die Feuchtigkeit in den Weinbergen Durbanvilles. Eukalyptusbäume sind unerwünschte Rivalen im Kampf ums Wasser.

Weintrauben wurden in dieser Gegend schon früh angebaut. Doch die Namen einiger der Besitztümer aus dem 17. Jahrhundert (Altydgedacht, Diemersdal und Meerendal) wurden unter Weinliebhabern erst im Verlauf des letzten Jahrzehnts bekannt, und zwar als sich die junge Besitzergeneration dazu entschloss, ihre Weine in eigener Regie abzufüllen.

Die Auswahl ist klassisch, eine Folge des Neubepflanzungsprogramms. Bei einer Fachtagung ermunterte der Sprecher des australischen Spitzenproduzenten Mount Langhi Ghiran, Trevor Mast, die lokalen Weinbauern dazu, das kühle Klima zu nutzen, um sich auf die Produktion von vielgestaltigen, zurückhaltenden und eleganten Shiraz-Weinen zu spezialisieren.

Diese unabhängigen Weinfarmer haben ein gemeinsames Interesse: Das Gebiet wird von den expandierenden nördlichen Vororten auf der Kaphalbinsel bedroht. Und so überlegt man, wie diese landwirtschaftliche Enklave sowohl als kommerziell lebensfähiger Weinproduzent als auch als Touristenziel erhalten werden kann. Distillers, das schon lange Abnehmer von Trauben aus Durbanville ist, hat an den Ausläufern des Tygerberges eine moderne Weinkellerei errichtet. Savantha Wines ist nun Besitzer von Doordekraal und Springfield und sichert sich so rote Premium-Sorten für die neuen Wein-Kollektionen

DURBANVILLE

1. Altydgedacht
2. Bloemendal
3. Diemersdal
4. Durbanville Hills
5. Meerendal
6. Nitída

SEITE 20: Durbanvilles Weinberge sind durch die sich ständig ausdehnenden nördlichen Vororte von Kapstadt bedroht. Im Hintergrund die Hottentots-Holland-Berge.

NITÍDA

EIGENTÜMER
Familie Veller

HAUPTWEINE
Cabernet Sauvignon, Merlot Cabernet Franc, Pinotage, Shiraz, Sauvignon Blanc, Chardonnay

Die frühere Schaf- und Rinderfarm fand ihren Weg in die Hände eines jungen Weinliebhabers, der sich in den späten 1980er Jahren auf das Land zurückziehen wollte. Der Metallurge Bernhard Veller entschloss sich, seinen eigenen Wein herzustellen, nachdem er einige Zeit seinem Schwager Richard Friedmann dabei geholfen hatte, das Weingut Môreson in Franschhoek aufzubauen. Das Weingut hat gute Lehmböden und kühle, nach Süden gerichtete Hänge.

Mittlerweile hat Veller etwa 13 Hektar Land bepflanzt, alles mit Neuklon-Material: überwiegend Cabernet Sauvignon und Sauvignon Blanc, Merlot, Cabernet Franc, Pinotage und Chardonnay sowie etwas Ruby Cabernet. Die Produktion in dem neuen kleinen Hightech-Keller ist auf 5 000 Kisten Wein pro Jahr begrenzt.

Nitídas Erstlings-Sauvignon-Blanc im Jahr 1995 verursachte einen ziemlichen Aufruhr mit seinem vollfruchtigen und typisch grasigen Aroma und dem köstlichen Geschmack. Die Trauben stammten von Busch-Rebstöcken, die Jackie Coetzee auf Bloemendal gepflanzt hatte. Die nachfolgenden Jahrgänge aus eigenen Trauben haben den guten Ruf Nitídas gefestigt, und durch einen eleganten, milden Chardonnay, der Zitronenfrische mit dem sahnigen Aroma von Karamellbonbons in sich vereinigt, ist sein Ruf sogar noch besser geworden.

Doch die Rotweine sind noch aufregender. Der Shiraz ist der Star unter den Weinen, ein Beispiel der neuen Welle am Kap: ein reifer, schwerer, würziger Wein, kräftig und strukturiert, mit einer deutlichen Eichenholznote und dennoch mit dem traditionell erdig-rauchigen Charakter. Der Cabernet ist eine ähnliche Kombination aus reifen, prallen Früchten und schmeckt angenehm würzig, mit einer fleischigen Struktur und dennoch elegant. Neu sind der Pinotage und ein Alltagswein aus Merlot und Cabernet Franc.

ALTYDGEDACHT

Der Weinmacher Oliver Parker überraschte alle mit seinem preisgekrönten 1995er Pinotage. Hier verbinden sich die Vorzüge der Rebsorte auf das Beste mit den traditionellen Methoden der Weinbereitung, auf die die Parkers schwören: offene Gärtanks aus Zement, hölzerne Spatel, um den Schalenhut herunterzudrücken, Förderrinnen mit Gefälle anstelle von Pumpen, Quellwasser zur Mostkühlung.

Das Weingut hat eine ungebrochene Tradition der Weinbereitung, die mehr als zweihundert

LINKS OBEN: Die Vellers – Gerhard, Sohn Bernhard und Enkel Pier, mit Bernhards Frau Peta.
OBEN: Nitída und seine Weine sind nach dem Busch *Protea Nitída* benannt, der auf der Farm wächst.

Jahre zurückreicht und fünf Generationen umfasst, die heute repräsentiert werden von den Brüdern Oliver und John, dem Manager des Weinguts. Ein kleines Sortiment an weißen und roten Weinen einschließlich des einzigen in Flaschen abgefüllten wilden, erdigen Barberas des Kaps wird in einem Keller hergestellt, der aus dem Jahr 1710 stammt.

BLOEMENDAL

Jackie Coetzee, ein ehemaliger Matrose und Reiter, führt heute das Bloemendal-Restaurant, das inmitten der neu gepflanzten Weinberge auf dem nahe gelegenen Kanonkop liegt und das herrliche Ausblicke auf den Tafelberg, die Table Bay und über Durbanville hinweg auf die Hottentots-Holland-Berge bietet.

Doch Coetzee hat sich ganz und gar dem Weingut Bloemendal verschrieben, das sein Urgroßvater zu Beginn des 20. Jahrhunderts gekauft hatte. Viele der 150 Hektar Weinberge von guter Qualität wurden noch von seinem Vater angelegt. Nur etwa 5 000 Kisten Wein werden in Flaschen abgefüllt, den Rest kauft der Weinproduzent und Großhändler Distillers auf.

Die Weine sind köstlich, insbesondere der wunderbar weiche Merlot mit Schokoladenaroma und ein unverwechselbarer Cabernet, ein in der Regel kräftiger Wein mit Minzearoma. Sein Sauvignon Blanc kann ebenfalls mit einer unerwartet würzigen Spargelnote und seinem Stachelbeeraroma überraschen.

DIEMERSDAL

Diemersdal ist eines der alten historischen Weingüter aus dem 17. Jahrhundert und wurde in den 1920er Jahren vom Urgroßvater des gegenwärtigen Besitzers und Weinmachers Tienie Louw gekauft. Louw war lange Zeit Lieferant für den KWV und wirkte beim Schweizer Konsortium SAVISA mit, das in der zweiten Hälfte der 1990er Jahre große Geschäfte mit südafrikanischen Weinen in Übersee machte. SAVISA vertreibt alle Weißweine von Diemersdal und die meisten Rotweine, dabei behält Louw etwa 10% seiner Ernte von etwa 170 Hektar Rebfläche für seine eigene Flaschenabfüllung. Das Gut bringt gute Pinotages und Shirazes hervor.

DURBANVILLE HILLS

Diese moderne Kellerei ist ein Gemeinschaftsunternehmen des großen Wein- und Spirituosenherstellers und Großhändlers Distillers sowie mehrerer Weinbauern in Durbanville. Weinmacher in dieser Weinkellerei mit einer Verarbeitungskapazität von 8 000 Tonnen Traubengut ist Martin Moore, der früher auf dem Weingut Groot Constantia arbeitete. Nur etwa 30% der Weine werden für ein eigenes Sortiment verwendet, fruchtige Neue-Welt-Weine für jeden Tag, die aus den »großen sechs« Kapsorten hergestellt werden: Sauvignon Blanc, Chardonnay, Cabernet Sauvignon, Merlot, Shiraz und Pinotage. Der Rest geht in die Distillers-Premium-Etiketten wie zum Beispiel *Fleur du Cap* und *Stellenryck* ein, die von The Bergkelder in Stellenbosch vertrieben werden.

MEERENDAL

Dies ist eines der Traditionsgüter aus dem 18. Jahrhundert mit einem wunderschönen kap-holländischen Herrenhaus mit Reetdach und Giebel. Meerendal war das erste Weingut in Durbanville, das Wein unter eigenem Etikett produzierte, wobei sich der Eigentümer William Starke nach dem Zweiten Weltkrieg auf Portwein konzentrierte. In den 1970er Jahren machte Sohn Kosie Meerendal für seine Shiraz- und Pinotage-Weine berühmt. Der Pinotage bleibt weiterhin gut und wird in einem saftigeren, moderneren Stil als zuvor hergestellt, ebenso der Shiraz und die neu herausgebrachten Cabernets und Merlots. Ebenfalls neu ist ein köstlicher Süßwein. Die Farm wird nun von Starkes Witwe Christa und ihrer rechten Hand, dem Weinmacher Soon Potgieter, geführt. Geplant sind eine neue Presse und ein Barrique-Keller, um die 1 000 Tonnen Traubengut aus etwa 130 Hektar Anbaufläche zu verarbeiten.

RECHTS: Altydgedacht ist die Verkörperung der Güter von Durbanville: Kleine Weinbauern haben gegen die Ausbreitung der Stadt zu kämpfen, um ihren ländlichen Lebensstil und die Reichtümer der Natur zu bewahren.

STELLENBOSCH

Der Bezirk Stellenbosch, dessen Geschichte der Weinbereitung auf das frühe 17. Jahrhundert zurückgeht, ist eines der größten und am intensivsten bewirtschafteten Weinbaugebiete am Kap. Er ist von Bergen umrahmt: dem Simonsberg im Nordwesten, den Jonkershoek-Berggipfeln, dem Stellenbosch-Berg und der Helderberg-Bergkette, die an die schroffen Hottentots-Holland-Berge angrenzt. Diese sonnenwarmen, nach Süden, Südwesten und Südosten ausgerichteten Hänge werden wiederum vom Atlantik gekühlt, da sie zur False Bay hin offen sind.

Die Giebel des Lanzerac-Herrenhauses vor der imposanten Kulisse spiegeln die Konturen der Jonkershoek-Gipfel.

Dazwischen liegen Täler und Hügel wie die Bottelary-Hills im Nordwesten und der Papegaaiberg im Südwesten von Stellenbosch. Diese abwechslungsreiche Landschaft mit ihren unterschiedlichen Bedingungen in Bezug auf Böden, Klima und Höhenlagen ist eine der fruchtbarsten, vielfältigsten Weinregionen am Kap und erstreckt sich über eine Fläche von nahezu 16 000 Hektar Land.

Als Appellation ist Stellenbosch weltberühmt. Doch die Vielfalt des Gebiets und die große Zahl der Güter haben dazu geführt, dass das Gebiet in Unter-Appellationen aufgeteilt wurde wie zum Beispiel Simonsberg-Stellenbosch, Jonkershoek, Bottelary und Devon Valley. Abgegrenzt sind ferner Helderberg, Koelenhof und Vlottenburg. In ähnlicher Weise können auch die Weinkellereien und Weingüter am Rande von Stellenbosch entlang des Eerste River und in Paradyskloof zwischen dem Stellenbosch-Berg und der Helderberg-Bergkette zur Unter-Appellation Stellenbosch-Umgebung zusammengefasst werden, da sie entweder nicht in ein anderes Gebiet hineinpassen oder im weitesten Sinne eine Stellenbosch-Identität bewahren möchten.

STELLENBOSCH-UMGEBUNG

Die Stadt Stellenbosch ist das Zentrum des bekanntesten Weinbaubezirks am Kap und gleichzeitig Sitz der meisten bedeutenden großen Wein- und Spirituosenproduzenten und Großhändler. Doch viele dieser Firmen schrauben nun ihre Produktion herunter oder machen Platz für neue dynamische Großunternehmen.

Gilbeys zum Beispiel mit seinen Verbindungen zu International Distillers & Vintners hat seine Produktionsanlagen in Devon Valley verkauft und seine Tätigkeit als Großhändler an eine neue spezialisierte Agentur übergeben, die African Wine & Spirits. Distillers ordnet sein Geschäft neu, indem es die Eigenmarken-Produktion von Marketing und Vertrieb der traditionellen Mitglieder-Weingüter trennt. Auch verbindet Distillers sich mit unabhängigen Erzeugern wie Hygrace Farms von Hans Schreiber, dem Besitzer von Neethlingshof und Stellenzicht, um die Produktion und die Exporte von Lusan Premium Wine zu steigern, einer Firma, die alle Güter im Alleinbesitz von Schreiber zusammenfasst. Stellenbosch Vineyards, eine Aktiengesellschaft, die nun die Geschäfte von vier Stellenbosch-Kooperativen führt, repräsentiert die neuen, an Markt und Qualität orientierten Weinerzeugungsunternehmen, die mit den Großhändlern und traditionellen Erzeugern konkurrieren. In der Zwischenzeit beginnt für die etablierten, beliebten alten Weingüter wie Alto, Rust en Vrede und Blaauwklippen ein neues Leben.

STELLENBOSCH-UMGEBUNG

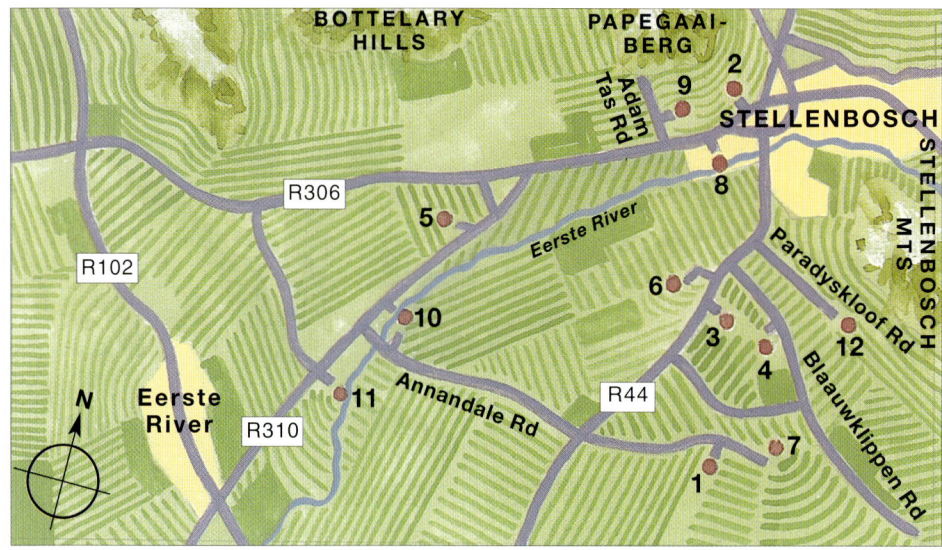

1. Alto
2. The Bergkelder
3. Blaauwklippen
4. Blue Creek
5. Eersterivier
6. Kleine Zalze
7. Rust en Vrede
8. Stellenbosch Farmers' Winery
9. Stellenbosch Farmers' Winery (Oude Libertas)
10. Spier
11. Stellenbosch Vineyards (Welmoed)
12. Vriesenhof

SEITE 26: Vriesenhof liegt wie viele der Weingüter in Stellenbosch, die Qualitätswein anbauen, an den Ausläufern der Berge, die das Bild der Landschaft prägen.

ALTO

EIGENTÜMER
Lusan Premium Wines

HAUPTWEINE
Alto Rouge, Cabernet Sauvignon

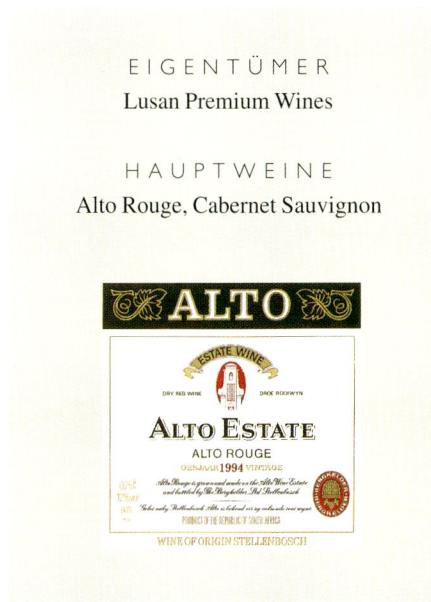

Altos 100 Hektar Weinberge liegen in einem schmalen Streifen, der hochführt zu den Gipfeln des Helderberges, kurz bevor sie in den Stellenbosch-Berg übergehen. Die Höhen variieren zwischen 120 m und 550 m. Gute, granithaltige Lehmböden und die kühlen Brisen aus der False Bay kommen den Reben zugute.

Ursprünglich war Alto ein Teil des Gutes Groenrivier, das zum ersten Mal im Jahre 1693 besiedelt wurde. Die Farm wurde jedoch im frühen 20. Jahrhundert vom damaligen Besitzer Hennie Malan aufgeteilt, und so entstand Alto. Malan entschloss sich, Cabernet Sauvignon, Shiraz und Cinsaut zu verwenden, um den schneller zugänglichen Rotweinverschnitt *Alto Rouge* zu kreieren.

1959 ging Alto in den Besitz des früheren Gutsverwalters Piet du Toit über, der die Farm 1983 seinem Sohn Hempies übergab. Du Toit junior blieb als Verwalter und Weinmacher, auch wenn die Farm nun Lusan Premium Wines, dem neuen Gemeinschaftsunternehmen von Distillers und Hans Schreiber, gehört.

Du Toit ist Traditionalist: »Wir machen genau das, woran wir schon seit 100 Jahren glauben«, erklärt er seine vielen Erfolge. Und doch hat er verbrauchte alte Rebstöcke durch neue, virusresistente Cabernet-Klone ersetzt. Seit dem 1984er Jahrgang verwendet er in seinem *Alto Rouge* mehr Merlot und weniger Shiraz und Cinsaut, und zwar so, dass in einigen der letzten Jahrgänge der Merlot dominiert. Der moderne *Alto Rouge* ist jetzt eine Mischung aus den Bordeauxklassikern Cabernet Sauvignon, Merlot und Cabernet Franc, obwohl für das »Kap-Aroma« wieder ein Schuss Shiraz hinzugefügt wurde. Kleine französische Eichenholzfässer ersetzten die alten Holzfässer. Die Weichheit der Alto-Weine entwickelt sich aber erst durch die Verwendung von Fässern mit Zweit- und Drittabfüllungen.

RECHTS OBEN: Weinmacher Hempies du Toit.
OBEN: Altos Rotweine sind weich, was durch die Zweit- und Drittverwendung von kleinen französischen Eichenholzfässern erreicht wird.

RUST EN VREDE

EIGENTÜMER
Jannie Engelbrecht

HAUPTWEINE
Rust en Vrede Estate Wine,
Cabernet Sauvignon, Shiraz, Merlot,
Tinta Barocca

Dieses Weingut, auf dem schon im 18. Jahrhundert Wein angebaut wurde, wird nach dem Weggang des Winzers Kevin Arnold im Jahr 1997 nun von Jannie Engelbrecht geführt. Neu dabei ist der vielversprechende Weinmacher und frühere Saxenburg-Assistent, Louis Strydom. Und passend zur Verjüngungswelle werden nun mehr als 40 Hektar Rebfläche mit virusresistentem Pflanzmaterial bepflanzt. Die ohnehin gute Qualität der Weine von Rust en Vrede wird somit noch durch eine aufregend neue Fruchtkonzentration verstärkt, die zur klassischen Eleganz der Weine passt. Der Weinkeller wurde modernisiert und erweitert. Die jährliche Produktion sollte sich schon bald auf rund 24 000 Kisten verdoppeln.

Während viele andere Weingüter mit Cabernet Sauvignon, Merlot und Cabernet Franc den Bordeaux-Weg einschlugen, hat der *Rust en Vrede Estate Wine* immer eine Kap-Identität bewahrt, da er in erster Linie aus Cabernet Sauvignon und Shiraz besteht. In den neueren Jahrgängen spielt der Merlot eine, wenn auch geringe, Rolle. Aber der *Estate Wine* ist immer noch ein Wein, der die sortentypische Stärke und Struktur des Cabernet mit dem süßen Fruchtaroma von Maulbeeren und der Würze und Pfeffrigkeit des Shiraz in sich vereinigt.

Der sortenreine Shiraz ist ebenfalls ein großartiger Wein; in ihm verbinden sich das Fruchtaroma von neuen Klonen und die süße Vanille amerikanischer Eiche mit der typischen Rauchnote, die das Markenzeichen von Rust en Vrede ist.

Der Cabernet Sauvignon ist für seine Sorte typisch. Der Merlot ist weich, geschmeidig, ein Wein, der den Mund ausfüllt, mit einer sanfteren Eichennote als die seiner Stallgefährten. Und der seltene sortenreine Tinta Barocca weist eine frische, neue Fruchtigkeit auf.

OBEN: Der Besitzer von Rust en Vrede, Jannie Engelbrecht, sein neuer Weinmacher Louis Strydom und die restaurierten kap-holländischen Gebäude (LINKS).

BLAAUWKLIPPEN

Dieses historische Weingut, das auf das Jahr 1692 zurückreicht, geht in eine neue Ära, nachdem es 1999 von dem deutschen Unternehmer Stephan Schörghuber gekauft wurde. Die Renovierung des großen, verschachtelten Kellers ist geplant, und die 1998er und 1999er Jahrgänge des Weinmachers Hein Hesebeck lassen ahnen, welche Weine uns erwarten werden.

Der Schwerpunkt auf Blaauwklippens 100 Hektar Weinbergen liegt in zunehmendem Maße auf den Rotweinen. Die neuen sortenreinen Weine Merlot und Cabernet Franc zeichnen sich durch fruchtige Frische und weiche Tannine aus; es sind Weine für jeden Tag. Der berühmte Shiraz zeigt eine außergewöhnliche Fülle.

Hesebecks Verfahren beim Zinfandel, dem Markenzeichen der Farm, ist ungewöhnlich: Der Wein wird nicht in Holzfässern ausgebaut, und bei der Reserve-Flaschenabfüllung verwendet er Trauben von alten Busch-Rebstöcken.

BLUE CREEK

Auf dem rustikalen Obst- und Weingut wird jetzt überwiegend Cabernet Sauvignon angebaut, seitdem Rabie und Piet Smal, Vater und Sohn, das Land bewirtschaften.

Jacques Kruger vinifizierte die ersten reifen 1996er und 1997er Jahrgänge, während er noch als Kellermeister im benachbarten Blaauwklippen arbeitete. Nun hat Piet diese Aufgabe übernommen.

KLEINE ZALZE

1996 kauften der Weinbauer Jan Malan aus Wellington und dessen Schwager Kobus Basson das 30 Hektar große Weingut Kleine Zalze. Nach der Modernisierung verfügt der Keller über eine Verarbeitungskapazität von 3 000 Tonnen und fasst 1 000 Weinfässer. Kellermeister Willem Loots und sein Assistent Andries Eygelaar werden unterstützt von Jan Boland Coetzee von Vriesenhof, Yves Barry von Domaine la Chevalière in Languedoc und Domaine Laroche in Burgund. Zusätzliches Traubengut stammt von Malans drei Voëlgesang-Gütern in Wellington sowie von Weinbauern der Umgebung.

Die ersten zum Verkauf freigegebenen Rotweine sind vielversprechend, wobei die Hauptattraktionen der *Vineyard Selection* ein sehr schöner Cabernet Sauvignon, ein Shiraz von alten Rebstöcken, ein guter Merlot und ein Pinotage sind.

SPIER

Dick Enthoven kaufte dieses alte kap-holländische Weingut 1993 von der Familie Joubert und schuf dort einen schicken Gastronomie-Komplex. Etwa 60 des insgesamt 400 Hektar umfassenden hügeligen Areals werden neu bepflanzt. Durch Pflanzung von zusätzlichem Chardonnay, Shiraz und Merlot erweitert sich die Fläche der Weinberge auf etwa 120 Hektar.

Die Kapazität des Kellers verdoppelt sich gleichzeitig auf eine Verarbeitungskapazität von rund 1 000 Tonnen.

Der Weinmacher Frans Smit produziert einen besonders guten Chardonnay und eine Sauternes-ähnliche, in Eichenfässern vergorene Beerenauslese, die unter dem Etikett *IV Spears* vertrieben wird.

STELLENBOSCH FARMERS' WINERY (SFW)

Der Großproduzent und Großhändler hat seinen Sitz auf dem Gelände des traditionsreichen Weinguts Oude Libertas, das erstmals im Jahre 1689 erwähnt wurde. Der SFW, 1935 von dem Amerikaner William Charles Winshaw gegründet, schuf berühmte Markenweine, darunter die Rotweincuvées *Château Libertas* und *Tassenberg*, den trockenen Weißwein *La Gratitude* und den Schaumwein *Grand Mousseau*. Dies ist auch die Heimat des Rosé-Sekts *Fifth Avenue Cold Duck*, des Weißweins *Graça* und des *Lanzerac Rosé*. Das Aushängeschild sind die Weine der *Zonnebloem*-Kollektion, an deren Spitze der im Bordeaux-Stil hergestellte Rotwein-Verschnitt aus durchweg guten Cabernet Sauvignon, Merlot, Shiraz und Pinotage steht. Kellermeister ist der erfahrene Wouter Pienaar.

STELLENBOSCH VINEYARDS (WELMOED)

Stellenbosch Vineyards mit seinen insgesamt 3 500 Hektar liegt auf dem Gebiet der früheren Welmoed-Kooperative und ist eine moderne Version des Produzenten und Großhändlers, der in der zweiten Hälfte des 20. Jahrhunderts die Weinszene am Kap dominierte.

Obwohl bestimmte Weine noch immer unter eigenem Etikett abgefüllt werden, haben sich die vier Stellenbosch-Kooperativen Welmoed, Eersterivier, Bottelary und Helderberg zusammengetan und 1996 eine Aktiengesellschaft gegründet. Hauptziel der über 150 Nebenerwerbs-Weinbauern ist es, vorrangig in die Premium-Weinsorten zu investieren, damit international konkurrenzfähige Weine erzeugt werden können.

Die Weinmacher werden von Chris Kelly betreut, einem Neuseeländer, der früher als »fliegender Weinmacher« für die britische International Wine Services tätig war. Sein Assistent ist Mike Graham, der die Weine für Welmoed produziert und mit ihm das neue dreistufige Sortiment aufbaut, das unter anderem die Premium-Weine *Genesis* und die neue Cuvée *Versus* umfasst. Neu ist auch der klassische Kap-Shiraz *Infinity*. In Bottelary konzentriert sich Elizabeth Augustyn auf Cabernet Sauvignon, Merlot, Shiraz und Pinotage. Auf dem Gut Eersterivier bringt Herman du Preez hervorragende Cabernet Sauvignon und Merlot hervor und Mark Carmichael-Green kümmert sich um die Weiß- und Rotweine von Helderberg.

THE BERGKELDER

The Bergkelder wurde 1968 gegründet und ist der Weinproduzent innerhalb des bedeutenden Wein- und Spirituosen-Erzeugers und Großhändlers Distillers, der 1945 von Anton Rupert gegründet wurde. Hier sind die eigenen roten Premium-Marken sowie Lusan Premium Wines zu Hause, ein Gemeinschaftsunternehmen mit Hans Schreiber. Bergkelder vertreibt über South African Wine Cellars auch Weine von führenden unabhängigen Gütern wie Allesverloren, Meerlust, Jacobsdal und La Motte.

Die eigenen Marken umfassen das volle Qualitätsspektrum. Nur ausgewählte Sorten und Jahrgänge erscheinen unter dem Etikett *Stellenryck*: Der Sauvignon Blanc kann sehr gut sein, ebenso der in der Flasche gereifte Cabernet Sauvignon und der gewichtige Chardonnay. Eine größere Auswahl findet sich bei den *Fleur-du-Cap*-Weinen. Kellermeister Callie van Niekerk hat auch spezielle »unfiltrierte, unstabilisierte« Flaschenabfüllungen eines exzellenten Cabernet Sauvignon, eines Merlot sowie eines Sauvignon Blanc eingeführt. Der *Fleur du Cap Noble Late Harvest*, eine Beerenauslese, ist ein Hochgenuss zu annehmbarem Preis.

VRIESENHOF

Der frühere Rugby-Spieler Jan Boland Coetzee erwarb 1980 das 25 Hektar große Weingut. Nachdem er neue Rebstöcke gepflanzt, einen Keller gebaut und das nahe gelegene kleine Gut Talana Hill übernommen hat, sind nun mehr als 50 der insgesamt über 70 Hektar, die er entweder besitzt oder gepachtet hat, neu bepflanzt. Er hat langfristige Verträge mit privaten Weinbauern entlang des Blaauwklippen-Flusses und findet immer noch Zeit, um Weinkellereien wie zum Beispiel Kleine Zalze, Lanzerac und Yonder Hill zu beraten.

Nach einer glanzvollen Karriere auf dem Weingut Kanonkop widmet er sich nun in seinem eigenen Revier den Rotweinen, seinem Spezialgebiet. Der *Vriesenhof Kalista*, ein Verschnitt im Bordeaux-Stil, ist ein muskulöser Wein in der Art der traditionelleren Kap-Rotweine. Doch die neueren Jahrgänge und sein schlanker, fester *Vriesenhof Cabernet Sauvignon* sowie der Pinotage weisen ein intensiveres Fruchtaroma auf, das hervorragend mit den Tanninen harmoniert. Die Weine schreien förmlich nach längerer Flaschenreifung. Die Cuvée *Talana Hill Royale* ist milder.

Der Chardonnay ist Coetzees besonderer Weißwein, ein kräftiger Wein, der lange Zeit in Eichenfässern ausgebaut wurde. Dieser fruchtige Wein geht zusammen mit etwas Sauvignon Blanc auch in das Sortiment *Paradyskloof* ein – Weine mit einem guten Preis-Leistungs-Verhältnis.

Die Vriesenhof-Weine sind kräftig und für die Alterung bestimmt; die neueren Jahrgänge weisen eine intensivere Frucht auf.

HELDERBERG

Dieses Gebiet besteht aus zwei verschiedenen Terroirs. Die Südhänge, die sich über die Helderberg-Bergkette ziehen, bestehen aus tiefen Böden mit guter Drainage und einer feuchtigkeitsspeichernden Lehmschicht. Von den hoch gelegenen Gebieten kann man die False Bay übersehen; sie werden durch die Südostwinde gekühlt. Hier gedeihen besonders gehaltvolle, kräftige Rotweine. Daneben gibt es das hügeligere Tiefland, das sich näher am Meer befindet und über ein ideales, gemäßigtes Klima verfügt, doch sandigere Böden besitzt. Hier sind die Rotweine zwar nicht ganz so kräftig, dafür aber elegant – ähnlich den Weinen von den Weingütern Meerlust und Vergenoegd –, und man findet eine größere Vielfalt an Weißweinen, vom Chardonnay bis zum Sauvignon Blanc.

Das wunderbare Potenzial von Helderberg ermuntert Investitionen in eine Reihe von neuen großen und kleinen Weinkellereien, die Weine in Premium-Qualität erzeugen.

JP Moueix, ein familiengeführtes Unternehmen mit dem größten Landbesitz in Pomérol (einschließlich Château Pétrus), hat in der Nähe des Weinguts Vergelegen 40 Hektar Land gekauft. In Zusammenarbeit mit Savanha Wines wird Moueix die bereits vorhandenen Rebstöcke durch Cabernet Sauvignon, Merlot, Shiraz, Chardonnay und Sauvignon Blanc ersetzen und hat bereits einen Verschnitt mit Namen *Ingwe Chardonnay Sauvignon* zum Verkauf freigegeben. Sobald die Rebstöcke im richtigen Alter sind und die Qualität stimmt, wird eine Kellerei gebaut.

Der lokale Bankier Christo Wiese, Besitzer von Lanzerac, baut das historische Weingut Lourensford aus und bepflanzt dort rund 100 Hektar Rebfläche.

HELDERBERG

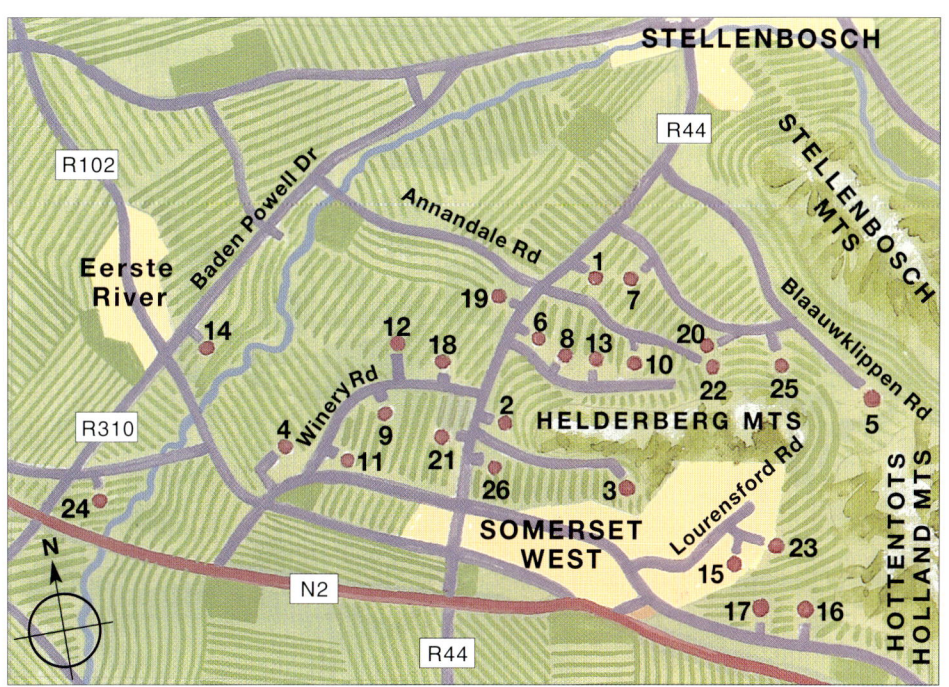

1. Audacia
2. Avontuur
3. Cordoba
4. Dellrust
5. De Trafford
6. Eikendal
7. Graceland
8. Grangehurst
9. Helderberg
10. Helderkruin
11. JP Bredell
12. Ken Forrester
13. Longridge
14. Meerlust
15. Morgenster
16. Mount Rozier
17. Onderkloof
18. Post House
19. Somerbosch
20. Stellenzicht
21. Stonewall
22. Uva Mira
23. Vergelegen
24. Vergenoegd
25. Waterford
26. Yonder Hill

CORDOBA

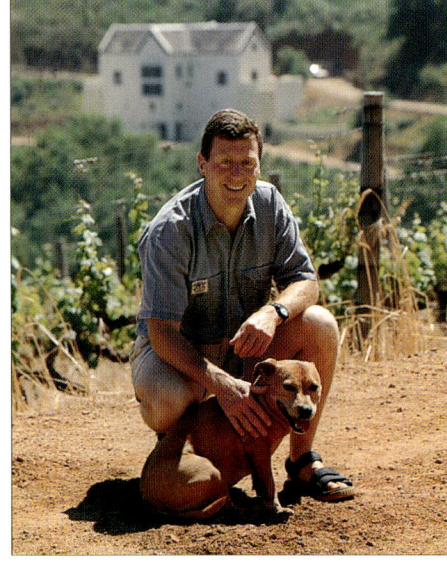

EIGENTÜMER
Jannie Jooste

HAUPTWEINE
Cordoba Crescendo,
Cabernet Sauvignon, Merlot,
Shiraz, Chardonnay, Sauvignon Blanc;
Mount Clair Mountain Red,
Mount Clair Mountain White

Der Weinmacher Christopher Keet ist die zentrale Figur dieser modernen aufstrebenden Weinkellerei auf dem Helderberg (gegenwärtig werden etwa 7000 Kisten produziert, Ziel sind 12 000 Kisten). Das Gut mit 30 Hektar Weinbergen, von denen einige in 600 m Höhe über dem Meeresspiegel liegen, lieferte früher seine Trauben an Vriesenhof, bis 1994 der Erstlingsjahrgang, den Keet hergestellt hatte, unter dem Namen *Cordoba* abgefüllt wurde. Zuerst die Weißweine: ein frischer, reduktiv hergestellter Sauvignon Blanc, der sich nach einem Jahr Reifung in der Flasche gut trinken lässt; und ein Chardonnay, ein fassvergorener Wein mit starker Eichenholznote.

Ein Zweitetikett mit Namen *Mount Claire* wurde eingeführt, hierunter werden die Cuvées *Mountain White* und *Mountain Red* abgefüllt. Diese Weine entsprechen in ihrer Qualität nicht ganz den hohen Ansprüchen des wählerischen Keet.

Die Rotweine waren schon immer in einer anderen Liga. Von intensiver Farbe und reich im Geschmack, besaßen sie stets eine Struktur von festen Tanninen. Die Merlots, Cabernet Sauvignons und Cabernet Francs, die separat vinifiziert und in Flaschen abgefüllt werden, lassen Struktur, Eleganz und ein reichhaltiges Fruchtaroma erkennen. Der Cabernet Sauvignon besitzt ein reines Aroma von schwarzen Johannisbeeren. Der Merlot schmeckt pflaumenartig. Dennoch sind beide Weine fest im Geschmack, wobei der Cabernet eine deutliche Holznote trägt (und noch länger reifen muss).

Das Aushängeschild ist der *Cordoba Crescendo*, ein Verschnitt der drei Weine. Er überraschte mit seiner perfekten Zusammensetzung: 70 % Cabernet Franc, mit nur 20 % Cabernet Sauvignon und 10 % Merlot. Doch der Cabernet Franc mit seinem schweren, pfeffrigen und würzigen Charakter sticht hervor. In den neuen Jahrgängen hat ein Spritzer Merlot dem *Crescendo* mehr Substanz verliehen. Er ist ein vollmundiger, komplexer Wein mit dem Aroma von Pflaumen und schwarzen Johannisbeeren, festen, trockenen Tanninen. Durch den Ausbau in französischen Eichenfässern empfiehlt er sich besonders für die Alterung in der Flasche.

OBEN: Chris Keet, Weinmacher auf dem Weingut Cordoba, mit seinem treuen Gefährten Della.
RECHTS: Cordoba ist stolz darauf, die höchstgelegenen Weinberge entlang der Helderberg-Bergkette zu besitzen.

GRANGEHURST

EIGENTÜMER
Jeremy Walker

HAUPTWEINE
Pinotage, Cabernet Sauvignon
Merlot, Tribute

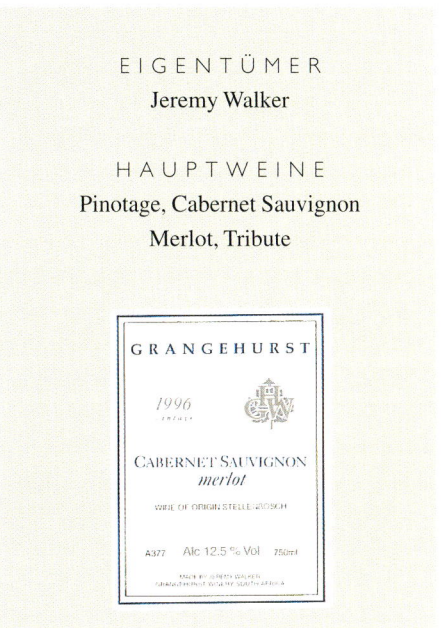

Jeremy Walker war von der Welt des Weins schon immer fasziniert, machte u. a. ein Diplom in Önologie und baute zusammen mit Seymour Pritchard von 1986 bis 1991 das Weingut Clos Malverne in Devon Valley auf. Dann investierte er in sein eigenes Unternehmen Grangehurst, das sich auf dem kleinen Landbesitz der Familie befindet. Seine ersten Weine aus sorgfältig ausgewählten Cabernet-Sauvignon-Trauben von den besten Plätzen in ganz Stellenbosch stellte er mit einer gebrauchten Ausrüstung her.

Durch ein System von Schuldverschreibungen halfen ihm Stammkunden dabei, seine Traubenkäufe noch weiter auszudehnen. Heute, fast ein Jahrzehnt später, hat er es zu einem neuen Tank aus rostfreiem Edelstahl und einem unterirdischen Barrique-Keller gebracht. Die alte Korbpresse, die Walker 1982 gekauft hatte, funktioniert gut genug, um ihn davon zu überzeugen, dass er auch weiterhin Korbpressen verwenden wird – trotz der schick aussehenden vollautomatischen italienischen Modelle.

Bei allen Erweiterungen wird Grangehurst auch weiterhin eine kleine, manuell betriebene Kellerei bleiben. Die jährliche Produktion nähert sich dem Maximum von 9 000 Kisten Wein. Walker bezieht seine Trauben von vier Gebieten, die allesamt Rotweingebiete sind: Helderberg, Firgrove, Devon Valley und Stellenboschkloof. Gerne würde er für ein Stück Land in jedem dieser Gebiete verantwortlich sein und von der Verwaltung des Weinguts bis hin zur Flaschenabfüllung Spitzenqualität garantieren. Eine ähnliche Übereinkunft hat er bereits mit seinem Freund Dave Hidden, dessen 7 Hektar großer, mit Pinotage bepflanzter Weinberg in Devon Valley den preisgekrönten 1997er *Hidden Valley Pinotage* hervorbrachte. Ein Teil dieser Trauben wird auch für den *Grangehurst Pinotage* verwendet, einen der führenden Pinotage-Kapweine der neuen Art. Er ist ein schwerer, kräftiger, in Holzfässern ausgebauter Wein, der sich bis zu zehn Jahre lang hält.

Walkers Cabernet-Merlot-Verschnitte sind ähnlich körperreich, dicht, von intensivem Fruchtaroma, mit starker Eichennote und fester Struktur. Es sind Weine, die mindestens fünf Jahre, manchmal noch länger, brauchen, um sich voll zu entwickeln. Sein Cabernet ist fester und schlanker; die Reserve-Abfüllungen sind immer phantastisch: gehaltvolle, fleischige Weine mit einer klassischen Struktur.

OBEN: Winzer und Weinhändler Jeremy Walker mit seiner Tochter Hayley.
LINKS: Grangehurst ist umgeben von anderen Weingütern; Longridge befindet sich direkt dahinter.

STELLENBOSCH

JP BREDELL

EIGENTÜMER
Anton Bredell

HAUPTWEINE
JP Bredell Cape Vintage Reserve und Cape Late Bottled Vintage Portweine; Shiraz, Merlot, Pinotage, Chardonnay

Der Familienbetrieb JP Bredell ist der größte private Erzeuger von Portweinen im Land und besteht aus den Weingütern Helderzicht und dem benachbarten Onder-Rustenberg. Die Gesamtproduktion von etwa 1800 Tonnen Traubengut, hauptsächlich Port- und Rotweinsorten, wurde früher an KWV in Paarl verkauft, der für seine Portweine berühmt ist. Seit 1989 füllt Anton Bredell seine eigenen Weine ab. Sein Vater hatte bereits in den 1960er Jahren preisgekrönte Rot- und Portweine hergestellt. Die Sorten, die er verwendet, sind die Portweinklassiker Tinta Barocca und Souzão. Sandige Böden mit einer Kiesschicht zur Drainage und einer wasserspeichernden Lehmschicht, zusätzlich die heißen Sommertage, die durch Brisen aus der nahen False Bay gekühlt werden, bieten ideale Bedingungen für diese beiden Sorten. Sie wurden unter neun Sorten ausgewählt, die bereits seit Mitte des 20. Jahrhunderts hier angebaut werden.

JP Bredells Portweine sind handgekelterte Weine. Ältere Parzellen mit Rebstöcken, die nur geringe Ernten hervorbringen, werden gehegt und gepflegt. Für die Gärung verwendet man offene Tanks aus Beton, der Schalenhut wird während der 48 Stunden andauernden Gärungsperiode alle drei Stunden von Hand heruntergedrückt. Bredell hat sich insgesamt den strengen portugiesischen Richtlinien und traditionellen Techniken verschrieben. Seine schwergewichtigen Weine werden viel trockener vergoren als die früheren, süßen Kap-Portweine, und werden auf etwa 20 % Alkoholgehalt verstärkt. Der Premium-Port *Vintage Reserve* wird nach zwei Jahren in 300-Liter-Barriques abgefüllt. Danach sollte er mindestens noch fünf Jahre in der Flasche reifen.

Wenn Bredells *Late Bottled Vintage* nicht als Vintage-Qualität eingestuft wird, wird er für weitere zwei bis drei Jahre im Holz gelagert. Der leichtere *Ruby* mit seinem reinen Fruchtaroma, der früher als *Helderzicht* in Flaschen abgefüllt wurde, erscheint in Zukunft unter dem Etikett *JP Bredell*.

Diese Erfolge haben dazu angespornt, sortenreine Rotweine wie Merlot, Cabernet Sauvignon, Shiraz und Pinotage zu vinifizieren, von denen KWV einige für seine Prestige-Kollektion *Cathedral Cellar* abnimmt, andere werden unter dem Etikett *JP Bredell* abgefüllt.

Anton Bredell (**RECHTS OBEN**), der Besitzer des Weinguts JP Bredell, hat den Keller des alten Gutes Helderzicht herausgeputzt (**OBEN**), wo er Kap-Portweine und einige klassische sortenreine Weine macht.

MEERLUST

EIGENTÜMER
Hannes Myburgh

HAUPTWEINE
Rubicon, Merlot, Pinot Noir (Reserve), Chardonnay

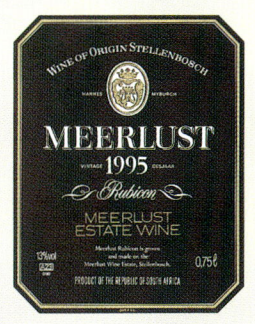

Meerlust ist eines der besten Güter am Kap. Hier verbinden sich nahtlos Tradition und die neue Welt des Weins. Dies ist größtenteils Verdienst des langjährigen Weinmachers, des gebürtigen Italieners Giorgio Dalla Cia. Er hat eine enge, nahezu väterliche Beziehung zum Eigentümer Hannes Myburgh, der 1996 nach dem Tod seines Vaters Nico das Gut übernahm. Er ist die achte Generation auf Meerlust, das er liebevoll restauriert hat und das das einzige Weingut ist, das zum nationalen Kulturerbe erklärt wurde.

Dalla Cia ist seit über 20 Jahren hier. Als Verfechter der klassischen Weinstile hat er dem Ansturm der leicht zu trinkenden Alltagsweine mit dem Aushängeschild *Rubicon*, der 1980 erstmals in Flaschen abgefüllt wurde, getrotzt. Es gab zahlreiche Änderungen, wie die Umstellung von alten großen Fässern auf neue kleine französische Eichenfässer und die Neupflanzung von neuen, virusresistenten Klonen, doch der Wein ist immer ein Beispiel an Eleganz und Ausgeglichenheit geblieben.

Der Merlot hat sich mit der Zeit verändert und ist zu einem großen, ausgeprägten Wein geworden. Der Pinot Noir mit seinen Nuancen von Trüffeln weist nun durch einen neuen Burgunderklon und den Ausbau in Eichenholzfässern mehr Farbe und Fruchtsüße auf. Auch hat Dalla Cia einen Chardonnay eingeführt: ein vollmundiger Wein, der viele Monate auf dem Hefesatz ausgebaut und ganz im Stil der Burgunderweine Meursault und Montrachet hergestellt wird.

Er macht keinen Hehl daraus, ein Anhänger des französischen Stils zu sein. »Rubicon ist unsere Interpretation des Bordeaux-Stils«, erklärt er. »Unser Vorbild sind die besten französischen Weine und nicht die besten Weine der Neuen Welt.« Die Neupflanzungen auf den erst kürzlich erworbenen 40 Hektar Land umfassen die französischen Klassiker Petit Verdot und Viognier, aber auch zusätzlichen Cabernet.

OBEN: Das klassische kap-holländische Gut Meerlust, das Hannes Myburgh (**RECHTS OBEN**) in der achten Generation gehört, hier mit Kellermeister Giorgio Dalla Cia und Weinmacher-Assistent Chris Williams.

VERGELEGEN

EIGENTÜMER
Anglo American's Amwines

HAUPTWEINE
Sauvignon Blanc, Chardonnay, Sémillon, Vin de Florence, Vergelegen, Vergelegen »Show Special«, Cabernet Sauvignon, Merlot, Pinot Noir, Mill Race Red

Dieses 3000 Hektar Land umfassende Gut liegt in einem Becken, das von den nördlichen Hängen des Helderberg-Berges und den majestätischen Hottentots-Holland-Bergen gebildet wird. Es ist seit 1987 im Besitz der Diamanten- und Bergwerksgesellschaft Anglo American's Amfarms (nun Amwines).

Rebstöcke wurden auf Vergelegen bereits im 17. Jahrhundert gepflanzt. Der Vorbesitzer Tom Barlowe ließ viele der noch aus den 1960er Jahren stammenden Rebstöcke herausreißen. Somit konnte Weinbauer Gerrie Wagenaar ein neues Vergelegen planen. Seit dem Start im Jahre 1989 hat er 100 Hektar Land mit klassischen Rebsorten bepflanzt: Chardonnay und Sémillon auf den niedrig gelegenen Hängen, Cabernet Sauvignon, Merlot und Cabernet Franc sowohl auf den höher gelegenen, kühleren Flächen als auch auf den wärmeren, unteren Hängen.

Der Star-Weinmacher André van Rensburg, zuvor auf dem Weingut Stellenzicht, hat den achteckigen, nach französischem Vorbild gestalteten Weinkeller mit einer Verarbeitungskapazität von 1200 Tonnen 1998 von dem talentierten Martin Meinert übernommen und seither Vergelegens ausgezeichneten Ruf noch weiter verbessert.

An erster Stelle steht der Sauvignon Blanc mit dem vollen, für die Sorte typischen Aroma klassischer Feigen, Stachelbeeren, grünem Pfeffer und grasigen Nuancen. Die hervorragende Reserve wird aus Trauben ausgewählter Weinberge am Schaapenberg hergestellt; einige davon liegen in 400 m Höhe. Rensburg lobt die Reserve als Inbegriff dessen, wozu das Vergelegen-Terroir fähig ist.

Das Gleiche gilt für das Aushängeschild der Rotweine, den *Vergelegen*, der unter dieser Bezeichnung bekannt werden soll. Er ist ein Verschnitt aus 75% Cabernet, 20% Merlot und 5% Cabernet Franc, dessen Trauben alle von den niedriger gelegenen Rondekop-Weinbergen stammen. Er zeigt sich in seinem Erstlingsjahrgang 1998 als Wein, der den Mund füllt: weich, rund und elegant, mit einem großen Alterungspotenzial. Zu dieser Rotwein-Cuvée, die an der Spitze von Vergelegens Qualitätspyramide steht, wird sich noch ein Weißwein gesellen, der aus heutiger Sicht entweder ein Sauvignon oder sogar ein Sémillon sein kann. Der Chardonnay besitzt in der Standardabfüllung ein ziemlich ausgeprägtes Röstaroma und wird vom 1999er Jahrgang an vollständig fassvergoren sein und aus eigenen Trauben hergestellt werden. Die Reserve aus den Trauben einer einzigen Lage von den niedriger gelegenen Hängen des Schaapenberges ist einfach wunderbar.

Vom 1998er Jahrgang an werden alle Rotweine aus eigenen Trauben hergestellt. Während der Merlot mit seiner überwältigenden Struktur und dem gehaltvollen Fruchtaroma seit dem Erstlingsjahrgang 1994 beeindruckte, entwickelt der Cabernet seinen Charakter mit einem voll fruchtigen Aroma und einer Kaffee- und Rauchnote im Bukett und im Geschmack.

OBEN: Der preisgekrönte Weinmacher André van Rensburg auf Vergelegen. Das Gut mit seiner makellosen kap-holländischen Architektur und den Gärten **(RECHTS)** ist ein Muss für Besucher.

VERGENOEGD

EIGENTÜMER
John Faure und Haydn Wright

HAUPTWEINE
Reserve, Cabernet Sauvignon, Merlot, Shiraz, Cape Vintage Port

Vergenoegd mit seiner ländlichen Atmosphäre und dem Keller aus dem 18. Jahrhundert erfuhr in den letzten Jahren eine Wiederbelebung durch die Partnerschaft des Eigentümers und Weinmachers John Faure mit seinem Cousin Hadyn Wright, der sich um die Weinberge und das Marketing kümmert. Die Faures stellen bereits seit 1820 Wein auf diesem kap-holländischen Weingut her.

Lange Jahre übernahm KWV die weißen Trauben und einen Großteil der roten für Verschnitte. Seit 1972 werden rund fünf Prozent der Ernte aus 120 Hektar Land unter eigenem Etikett abgefüllt. John, der 1983 die Weinbereitung von seinem Vater Jac und seinem Onkel Brand übernahm, behielt die traditionelle Verwendung von offenen Betontanks und großen alten Bottichen bei, um weiterhin die würzigen Rotweine von mittlerem Körper herzustellen.

Doch der Trend zu frischeren, fruchtigeren Weinen im Stil der Neuen Welt ließ Faure Vergenoegds Charakter überdenken. Das Experimentieren mit einer längeren Mazeration, Rotationstanks und kleinen Eichenholzfässern brachte erfreuliche Resultate, obwohl er nicht auf die traditionellen Methoden verzichtet hatte. Er verwendet zur Gärung immer noch seinen *kuipe* (Bottich), und die Arbeitsverfahren im Keller bleiben mit minimaler Klärung (nur mit Eiweiß) und einer einzigen Filtration einfach und natürlich.

Die Weine reifen immer noch mindestens ein Jahr in der Flasche, bevor sie zum Verkauf freigegeben werden. Die Reserve, ein klassischer Verschnitt aus Cabernet Sauvignon, Merlot und Cabernet Franc, ist voller Fruchtaromen von Maulbeeren und Pflaumen, besitzt eine leichte Minzenote und ist trocken im Abgang. Der Cabernet ist etwas schlanker und würziger, während der Merlot der modernste Wein ist, mild, rund und das neue Eichenholz deutlich zur Schau stellend.

AUDACIA

Dies ist ein alter Weinbaubesitz, den der Versicherungsangestellte Trevor Strydom und seine Frau Diane wieder zu neuem Leben erweckten. Ein Keller, der zuletzt vor 30 Jahren benutzt wurde, ist wieder in Betrieb, und seit 1997 werden kleine Mengen von sortenreinen Weinen abgefüllt. Die frühere Lehrbeauftragte für Weinkellertechnologie, Elsa Carstens, ist die Weinmacherin.

AVONTUUR

Die 60 Hektar Weinberge des Weinguts Avontuur, das dem Rennstallbesitzer Tony Taberer gehört, wurden in den späten 70er Jahren in Schuss gebracht, die ersten Weine 1987 abgefüllt. Die Premium-Rebsorten wachsen an sorgfältig ausgewählten Südwesthängen des Helderberges, und Jean-Luc Sweerts (der nun auf dem Weingut Agusta arbeitet) produzierte einige breite Chardonnays und den *Avon Rouge Cabernet Merlot,* einen Verschnitt für jeden Tag mit einem guten Preis-Leistungs-Verhältnis. Die Reserve-Abfüllungen von sortenreinem Pinotage, Merlot und Cabernet Franc sind hoch bewertet worden, ebenso der im Bordeaux-Stil hergestellte *Baccarat.* Lizelle Gerber ist die neue Weinmacherin.

DELLRUST

Albert Bredell, der jüngere Bruder des Spitzen-Portwein-Erzeugers Anton Bredell, hat auf dem zweiten Besitz der Familie, Onder-Rustenberg, sein eigenes Label geschaffen. Unterstützt von Eugene van Zyl stellt er einen Sauvignon Blanc, einen ungewöhnlich trockenen Chardonnay und einen Chenin Blanc her. Unter den Rotweinen trinkt sich ein Tinta-Barocca-Cinsaut-Verschnitt sehr leicht. Außerdem gibt es einen Ruby Port.

DE TRAFFORD

Der Architekt David Trafford und sein verstorbener Vater bepflanzten 1983 unzugängliches Weideland zunächst mit Cabernet Sauvignon, Merlot, Cabernet Franc, Pinot Noir und Chardonnay. Die Trauben wurden von Hand gepresst und der Wein für den Hausgebrauch in Plastikbehältern hergestellt. Erstmals 1992 wurden rund 3 000 Flaschen Rotweine verkauft. Die maximale Produktion beläuft sich auf knapp 3 000 Kisten.

Trafford verwendet heimische Hefen für die malolaktische Gärung in kleinen französischen Eichenfässern. Dann werden die Weine etwa 20 Monate gelagert, leicht mit Eiweiß geklärt und ungefiltert abgefüllt. Sowohl der Cabernet als auch der Merlot sind außergewöhnlich reichhaltige, kräftige, lagerfähige Weine mit ausgeprägtem Fruchtaroma und reifen Tanninen. Ein neuer Shiraz und ein Shiraz Reserve sind geschmackvolle, ausgeprägte Weine. Kürzlich hat Trafford einige ausgezeichnete Chenin Blancs aus reifen Trauben hergestellt. Und er bereitete den Weg für einen neuen Stil der Süßweine am Kap, der auf dem französischen Vin de Paille (Strohwein) basiert: ein edelsüßer, in Holzfässern gereifter Chenin, der aus luftgetrockneten Beeren hergestellt wird, die auf Ständern (oder Stroh) eine fast rosinenähnliche Konzentration erlangen.

OBEN: John Faure mit den Kindern Chris und Abigail und dem Verantwortlichen für die Weinberge, Haydn Wright.
LINKE SEITE: Das Herrenhaus von Vergenoegd, Zuhause von mehreren Generationen der Familie Faure.

EIKENDAL

Besitzer dieser modernen Weinkellerei mit einer Produktionskapazität von 30 000 Kisten Wein ist seit 1982 die Schweizer Aktiengesellschaft AG für Plantagen. Geleitet wird das 60 Hektar große Gut von dem zurückhaltenden Österreicher Josef Krammer und dem Weinmacher Anneke Burger.

Der zitronige, elegante Chardonnay ist sehr begehrt und zusammen mit dem weichen, geschmackvollen Merlot bildet er ein Duo mit einem guten Preis-Leistungs-Verhältnis. Die Reserve-Abfüllungen wie der Cabernet Sauvignon und der Verschnitt im Bordeaux-Stil weisen eine gute Ausgewogenheit zwischen Kraft und Eleganz auf.

GRACELAND

Nur ein paar hundert Kisten eines weichen, schweren, reifen und doch gut strukturierten Cabernets und eines etwas leichter zugänglichen Merlots mit einer würzigen Kaffeenote wurden 1998 hergestellt. Die Menge verdoppelte sich zwar 1999, bleibt aber weiterhin limitiert. Paul McNaughton und seine Frau Susan erwarben das 18 Hektar große Gut 1990. Martin Meinert stellte die ersten Weinjahrgänge her, doch nun ist der neuseeländische Weinberater Rod Easthope zuständig.

HELDERKRUIN

Neil du Toits zwei Besitztümer Brandwag und Helderkruin umfassen etwa 100 Hektar Land und wurden zu ca. 80 % mit roten Rebsorten neu bepflanzt. Alle Weine werden in französischen Eichenholzfässern ausgebaut. Unter den Weißweinen finden sich Sauvignon, Chardonnay und Sémillon sowie ein paar alte Chenin-Blanc-Rebstöcke. Auch eine Parzelle mit dreißig Jahre alten Shiraz-Rebstöcken liefert immer noch gute Erträge.

Du Toit baute 1997 seine eigene Weinkellerei, nachdem er zuvor Stellenbosch Farmers' Winery beliefert hatte. Der frühere SFW-Weinmacher Koos Bosman führt nicht nur die Aufsicht über ein großes Sortiment an Alltagsweinen unter dem Etikett *Yellow Door*, sondern auch über die sortenreinen Weine (einschließlich eines guten Pinotage) unter dem Namen *Helderkruin*.

KEN FORRESTER

Der Spitzen-Restaurateur Ken Forrester renovierte die verfallene Scholtzenhof-Farm und hat in den letzten Jahren einige innovative Weine hergestellt. Sein voller, im Holz ausgebauter Chenin Blanc ebnete den Weg für Experimente, die er Mitte der 1990er Jahre durchführte. Sein neues Projekt ist ein Rotwein im Rhône-Stil; dazu verwendet er einige seltene Grenache-Reben aus dem Devon Valley und Shiraz aus eigenem Anbau. Das Ergebnis ist ein zunehmend gehaltvollerer, leicht zu trinkender Wein. Martin Meinert stellt die Weine in seiner Weinkellerei Devon Crest in Devon Valley her.

LONGRIDGE

Das Weingut Longridge, das 1992 von dem Weinhändler Johann Laubser ins Leben gerufen wurde, hat sich mit zwei anderen großen Kellereien zusammengeschlossen, die ähnliche Ziele beim Marketing von Markenweinen haben. Longridge, Savanha Wines und Spier Cellars bewahren zwar jeweils ihre eigene Identität und ihre Markennamen, arbeiten aber nun unter dem Besitzer Trylogy Wine Corporation mit Laubser als Manager. Der junge australische Weinmacher Ben Radford von Longridge überwacht die Weinerzeugung aller drei Weinkellereien. Die Kellerei verarbeitet bis zu 2 000 Tonnen Traubengut von etwa einem halben Dutzend Weinbauern in Durbanville und Stellenbosch. Auch gibt es eigene Weinberge von etwa 80 Hektar in der Nähe von Meerlust. Die meisten dieser Trauben sind für den Premiumwein *Longridge* und das Sortiment *Bay View* bestimmt, Weine mit einem guten Preis-Leistungs-Verhältnis. Der Schwerpunkt liegt hier auf den klassischen Sorten. Eine enge Zusammenarbeit mit dem Burgunder Weinhändler Martin Prieur zeigt sich besonders deutlich in dem modischen, eleganten und langlebigen Chardonnay.

MORGENSTER

Seit 1992 besitzt der italienische Geschäftsmann Giulio Bertrand 200 Hektar Land, das ursprünglich ein Teil von Vergelegen war. Die unberührten Nordhänge wurden mit Cabernet, Merlot und Cabernet Franc für einen Wein im »Saint-Émilion-Stil« bepflanzt. Weinmacher dafür ist Wynand Hamman vom Weingut Lanzerac zusammen mit Pierre Lurton vom Spitzen-Château Cheval-Blanc im Bordeaux. Ein Sauvignon Blanc unter dem Zweitetikett *Lourens River Valley* ist angenehm im Geschmack. Weinmacher ist seit kurzem Marius Lategan.

MOUNT ROZIER

Auf der Myrtle Grove Farm, am Fuß der Hottentots-Holland-Berge gelegen, kümmert sich der frühere Ingenieur und Obstbauer von Franschhoek, David Lydell, um etwa 45 Hektar Weinberge. Es sind Granit- und Sandsteinböden auf kühlen, hoch gelegenen Süd- und Südosthängen. In gerade einmal zwei Jahren haben Lydell, sein Schwager, der Architekt Gert Loebenberg aus Kapstadt, und der Geschäftsmann Michael Rubin verwahrloste Rebstöcke gerodet, neue Klone gepflanzt und planen den Anbau von mehr Sauvignon Blanc und ein wenig Pinot Noir. In dem kleinen, funktionellen Keller wird der Berater Ernst Gouws vom Weingut Hoopenburg nicht mehr als 5 000 Kisten Wein herstellen. Die ersten Weine sind fruchtig, elegant und sofort trinkfähig, wobei der Cabernet das Beste vom Besten ist.

ONDERKLOOF

Auf dem Weingut Onderkloof machen der in französischen Eichenfässern gereifte Pinotage und der Cabernet Sauvignon einen guten Eindruck. Neupflanzungen von Shiraz und Merlot sind geplant.

Ein Chardonnay, ein Sauvignon Blanc und ein halbtrockener Verschnitt namens *Floreal* aus dem Erstlingsjahrgang 1999 leiteten für den erfahrenen Weinmacher Danie Truter eine neu gefundene Freiheit ein in seiner eigenen Weinkellerei, die er in Partnerschaft mit Beat Musfeld und John Harrison betreibt. Truter, der dabei geholfen hatte, Hartenberg aufzubauen, wird sich auf Rotweine konzentrieren.

POST HOUSE

Das Gut der Familie Geber bringt wenige hundert Kisten fruchtigen Chenin Blanc und zwei Rotweine für jeden Tag, einen Cabernet und einen Merlot, hervor. Die meisten Weintrauben aus den 30 Hektar Weinbergen werden an Longridge verkauft.

SOMERBOSCH

Als langjährige Traubenlieferanten für die nahe gelegene Helderberg-Weinkellerei-Kooperative entschlossen sich Wally Roux und seine Söhne 1995 dazu, Wein unter eigenem Etikett herzustellen. Die Produktion beträgt rund 13 000 Kisten. Die alten Chenin-Blanc- und Cinsaut-Trauben wurden in den letzten 15 Jahren durch hochwertige Rotweinsorten ersetzt.

Die sandigen Böden der Farm und das warme Klima bieten gute Aussichten für fruchtigen Cabernet, Cinsaut, Pinotage und besonders Merlot.

STELLENZICHT

Seit 1981 ist Stellenzicht im Besitz des deutschen Bankiers Hans Schreiber und wurde 1994 bis 1997 von dem talentierten Weinmacher André van Rensburg an die Spitze der besten Weingüter Südafrikas geführt. Heute führt Guy Webber das Weingut.

Die Produktion beläuft sich gegenwärtig auf rund 60 000 Kisten Wein aus 140 Hektar Rebfläche. Die Stars unter den Weinen sind der Sauvignon Blanc mit seinem reichen Stachelbeeraroma und der richtungsweisende Shiraz. Der Merlot, der Cabernet und die Cuvée im Bordeaux-Stil *Stellenzicht* legen eine enorme Geschmackstiefe und Struktur an den Tag.

Außerdem gibt es nicht nur einen sahnigen Chardonnay mit Zitrusaroma, sondern auch einen körperreichen, zitronigen Sémillon, der längere Zeit auf dem Hefesatz ausgebaut wurde. Großartig ist auch die Beerenauslese.

STONEWALL

Der Happy Vale Farm wurde durch De Waal Koch neues Leben eingehaucht. 1996 renovierte Koch den Original-Keller aus dem Jahre 1828, nachdem er damit begonnen hatte, einen Großteil der 80 Hektar Weinberge neu zu bepflanzen. Viele der Trauben gehen an Stellenbosch Farmers' Winery, doch der Spitzen-Weinmacher Martin Meinert produziert knapp über 2 000 Kisten Wein, darunter den überaus beeindruckenden Merlot-Cabernet-Verschnitt und einen sortenreinen Cabernet: beides köstliche, komplexe und saftige Rotweine.

UVA MIRA

Der pensionierte Bergwerk-Geschäftsführer Des Weedon erwarb Uva Mira im Jahre 1994. Dort werden bereits vorhandene zehn Jahre alte Sauvignon-Blanc- und Chardonnay-Reben durch Merlot und Cabernet Sauvignon ergänzt mit dem Ziel, insgesamt 45 Hektar zu bepflanzen. Gegenwärtig wird auf etwa 12 Hektar Wein angebaut, den Jan Boland Coetzee auf Vriesenhof produziert, bis der Keller von Uva Mira fertiggestellt ist.

Zum Sauvignon Blanc und zum Chardonnay werden sich in Kürze noch Merlot und die neue Sorte Roobernet gesellen; der Cabernet verspricht jedoch die Spezialität des Guts zu werden.

WATERFORD

Ein Star, der sich noch in der Entwicklung befindet: Von den 120 Hektar Land sind 50 Hektar für erstklassige Weinberge bestimmt. Etwa 14 Hektar davon werden mit Sauvignon Blanc, Chardonnay und Cabernet bepflanzt, weitere 13 Hektar mit anderen Rotweinsorten, einschließlich Shiraz, der Spezialität von Weinmacher Kevin Arnold. Er wird auch mit den Bordeaux-Nischensorten Petit Verdot und Malbec sowie mit der Rhône-Sorte Mourvèdre und der bedeutenden italienischen Sorte Barbera experimentieren. Arnolds Shiraz ist dunkel und kräftig, ein reichhaltiger, süßer und würziger Wein mit einem großen Alterungspotenzial. Der *Waterford Cabernet*, dessen Trauben wie beim Chardonnay von sorgfältig ausgewählten Weingütern der näheren Umgebung stammen, ist ein ausgesprochen großartiger Wein.

YONDER HILL

1997 kaufte der Geschäftsmann Frikkie Naudé die kleine Weinfarm. Jan Boland Coetzee vom Weingut Vriesenhof half, die 10 Hektar Weinberge mit erstklassigen Rotweinsorten, einschließlich Cabernet Sauvignon, Merlot und Cabernet Franc sowie auch Chardonnay, zu bepflanzen.

Neu an Bord ist der Weinmacher David Lockley. Die derzeitige Produktion von knapp über 2 000 Kisten Wein soll auf 14 000 Kisten gesteigert werden. Der weiche, pflaumige Merlot sowie die bodenständige Cuvée *iNanda* aus Merlot, Cabernet Sauvignon und Cabernet Franc sind die charakteristischen Weine des Gutes.

Die Helderberg-Gipfel überragen Rebflächen, auf denen Spitzenqualität erzeugt wird.

JONKERSHOEK

Das Jonkershoek-Tal ist wahrscheinlich eines der schönsten Fleckchen im Weingebiet von Stellenbosch. Es ist ein tiefer, enger Einschnitt zwischen den Nordost-Hängen der Stellenbosch-Bergkette und den Gipfeln der Jonkershoek-Berge im Südosten der Stadt. Man hat das Potenzial der hoch gelegenen Süd- und Südost-Hänge aus zersetztem Granit erkannt, und es wird hauptsächlich für Cabernet und Merlot genutzt, wenn auch nur in kleinem Rahmen.

Einige gute Weine sind bereits aus diesen Lagen hervorgegangen, die offiziell zur Appellation Stellenbosch gehören.

Durch die Kapitalspritze der wohlhabenden Geschäftsleute und Bankiers, die nun Weinerzeuger geworden sind, konnten einige der schon lange etablierten Weinkellereien wie Lanzerac und Oude Nektar von Grund auf modernisiert werden. Doch ob sie nun Geld haben oder nicht: Die Güter in dieser Gegend werden auch weiterhin ihre Weine von Hand herstellen und klein und qualitätsorientiert bleiben.

JONKERSHOEK

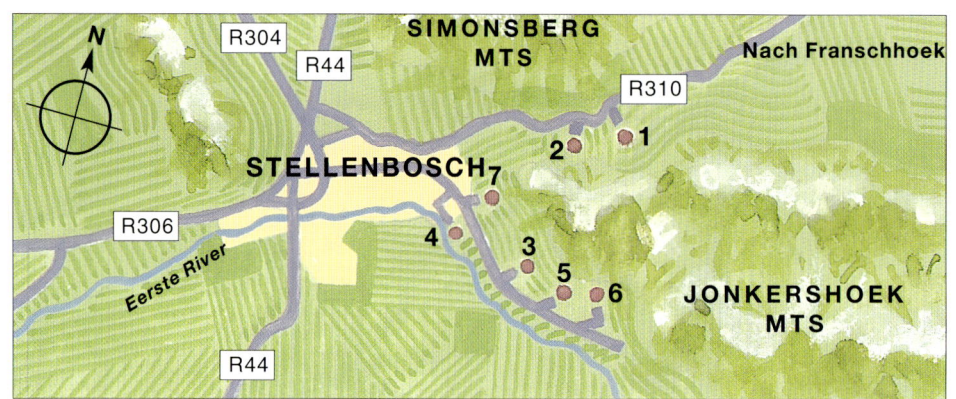

1. Camberley
2. Delaire
3. Klein Gustrouw
4. Lanzerac
5. Le Riche (Leef Op Hoop)
6. Neil Ellis
7. Rozendal

NEIL ELLIS

EIGENTÜMER
Neil Ellis, Hans-Peter Schröder

HAUPTWEINE
Groenekloof Sauvignon Blanc, Elgin Chardonnay, Stellenbosch Cabernet Sauvignon, Jonkershoek Shiraz, Elgin Pinot Noir

Die moderne Weinkellerei Oude Nektar (OBEN) wurde von Hans-Peter Schröder (UNTEN) für seinen Geschäftspartner Neil Ellis gebaut, der nun von dem Rotweinmacher Louis Nel unterstützt wird.

Nach 25 Jahren hat der »fliegende Weinmacher« Neil Ellis endlich ein »Zuhause« in dem engen Jonkershoek-Tal gefunden. Ellis hat eine önologische Ausbildung am Elsenburg College absolviert und ein Diplom in Chemie und Mikrobiologie erworben. Nach Stationen in den Weinkellereien von KWV, Groot Constantia, Zevenwacht und Louisvale füllte er schließlich 1989 unter eigenem Etikett Wein ab.

Auf dem Weingut Oude Nektar mit dem modernen Keller mit einer Verarbeitungskapazität von 500 Tonnen kann er seine eigenen Prinzipien am besten befolgen: herausfinden, welche Rebsorten und Weinstile er verwenden möchte, das Auffinden der richtigen Areale, auf denen die Rebstöcke gedeihen, und dann das Ausfindigmachen der Weinbauern, mit denen er bei der Pflege der Weinberge zusammenarbeiten und Trauben in der von ihm gewünschten Qualität hervorbringen kann. Besonders spannend ist für ihn das Potenzial für Rotweine und Chardonnay auf den an Berghängen gelegenen 250 Hektar von Oude Nektar.

Sein Partner ist der Geschäftsmann Hans-Peter Schröder, der den um seine Existenz kämpfenden Besitz 1989 kaufte.

Etwa 70 % der Gesamtfläche sind mit Cabernet Sauvignon, Merlot und Shiraz bepflanzt, der Rest mit Chardonnay und etwas Sauvignon Blanc. Die Böden bestehen aus zersetztem Granit, wobei der Cabernet in den wärmeren, niedriger gelegenen, sandigeren, angeschwemmten Böden rund um einen See in der Nähe des Weinkellers wächst. Die Weinberge liegen alle an den kühlen Südhängen der hochragenden Jonkershoek-Gipfel und profitieren zusätzlich von einer kühlenden Nebelbank in den frühen Morgenstunden.

Die Qualität des Shiraz und insbesondere des Cabernets führte im letzten Jahr zur ersten Flaschenabfüllung aus der hervorragenden 1997er Ernte. Unter dem Etikett *Neil Ellis Jonkershoek Valley wines* werden diese Spitzenweine in französischen Eichenfässern ausgebaut und weisen ein schönes Aroma von reifen roten Beeren auf, das sich sofort am Gaumen entfaltet und doch eine Intensität und Komplexität offenbart, die durch Lagerung noch gewinnen werden.

Der *Groenekloof Sauvignon Blanc* ist immer der Star in Neil Ellis' Sortiment; er ist wahrscheinlich einer der ausdrucksvollsten sortenreinen Kapweine, reich an Aromen von scharfen Guajaven, Nesseln und dem Duft und Geschmack von reifen Feigen. Dieser Wein stammt von dem an der Westküste gelegenen Gut Contreberg. Von dem alteingesessenen Alex Versfeld kauft Ellis seit 1991 Trauben. Chardonnay-Liebhaber werden ebenso angetan sein von dem fassvergorenen *Neil Ellis Elgin Chardonnay*.

Sein drittes Etikett *Inglewood* ist reserviert für Weine, die seinen hohen Erwartungen für die Marke *Neil Ellis* und die Lagenweine nicht ganz entsprechen. Doch es sind fruchtige, sehr trinkfähige Weine für jeden Tag mit einem guten Preis-Leistungs-Verhältnis.

CAMBERLEY

Camberley ist das Zuhause des Bausachverständigen John Nel und seiner Frau Gael. Im kleinen Weinkeller im Untergeschoss wird ein ausgezeichneter Cabernet Sauvignon hergestellt, der durch Merlot abgerundet wird: reich an Aromen von schwarzer Johannisbeere, Vanille und Eichenholz mit einem trockenen klassischen Abgang. Die Früchte stammen aus nur 2 Hektar Rebstöcken, die 1991 auf erstklassigen roten Lehmböden gepflanzt wurden. Freund Kevin Arnold vom Weingut Waterford hilft im Weinkeller mit.

DELAIRE

Diese kühlen, hoch gelegenen Weinberge auf Böden aus zersetztem Granit wurden in den 1980er Jahren von dem Weinautor John Platter hauptsächlich mit Chardonnay, Cabernet und Merlot bepflanzt. Heute gehört das Weingut dem iranischen Geschäftsmann Masoud Alikhani. Der junge Weinmacher Bruwer Raats produziert einige angenehme Sauvignon Blancs und Chardonnays und einen passablen Merlot. Die jährliche Produktion beträgt knapp über 7000 Kisten.

KLEIN GUSTROUW

Nach der Restaurierung des kap-holländischen Gehöfts aus dem Jahre 1817 haben der pensionierte Finanzdirektor Chris McDonald und seine Frau Athalie ihren Wein seit dem Erstlingsjahrgang 1993 aus 4 Hektar Cabernet Sauvignon und Merlot zu einem kräftigen, fleischigen, vollmundigen Verschnitt aus 65 % Cabernet und 35 % Merlot gemacht. Produziert werden nur etwa 1250 Kisten, und nach einem Jahr Ausbau in französischen Eichenfässern reift der Wein weitere zwei bis drei Jahre in der Flasche, bevor er zum Verkauf freigegeben wird.

LANZERAC

Die historische kap-holländische Farm Lanzerac produziert dank des Bankiers Christo Wiese, der das Weingut 1991 kaufte, wieder Wein. Der frühere Besitzer Stellenbosch Farmers' Winery hatte in den 1970er Jahren die Produktion stufenweise eingestellt. Etwa 50 Hektar Rebfläche wurden mit erstklassigen roten und einigen weißen Rebsorten bepflanzt, und der Weinmacher Wynand Hamman arbeitet in einem funkelnagelneuen Weinkeller mit einer Kapazität von 600 Tonnen. Cabernet Sauvignon und Merlot herrschen vor, unterstützt von Cabernet Franc und Malbec. Shiraz und Pinot Noir werden anderweitig verwendet, während aus den 3 Hektar Pinotage-Rebstöcken schon bald ein eigener Pinotage hergestellt wird.

Die Weine sind relativ jung, deshalb waren auch die 1996er Erstlingsjahrgänge von Chardonnay, Cabernet und Merlot trotz vorhandener Frucht verschlossen, nahezu streng. Die folgenden Jahrgänge zeigen ein reichhaltigeres, reiferes Fruchtaroma, um Tannine und Holznoten auszugleichen. Obwohl der Cabernet als das Aushängeschild angesehen wird, ist der vollmundigere, abgerundetere Merlot bis heute der bessere Wein.

Lanzerac füllt nun die besten Trauben unter eigenem Etikett ab.

LE RICHE

Nach mehr als 20 Jahren auf dem angesehenen Weingut Rustenberg hat der erfahrene Weinmacher Etienne le Riche sich 1996 selbständig gemacht. Seine ersten wenigen *Le Riche Cabernets* aus den 1996er und 1997er Jahrgängen stellte er aus Trauben her, die er gekauft hatte. Es sind feste, strukturierte, reife und kräftige Weine. Nun konzentriert er sich auf Lagen-Cabernets, »um mich mit dem Charakter jedes einzelnen Gebietes vertraut zu machen«.

ROZENDAL

Rozendal mit seinen 25 Hektar Land gehört seit 1981 dem schweizerdeutschen Küchenchef Kurt Ammann und war früher Teil von Lanzerac. Seinen ersten Wein produzierte Ammann 1983, einen Cabernet-Sauvignon-Cinsaut-Verschnitt aus zugekauftem Traubengut. Nachdem er etwa 7 Hektar mit eigenem Cabernet und Merlot bepflanzt hatte, wurde seine Rozendal-Cuvée zu einem Synonym für Eleganz und Ausgewogenheit – ein wunderbar weicher Wein. Manchmal verwendet er in der Mischung auch zugekauftes Traubengut, einschließlich Cabernet Franc. Er klärt seine Weine nur mit Eiweiß, auch stabilisiert und filtriert er nicht, sondern verlässt sich bei seinen 3000 Kisten Wein ganz auf die gute Qualität seiner Trauben.

SIMONSBERG

Dies ist einer der Hauptbezirke des Stellenbosch-Gebietes. Er umfasst erstklassiges Weinbauland entlang der Süd- und Südwestflanken des Simonsberg-Gebirges, die in Richtung der etwa 15 km entfernten False Bay liegen. Die Hänge bieten viele Lagen, die für erstklassige Weiß- und Rotweine ideal sind: von den wärmeren Nord- und Nordwestlagen bis zu den kühleren Süd- und Südostlagen. Die granithaltigen roten Lehmböden sind bestens für die klassischen Rotweinsorten geeignet. Doch einige gute Weißweine, wie Sauvignon Blanc, Chardonnay und Riesling, gedeihen hier ebenfalls gut.

Entlang dieser Berge liegen einige der traditionsreichsten Kap-Weingüter, die im 17. Jahrhundert gegründet wurden, wie das königliche Rustenberg und das romantische Muratie.

Jenseits der R44 gibt es einige neuere aufregende Güter, die erstklassige Rotweine erzeugen, wie L'Avenir, Laibach, Warwick. Boutiquen-Kellereien wie Remhoogte machen plötzlich von sich reden.

Früher wurde auf diesem Land hauptsächlich Obst angebaut, bevor man zum Weinbau überging. Ein Beispiel dafür ist das Weingut Thelema mit dem Spitzen-Winzer Gyles Webb.

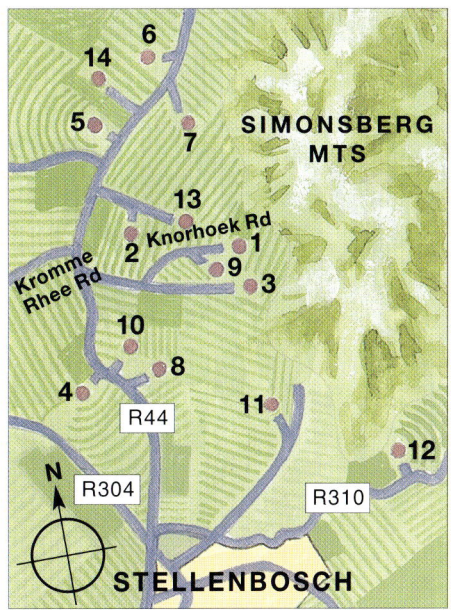

SIMONSBERG

1. Delheim
2. Kanonkop
3. Knorhoek
4. L'Avenir
5. Laibach
6. Le Bonheur
7. Lievland
8. Morgenhof
9. Muratie
10. Remhoogte
11. Rustenberg
12. Thelema
13. Uitkyk
14. Warwick

KANONKOP

EIGENTÜMER
Johann und Paul Krige

HAUPTWEINE
Paul Sauer, Cabernet Sauvignon,
Pinotage, Pinotage Auction Reserve,
Kadette

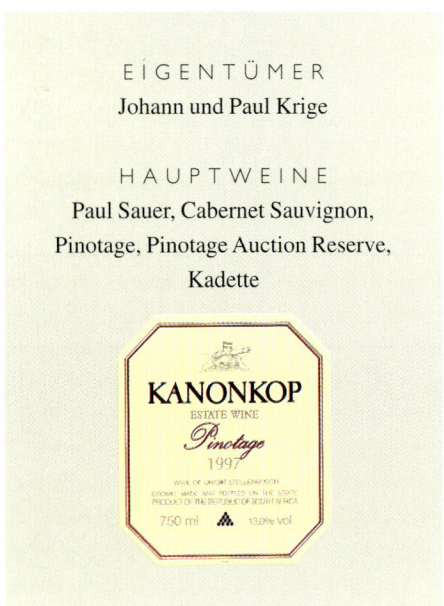

Dies ist eine der besten Weinkellereien am Kap. Durch ihre internationalen Auszeichnungen sorgte sie fast im Alleingang dafür, dass Südafrika nun zu den Qualitätswein-Produzenten der Welt gehört. Im letzten Jahrzehnt gewann der Weinmacher Beyers Truter u. a. zweimal die begehrte Trophäe Château Pichon-Longueville Comtesse de Lalande als »beste Rotwein-Cuvée der Welt«.

In den letzten 30 Jahren produzierte Kanonkop drei Spitzen-Rotweine. Die *Paul-Sauer-Cuvée* aus Cabernet, Cabernet Franc und manchmal Merlot, der sortenreine Cabernet und der Pinotage zeichnen sich alle durch das reine, kräftige Fruchtaroma und die intensive Eichenholznote aus, die weder dem Stil der Neuen Welt noch dem eleganten Stil der alten Welt zuzuordnen sind. Dies sind Kap-Rotweine vom Feinsten mit dem Pinotage an der Spitze.

OBEN: Johann und Paul Krige und ihr international renommierter Weinmacher Beyers Truter haben Kanonkop **(DARUNTER)** zu einer der ersten Adressen unter den Kap-Weingütern gemacht. Das Gut ist berühmt für Pinotage, Cabernet und einen klassischen Rotwein-Verschnitt.

Das Gut, das früher ein Teil von Uitkyk war, gehört seit dem frühen 20. Jahrhundert der Familie Sauer, die in den 1930er Jahren Weintrauben anzubauen begann. Die Farm wurde später von Schwiegersohn Jannie Krige übernommen, dessen beide Söhne Johann (Geschäftsführer) und Paul (verantwortlich für Weinberg und Keller) die Farm heute leiten. In mehr als drei Jahrzehnten hat es nur zwei Weinmacher gegeben: Jan Boland Coetzee (nun auf Vriesenhof) und Beyers Truter, der seinen 20. Weinjahrgang im Jahre 2000 feierte.

Truter ist der Kap-Meister des Pinotage. Die Weinberge auf Kanonkop werden laufend erneuert. Die 140 Hektar bestehen sowohl aus hoch gelegenen steinigen, kiesigen Granitböden als auch aus niedriger gelegenen sandigeren Böden. Busch-Rebstöcke, überwiegend der Sorte Pinotage, werden neu gepflanzt, doch etwa 50 Hektar mit alten Rebstöcken werden durch virusresistenten Spalierwein ersetzt.

Truter verbessert ständig die Vinifikationstechniken und bleibt ein Verfechter der Gärung in offenen Tanks. Als Erster am Kap hat er den Pinotage in neuen kleinen Eichenfässern ausgebaut. Als Traditionalist bevorzugt er französische Vicard-Eichenfässer mit mittlerem Röstungsgrad in einer Kombination aus neuen und gebrauchten Fässern. Er meidet den Trend zu moderner amerikanischer Eiche, die zwar, wie er glaubt, anfänglich mit ihren starken, süßen Vanillearomen verführt, aber mit den französischen Eichenfässern nicht mithalten kann. »Ein gealterter Pinotage kann so weich, so köstlich, so burgunderähnlich werden.«

L'AVENIR

EIGENTÜMER
Marc Wiehe

HAUPTWEINE
Pinotage, Pinotage Reserve, Cabernet Sauvignon, L'Ami Simon, Chardonnay, Chardonnay Special Cuvée, Sauvignon Blanc, Chenin Blanc, Vin d'Erstelle, Rosé Maison, Special Late Harvest, Vin de Merveur Noble Late Harvest

Marc Wiehe und François Naudé verbindet eine Leidenschaft zum Wein, die dieses relativ neue Weingut ziemlich schnell ebenso berühmt werden ließ wie seine Nachbarn. Wiehe kaufte die Farm 1992 und übernahm damit vorzügliches Traubenmaterial, das früher an Nederburg geliefert wurde.

Die etwa 45 Hektar Reben liegen auf Nord-, Süd- und Südwesthängen, die meisten davon profitieren von den kühlen Brisen aus der False Bay. Das breite Traubensortiment wird durch Neupflanzungen von Pinotage-Busch-Rebstöcken und durch neue, virusfreie Klone auf Riesling-Wurzelstöcken ergänzt. Cinsaut wird durch Sauvignon Blanc ersetzt.

Ziel ist es, ein kleines Weingut zu bleiben; die Weinkellerei erzeugt rund 20 000 Kisten Wein, aber für jeden Geschmack ist etwas dabei.

François Naudé, von Beruf Apotheker, zog von Pretoria in die Kap-Weinländer und experimentierte mit Cabernet Sauvignon, der für den eigenen Verzehr bestimmt war. Der ausgeprägte Geschmack des Weines und die Konzentration von Fruchtaroma und Tanninen erregte die Aufmerksamkeit von Marc Wiehe, der auf der Suche nach einem Weinmacher war.

L'Avenir ist eines der viel versprechenden neuen Weingüter in Stellenbosch. Dank des talentierten Weinmachers François Naudé (NÄCHSTE SEITE OBEN) und seines Chefs Marc Wiehe ist es auf dem Weg zum Erfolg.

MORGENHOF

EIGENTÜMER
Alain Huchon und
Anne Cointreau-Huchon

HAUPTWEINE
Première Sélection, Merlot, Cabernet
Sauvignon, Pinotage, Chardonnay,
Sauvignon Blanc, Chenin Blanc, Rhine
Riesling, Special Late Harvest,
Brut Cap Classique, LBV Port,
L'Atrium Rouge de M, Blanc de M

Naudé stellte sich der Herausforderung und das Ergebnis waren eine gut gemachte Cuvée aus Merlot und Cabernet für jeden Tag (*L'Ami Simon*) und ein sehr geschmackvoller, halbtrockener Verschnitt aus den minderen weißen Rebsorten Colombard und Crouchen Blanc, angereichert mit einem Schuss Riesling. Dann machte Naudé Schlagzeilen mit einem Pinotage, seiner Lieblingssorte, den er in seinem unverkennbar gewagten Stil aus den Trauben von 30 Jahre alten Rebstöcken herstellte. Das Fruchtaroma war wunderbar reichhaltig und süß.

Als Nächstes kamen einige attraktive Weißweine: ein Chardonnay mit ausgeprägtem Burgundercharakter, der Naudis Geschick im Umgang mit Eichenfässern zeigt, der hier übrigens subtiler ist als bei seinen kräftigen Rotweinen, und ein weiterer, preisgekrönter Chenin Blanc. Mit diesem unglaublich reichhaltigen, halbtrockenen Chenin ohne Eichenholznote stellte er die gängige Auffassung in Frage, nach der ein Chenin nur ernst genommen werden kann, wenn er in Holzfässern ausgebaut wird. Sein Geheimnis bestand in der Verwendung von sehr reifen Trauben, die schon leicht von der Edelfäule befallen waren.

Diese historische kap-holländische Farm wurde 1993 von Alain und Anne Huchon gekauft, die dem Besitz ein französisches Flair gaben. Mit einer Jahresproduktion von 25 000 Kisten hat Morgenhof ein solides Sortiment von bemerkenswert reichhaltigen Rotweinen, das kürzlich durch das zum Verkauf freigegebene Aushängeschild des Weinguts, die *Première Sélection*, gekrönt wurde, eine reife, fleischige, würzige Cuvée im Bordeaux-Stil. Darin gehen die besten Cabernets ein, dennoch ist der sortenreine Cabernet ebenso gehaltvoll. Der Merlot ist einer der opulentesten Weine am Kap.

Die hügeligen Weinberge, die auf einer Höhe von über 450 m liegen, sind mit ihren Granit-, Schiefer- und Sandsteinböden sowohl für erstklassige weiße als auch für rote Rebsorten ideal. Morgenhofs Weine besitzen eine ausgesprochen französische Eleganz als Kontrapunkt zu ihrer überreichen Fruchtigkeit. Dieser Stil spiegelt sich in einem ausgezeichneten Chardonnay wider: frisch, mit einer subtilen Eichenholznote und dennoch besonders weich. Ähnlich auch der Sauvignon Blanc, der aus kürzlich gepflanzten Loire-Klonen hergestellt

Der kreisförmige unterirdische Barrique-Keller auf Morgenhof erinnert ebenso wie der auf Vergelegen an den Keller von Château Lafite-Rothschild in Bordeaux.

OBEN: Der neue Probierraum auf Morgenhof befindet sich in diesem eleganten kap-holländischen Haus.
LINKE SEITE OBEN RECHTS: Das dynamische Morgenhof-Duo: Weinmacherin Rianie Strydom und Besitzerin Anne Cointreau-Huchon.

wird, und der in Holzfässern ausgebaute Chenin Blanc, eine der besten Kapversionen der neuen Welle.

Hinzu kommen ein sehr guter *Brut Cap Classique* und einer der seltenen *Late-Bottled-Vintage*-Kap-Portweine, die überwiegend aus Tinta Barocca hergestellt werden.

Gegenwärtig werden rund 60 Hektar Rebfläche noch immer neu bepflanzt; für neues Rebland wird Waldgebiet gerodet. Ziel sind 85 Hektar, bepflanzt in erster Linie mit den Premium-Weinsorten, aber auch mit ausgewählten Chenin-Blanc-Stöcken und der klassischen Portwein-Rebsorte Touriga Naçional. Die besten Weine werden das Etikett *Morgenhof Estate* und *Simonsberg* tragen; alle anderen Weine, die nicht den hohen Standardanforderungen entsprechen, werden als *L'Atrium* abgefüllt.

Die neue Weinmacherin Rianie Strydom (verheiratet mit Louis Strydom, dem neuen Weinmacher von Rust en Vrede) muss in die großen Fußstapfen ihres Vorgängers Jean Daneels treten. Doch die Ausbildung in Saint-Émilion und die lange Lehrzeit unter Daneel haben sie bestens für diese Aufgabe gerüstet.

RUSTENBERG

EIGENTÜMER
Simon Barlow

HAUPTWEINE
Five Soldiers Chardonnay, Peter Barlow
Cabernet Sauvignon, Rustenberg
Stellenbosch (Rotwein-Cuvée),
Rustenberg Stellenbosch Chardonnay,
Brampton Chardonnay, Cabernet Merlot

Simon Barlow erbte Rustenberg von seinem Vater, der am mächtigen Industrieunternehmen Barlow-Rand beteiligt und für den die 1000 Hektar große Farm mit Milchwirtschaft sowie Obst- und Weinanbau ein Hobby war. Doch für den Sohn war der historische Besitz mit den klassischen kap-holländischen Gebäuden ein Zuhause. »Und nun ist es mein Geschäft.«

1996 investierte Barlow über eine Million Mark: Ein Gärkeller mit einer Verarbeitungskapazität von 1000 Tonnen mit Gärtanks aus rostfreiem Edelstahl sowie ein unterirdischer Barrique-Keller für 900 Fässer wurden gebaut.

Die höher gelegenen Hänge des Simonsberges, deren kühle, tiefe Böden mit guter Drainage aus zersetztem Granit bestehen, werden mit Sauvignon Blanc, Chardonnay, Cabernet Sauvignon, Merlot und Cabernet Franc bepflanzt. Die besten Stellen sind den Rhône-Sorten Shiraz, Grenache, Mourvèdre vorbehalten, eine neue Richtung für Rustenberg. Die gegenwärtig 60 Hektar Rebfläche werden so auf 120 Hektar erweitert. Trauben kommen auch von den 45 Hektar mit Chardonnay und Sauvignon Blanc bepflanzten Weinbergen an den Helderberg-Hängen des Gutes Nooitgedacht, dem privaten Zuhause der Barlows.

Als der Weinmacher Etienne le Riche 1995 nach zwanzigjähriger Tätigkeit das Gut verließ, zog Barlow das Etikett Rustenberg vom Markt zurück, um die Ausrichtung der Produktion neu zu bestimmen. Der junge Neuseeländer Rod Easthope führte die New-Look-Weine ein und wird nun, obwohl er immer noch als Weinberater für Barlow arbeitet, durch das junge Talent Adi Badenhorst (früher Weingut Groote Post) ersetzt.

Das Etikett Brampton, mit dem Rustenberg 1996 wieder in den Markt eintrat, entlockte den Traditionalisten zwar nur ein Stirnrunzeln, hat aber seitdem alle mit seiner fruchtigen Neue-Welt-Freundlichkeit überrascht. Es sind Weine mit einem guten Preis-Leistungs-Verhältnis. Auch der Name Rustenberg kehrte zurück, doch ist er dem mittelklassigen Rustenberg-Stellenbosch-Sortiment vorbehalten, das in einem Stil vinifiziert wird, der eher den Charakter eines Terroirs zur Geltung bringt als den einer Rebsorte.

Dies sind unverkennbar Rustenberg-Weine: von mittlerem Körper, elegant, doch voll neuer Frische und Fruchtigkeit, an denen es den letzten Jahrgängen manchmal mangelte.

An der Spitze werden Lagenweine stehen wie der *Rustenberg Peter Barlow Cabernet Sauvignon* und der *Five Soldiers Chardonnay*. Diese Weine werden auf natürliche Art vinifiziert, um die Essenz der Trauben aus einer besonders guten Parzelle einzufangen.

Das Herrenhaus Schoongezicht (**LINKS**), das zum Weingut Rustenberg gehört. **OBEN** dessen Besitzer Simon Barlow mit seiner Frau Rozanne.

THELEMA

EIGENTÜMER
Gyles Webb, McLean Family Trust

HAUPTWEINE
Cabernet Sauvignon, Merlot, Sauvignon Blanc, Chardonnay, Ed's Reserve Chardonnay, Rhine Riesling, Muscat de Frontignan Late Harvest

Gyles Webb ist Wirtschaftsprüfer und wurde von einer Flasche Burgunder dazu inspiriert, das Handwerk des Weinmachens zu erlernen. 1983 kaufte er mit seiner Frau Barbara und deren Eltern eine 160 Hektar Land umfassende Obstfarm am Helshoogte-Pass.

Mit Höhen zwischen 370 und 640 m ist Thelema eines der höchstgelegenen und kühlsten Weingüter am Kap, mit tiefen Böden aus zersetztem Granit. Obwohl genug Niederschlag im Winter fällt und die Böden die Feuchtigkeit gut speichern, wurde kürzlich ein Staudamm gebaut, der es Webb ermöglicht, sofort auf Wassermangel zu reagieren.

Seit seinem Erstlingsjahrgang 1988 hat Webb sich mit Weinen, die Intensität, Komplexität und internationale Ausstrahlung besitzen, einen Namen gemacht. Obwohl er nicht auf »vordergründige Fruchtigkeit, die einem sofort ins Auge sticht«, aus ist, sind seine Weine insofern für das Kap modern, als sie den Charakter der Sorten gut wiedergeben und die starke Frucht durch feinste französische Eiche gestützt wird.

Der Cabernet Sauvignon und der Merlot, die früher im Stil der neuen Welle zu einem vorbildlichen Wein verschnitten wurden, glänzen nun sortenrein und wetteifern miteinander um Saftigkeit, Geschmacksintensität und die unverkennbare Minzenote des Weinguts Thelema. Webbs Standard-Chardonnays sind köstliche Mischungen aus fruchtigem Zitrus- und Marmeladenaroma und einer kräftigen Note von geröstetem Eichenholz. Sein rassiger Sauvignon Blanc mit seinem kräftigen Stachelbeeraroma ist einer der beliebtesten Kap-Weine, er ist praktisch bereits schon vor seiner Freigabe ausverkauft. Und es wird noch mehr geben: Neupflanzungen in nahe gelegenen gepachteten Weinbergen, sein erster Shiraz, vielleicht ein wenig Petit Verdot, mehr Cabernet und Sauvignon Blanc bis zu speziellen Export-Abfüllungen aus zugekauftem Traubengut unter dem Etikett *Stormy Cape*.

OBEN: Gyles Webb und seine Frau Barbara, eine frühere Marathonläuferin. Der zweckmäßige Stil ihres Barrique-Kellers **(DARUNTER)** verkörpert die Einstellung dieses realistischen Ehepaares dem Wein gegenüber: geradlinig und unprätentiös.

WARWICK

EIGENTÜMER
Stan und Norma Ratcliffe

HAUPTWEINE
Trilogy, Cabernet Sauvignon, Merlot, Cabernet Franc, Bush Vine Pinotage, Chardonnay, Sauvignon Blanc

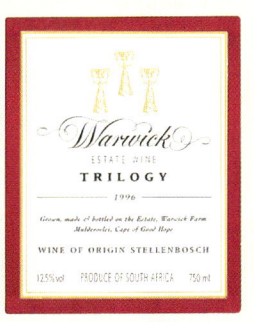

Auf Warwick gab es keine Rebstöcke, als Stan und Norma Ratcliffe das Weingut im Jahre 1964 kauften. Ihren ersten Pflanzungen von Cabernet Sauvignon folgten 1980 Merlot und Cabernet Franc, als diese Sorten erstmals am Kap auftauchten. Aus den ersten drei Tonnen Cabernet-Trauben im Jahre 1984, die mit den Füßen zerstampft und mit einer geliehenen Ausrüstung zu Wein verarbeitet wurden, der dann in einigen der ersten am Kap verwendeten kleinen französischen Eichenfässern reifte, wuchs Warwick zu einer Weinkellerei mit einer Verarbeitungskapazität von 200 Tonnen und einem geräumigen neuen Barrique-Keller heran. Die Rotweine bleiben auch weiterhin die Stärke des Weinguts, und die traditionellen Klärungsmethoden werden immer noch angewendet.

Alle Weinberge, etwa 60 Hektar an den Hängen des Klapmutskop-Berges, wurden mit virusresistentem Material neu bepflanzt. Die Weine weisen nun eine modernere Milde mit einem intensiven Fruchtaroma auf, ohne auf Struktur zu verzichten. Neue Holzfässer werden nur mäßig verwendet. Der Cabernet bleibt auch weiterhin ein strengerer Wein, klassisch trocken. Das Aushängeschild des Weinguts, *Trilogy*, ein Verschnitt im Bordeaux-Stil, weist einen höheren Anteil an Merlot auf. Der sortenreine Merlot ist wohl der weichste, am jüngsten trinkreife Wein

Norma und Stan Ratcliffe mit Sohn Michael und der Weinmacherin Anne-Marée Mostert.

unter den Rotweinen. Am deutlichsten aber sticht aus der Warwick-Kollektion der Cabernet Franc hervor, ein durchweg reicher, dichter, schokoladiger Wein.

Als Weinmacherin hat Norma Ratcliffe ebenfalls bewiesen, dass sie eine Begabung für den Pinotage hat. Aus Trauben von einigen jahrzehntealten Busch-Rebstöcken ist ein großartiger Wein mit intensivem Pflaumenaroma entstanden, der zu den großartigsten Kap-Pinotages der neuen Welle gehört.

Inzwischen hat Norma sich etwas zurückgezogen und die Kellerarbeit Anne-Marée Mostert (früher Mont Rochelle) übergeben.

DELHEIM

Der deutsche Bauunternehmer Hans-Otto Hoheisen erwarb das Gut im Jahre 1938. Seit 1957 leitet sein Neffe Michael »Spatz« Sperling das Weingut allein.

Die steilen, lehmigen, schattigen Hänge der Farm und die hohe Niederschlagsmenge sind nicht gerade förderlich für vollmundige Rotweine, doch die 80 Hektar Rebfläche am Klapmutskop, die Delheim 1975 kaufte, erlaubten ihm, Qualitäts-Rotweine zu erzeugen, wie zum Beispiel 1984 den *Grand Reserve* im Bordeaux-Stil. Aufmerksamkeit erregte jedoch sein großartiger, würziger Shiraz mit ausgeprägtem Pflaumenaroma. Die besten Weine wurden unter dem Etikett *Vera Cruz Estate* vermarktet.

KNORHOEK

Viele der Trauben, die auf diesem 125-Hektar-Gut angebaut werden, wurden als Massenwein oder in jüngster Zeit als Trauben von Spitzenqualität an exklusive kleine Weinkellereien verkauft. Nun haben die Brüder Hansie und James van Niekerk beschlossen, die drei vielversprechendsten Sorten Pinotage, Cabernet und Sauvignon Blanc für die ersten 5 000 Kisten zu verwenden. Die Weine werden auf den Weingütern Kanonkop, Simonsig und Kleine Zalze hergestellt, an die sie auch Traubengut liefern. Ein eigener Keller ist in Vorbereitung.

Als einer der ersten Befürworter von kleinen Eichenfässern aus neuem Holz verwenden die Ratcliffes nun auch gebrauchte Holzfässer, um den Wein subtiler und weicher zu machen.

LAIBACH

Das Weingut Laibach mit seinen 50 Hektar war ein wichtiger Lieferant für Nederburg, bis der deutsche Fabrikant Friedrich Laibach den Besitz 1994 erwarb.

Der im Fass vergorene und gereifte Chenin ist einer der besten neuen Kap-Repräsentanten dieser weit verbreiteten Sorte. Der Chardonnay ist ein wunderbarer, eleganter und vollmundiger Wein mit ausgeprägten Aromen von Zitronen und tropischen Früchten, wobei die Eichenholznote zu einer subtilen Komplexität beiträgt. Der Pinotage ist ein körperreicher Wein mit Aromen von roten Beeren und Bananen und reichen Vanillearomen von französischen und amerikanischen Eichenholzfässern. Die Cabernets, Merlots und Verschnitte aus beiden Sorten weisen eine Fülle von Fruchtaromen und weichen, reifen Tanninen auf.

LE BONHEUR

Einst im Besitz von Distillers und heute zu Lusan Premium Wines gehörend, profitiert die makellos restaurierte kap-holländische Farm Le Bonheur von einem Bepflanzungsprogramm, das in den 1970er Jahren startete. Der Weinmacher Sakkie Kotze hat nun 70 Hektar zur Verfügung: Chardonnay auf gut drainierten Böden, Sauvignon Blanc und Cabernet Sauvignon in den höher gelegenen Nord- und Nordostlagen, Merlot und weiterer Sauvignon Blanc auf den niedrig gelegenen, magereren Böden. All diese Weine weisen eine Kombination aus Fruchtintensität der Neuen Welt und Eleganz der Alten Welt auf.

Der *Prima*, ein Verschnitt aus Cabernet Sauvignon und Merlot, ist ein klassisches Beispiel für außergewöhnliche Konsistenz.

LIEVLAND

»Quo vadis?«, fragten viele, als sich das Team aus Besitzer Paul Benadé und seinem Weinmacher Abé Beukes, mit dem er seit über einem Jahrzehnt zusammengearbeitet hatte, kurz vor der Ernte 1998 trennte. Gemeinsam hatten sie das Gut aufgebaut und viele der unbedeutenden Weißweinsorten auf den Böden aus zersetztem Granit durch edle Rotweinsorten ersetzt. Der Star auf den 65 Hektar ist der Rhône-ähnliche Shiraz. Der elegante *DVB* ist ein Verschnitt im Bordeaux-Stil und besteht überwiegend aus Cabernet Franc. Der auf Cinsaut-Basis hergestellte *Lievlander* ist ein preiswerter Alltagswein. Das Gut gilt als Pionier von vorzüglich im Eichenholz ausgebauten Beerenauslesen im Sauternes-Stil und als Meister von charaktervollen Riesling-Weinen. Mit dem jungen Schotten James Farquharson hat Lievland wieder einen Weinmacher. Neuere Pflanzungen umfassen zusätzlichen Shiraz und weitere Rhône-Sorten wie Grenache und Viognier.

MURATIE

Die Familie Melck hat das Gut mit den schattenspendenden Eichen vor etwa zehn Jahren übernommen und die überwiegend mit Rotweinsorten bestückten Weinberge auf tiefen Böden aus zersetztem Granit mit gesunden Neu-Klonen von Cabernet, Shiraz, Merlot und Pinot Noir neu bepflanzt. Der junge Weinmacher Bruno Lorenzon aus Burgund hilft der Familie in jeder Saison, den stilvollen, eleganten *Ansela van de Caab*, einen Verschnitt aus Cabernet und Merlot, sowie einen sehr guten, reifen, körperreichen Pinot Noir herzustellen. Ein Portwein und der alkoholverstärkte Dessertwein *Amber Forever* aus Muscat d'Alexandrie sind Dauerbrenner.

REMHOOGTE

Der frühere Bauingenieur Murray Boustred erwarb diesen heruntergekommenen 60-Hektar-Besitz im Jahr 1994. Die 40 Hektar Rebfläche enthielten Neu-Klone von Cabernet, Merlot und altem Pinotage; viele dieser Trauben wurden an Morgenhof geliefert. Doch Boustred, der bei dem früheren Kellermeister von Morgenhof, Jean Daneel, einige praktische Erfahrungen sammelte, hat nun damit begonnen, kleine Mengen Wein unter seinem eigenen Etikett *Remhoogte* abzufüllen. Alle drei sortenreinen Rotweine sind von intensivem Geschmack, reichhaltig und trotz Reifung in französischen (und einigen amerikanischen) Eichenfässern sofort trinkbar. Die Weine werden auf Morgenhof vinifiziert und auf Remhoogte in Fässern ausgebaut.

UITKYK

Das zweistöckige kap-georgianische Gehöft stammt aus dem Jahr 1712. Doch erst im 20. Jahrhundert pflanzte der preußische Besitzer Georg von Carlowitz Reben an.

Das 600 Hektar umfassende Gut gehört heute einem Gemeinschaftsunternehmen aus Lusan Premium Wines, Distillers und Hans Schreiber.

Die 180 Hektar Weinberge an Hängen mit Lehmböden aus zersetztem Granit und Lehmböden aus zersetztem Sandstein des Tafelberges wurden mit edlen Rebsorten neu bepflanzt. Der altgediente Weinmacher Theo Brink produziert nicht nur den bekannten *Uitkyk-Riesling*, einen Sauvignon Blanc und den Rotwein-Verschnitt *Carlonet*, sondern auch eine aromatische Cabernet-Shiraz-Cuvée.

Das unterschätzte Weingut Le Bonheur erzeugt einen großartigen Cabernet.

BOTTELARY

Bottelary ist seit 1996 offizieller Unterbezirk der Appellation Stellenbosch und liegt an den Hügeln, die die nördlichen Vororte von Kapstadt entlang des Kuils River vom eigentlichen Stellenbosch-Gebiet trennen.

Die Süd-, Ost- und Westhänge sind gut für den Weinbau geeignet und die sommerlichen Südostwinde aus der False Bay verschaffen Bottelary ein kühleres Klima als dem übrigen Stellenbosch. Dieser maritime Einfluss ist ein großer Segen für die Qualität, ebenso die mageren, aus zersetztem Sandstein des Tafelberges bestehenden Böden mit guter Drainage.

Obwohl sie nicht offiziell zum Bottelary-Bezirk gehören, sollte man doch zwei neue industrieartige Weinproduzenten in den Randbezirken erwähnen. Walter Finlayson vom Weingut Glen Carlou arbeitet mit dem früheren Ingenieur und Marketingexperten Rob Coppoolse in einer Kellerei zusammen, die sich mitten in einem neuen Industriegebiet in Brackenfell, einem von Kapstadts nördlichen Vororten, befindet und eine Verarbeitungskapazität von 1000 Tonnen hat. Sie liegt nicht nur nahe bei den Hauptlieferanten in Stellenbosch, Paarl und Durbanville, sondern auch in der Nähe des Flughafens von Kapstadt und des Tafelberg-Hafens für Überseetransporte. Zu den Aushängeschildern aus erstklassigen sortenreinen Rotweinen gehört ein preisgekrönter *Sentinel Shiraz*.

Dem jungen Bruce Jack gehört die »Asphalt-Weinkellerei« Flagstone. Sie besteht aus Lagerplätzen unter freiem Himmel, durch Ummantelung gekühlten Edelstahltanks und frei stehenden Kühlcontainern für die Fassgärung. Der Önologe mit Diplom der australischen Universität Adelaide kauft ganze Wagenladungen Trauben aus erstklassigen Anbaugebieten ein, arbeitet mit innovativen, aber risikoreichen Verfahren, und das Ergebnis sind einige faszinierende Weine, darunter ein besonders fruchtiger Pinot Noir aus alten BK5-Klonen, nach dem man sich die Lippen leckt.

BOTTELARY

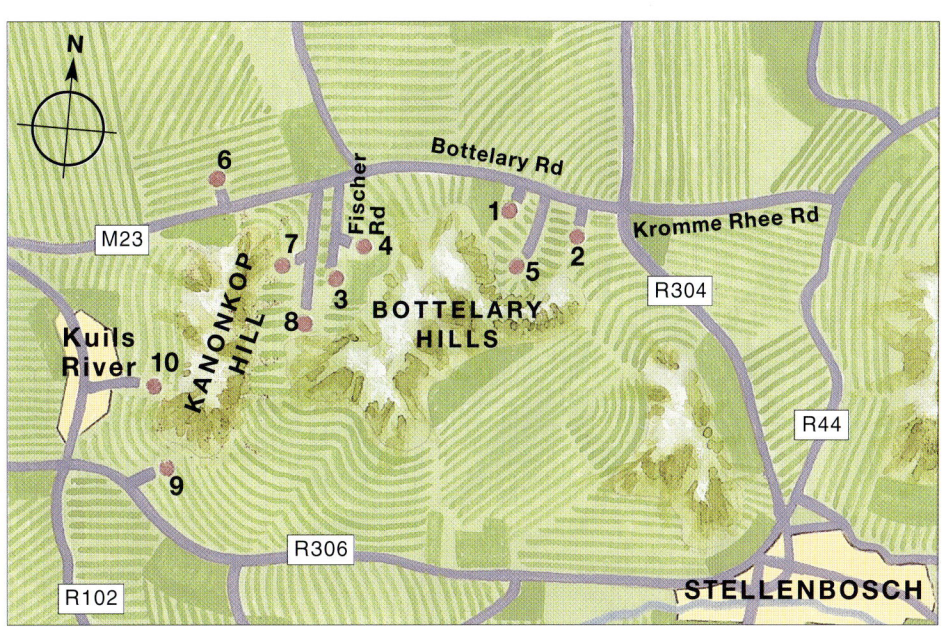

1. Bottelary
2. Bouwland
3. Fort Simon
4. Goede Hoop
5. Hartenberg
6. Hazendal
7. Kaapzicht
8. Mooiplaas
9. Saxenburg
10. Zevenwacht

HARTENBERG

EIGENTÜMER
Tanya Browne, geb. Mackenzie, und
Fiona Mackenzie

HAUPTWEINE
Shiraz, Merlot, Cabernet
Sauvignon Merlot, Cabernet
Sauvignon Shiraz, Zinfandel, Pontac
Chardonnay Reserve, Chardonnay,
Weisser Riesling, Sauvignon Blanc,
Chatillon, L'Estreux

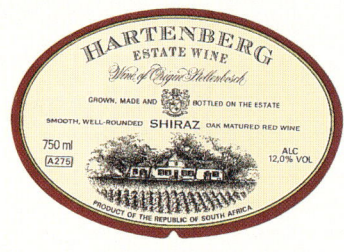

Das Weingut stammt aus dem 17. Jahrhundert und ist eines der ältesten am Kap. Etwa zwei Drittel der rund 100 Hektar bestehen aus exzellenten, tiefen, feuchtigkeitsspeichernden roten Lehmböden, die besonders geeignet sind für Cabernet und Merlot. Die Böden im unteren Teil der Ost- und Westhänge sind flacher, steiniger und feuchter, sodass Shiraz und Pinotage auf natürliche Art und Weise eingeschränkt werden und die Rebstöcke daher im Geschmack konzentriertere Trauben tragen.

Hartenberg ist in erster Linie ein Rotwein-Gut, auf dem zu etwa 70 % Shiraz, Cabernet, Merlot und Pinotage, aber auch die für Südafrika eher ungewöhnliche Zinfandel- und die seltene Pontac-Traube angebaut werden. Der Hartenberg Shiraz ist mit seiner angenehm würzigen Eleganz einer der Rhône-ähnlichen Vertreter und stammt von Rebstöcken, die bereits in den Jahren 1974/75 gepflanzt wurden. Der Weinmacher Carl Schultz hat 1994 die Weinkellerei mit einer Verarbeitungskapazität von 650 Tonnen von Danie Truter übernommen und seitdem einige sehr gute Weine hergestellt, insbesondere Chardonnay, Merlot und Shiraz.

Gerade mit dem Shiraz und den Raritäten Zinfandel und Pontac hat sich das heutige Hartenberg einen Namen gemacht, das der Geschäftsmann, Rinderfarmer und leidenschaftliche Weinsammler Ken Mackenzie 1987 übernahm. Inzwischen hat er das Weingut seinen Töchtern übergeben.

1994 wurde mit einem langfristigen Neubepflanzungsprogramm begonnen. Das Material unterlag strengen Auswahlkriterien, insbesondere bei Chardonnay, Riesling, Shiraz und dem neu hinzugekommenen Sauvignon Blanc. Die Böden bestimmten, welche Sorten gepflanzt wurden. Die Rhône-Spezialitäten wie Mourvèdre und Grenache, aber auch Cabernet Franc und Pinotage werden in Kürze noch dazukommen. Es wurden 1000 kleine Eichenholzfässer angeschafft. Auch soll ein neuer Weinkeller wegen des beträchtlichen Anstiegs der Produktion von knapp 12 000 Kisten (1994) auf 50 000 Kisten gebaut werden.

OBEN: Tanya und James Browne leiten Hartenberg zusammen mit Tanyas Schwester Fiona Mackenzie, während Weinmacher Carl Schultz für den unterirdischen Weinkeller verantwortlich ist **(RECHTS)**.

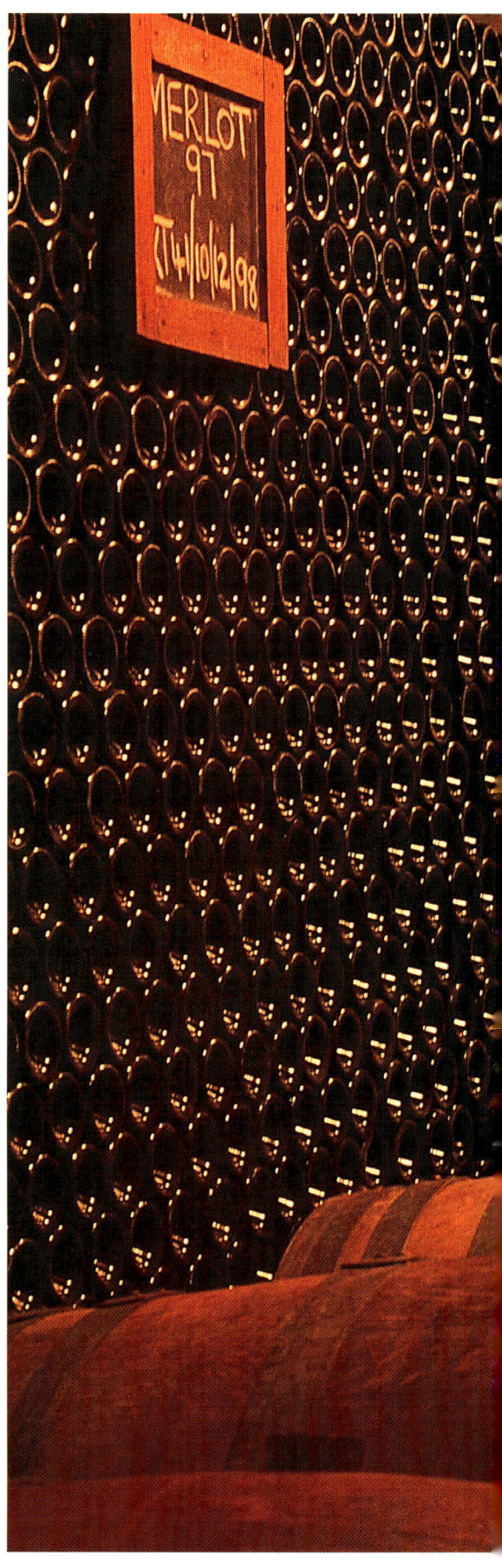

SAXENBURG

EIGENTÜMER
Adrian Bührer

HAUPTWEINE
Private Collection Cabernet Sauvignon,
PC Merlot, PC Pinotage, PC Shiraz,
Saxenburg Cabernet, Merlot, Pinotage,
Gwendolyn, Manuel, Vin Rouge,
PC Chardonnay, Sauvignon Blanc,
Grand Vin Blanc, PC Le Phantom
Brut Cap Classique, PC Le Rive
de Saxenburg Natural Sweet

1989 erwarb der Schweizer Adrian Bührer das Gut. Danach kaufte er Château Capion im Languedoc-Roussillon und entwickelte zwischen den beiden Besitztümern eine neuartige Zusammenarbeit: ein Unternehmen auf Gegenseitigkeit. Aus der Verbindung von französischen und Kap-Trauben gehen zwei interessante, süffige Verschnitte hervor: der *Grand Vin Blanc*, der Chardonnay und Chenin Blanc miteinander verbindet, und der *Vin Rouge*, eine Mischung aus Cinsaut, Carignan, Grenache, Cabernet Sauvignon, Cabernet Franc und Tinta Barocca.

Eine Stufe höher im Sortiment von Saxenburg stehen die klassischen Verschnitte mit der fruchtigen, würzigen, weichen und eleganten Cuvée *Gwendolyn Shiraz Cabernet* und dem *Manuel Cabernet Merlot*. Doch es ist die in kleinen Mengen hergestellte *Private Collection*, die Saxenburg unter die Kap-Spitzenweinerzeuger gebracht hat. Der Weinmacher Nico van der Merwe arbeitete zuerst mit verschiedenen Klonen aus zugekauftem Traubengut, das er selbst auswählte und erntete.

Nach vier Jahrgängen begann er mit der Neupflanzung, und zwar überwiegend von Cabernet Sauvignon, Cabernet Franc, Merlot und Shiraz sowie Pinotage für den Export.

Die Rotweine werden in offenen Tanks aus Zement vergoren und anschließend in Fässer gepumpt. Der Traditionalist van der Merwe ver-

Von den Weinbergen des Gutes Saxenburgs hat man einen Blick auf die entfernte False Bay und die nördlichen Vororte von Kapstadt.
OBEN: Weinmacher Nico van der Merwe.

sucht Filtration, kalte Stabilisierung und Schwefeln vor der Gärung zu vermeiden; er klärt nur mit Eiweiß und nur dann, wenn es erforderlich ist. Seine Weine werden in Holzfässern entweder aus französischer Nevers-Eiche oder aus amerikanischer Eiche ausgebaut; letztere verwendet er insbesondere für Pinotage und Shiraz. Der Shiraz ist mit seinem reinen Fruchtaroma, den Nuancen von Kräutern und Pfeffer und dem süßen Vanillearoma der Eiche eindeutig das Aushängeschild der Farm, obwohl ihm der Cabernet mit seinen Aromen von Blättern und spanischem Pfeffer und der reichen, reifen und saftigen Frucht in nichts nachsteht.

Ausgewogenheit kennzeichnet auch die Weißweine. Der Chardonnay ist ein Verschnitt aus überwiegend in der Eiche vergorenem und ausgebautem Wein und einem Schuss Chardonnay ohne Holz, der ihm die typische Frische und Eleganz verleiht. Der Sauvignon Blanc kann phantastisch sein, und wird in dem weicheren Stil hergestellt, der ihn für viele zugänglicher macht und durch den auch das sortentypische Aroma tropischer Früchte besser zur Geltung kommt.

BOUWLAND

Dies ist ein neues Weingut, das von den Kanonkop-Besitzern Johann und Paul Krige und dem Weinmacher Beyers Truter 1997 erworben wurde. 60 Hektar der insgesamt 130 Hektar waren bereits mit überwiegend weißen Rebsorten und etwas Merlot bepflanzt. Doch das Trio pflanzt nun rote Rebsorten: hauptsächlich ihre Spezialität Pinotage, aber auch Cabernet Sauvignon, der zusammen mit Merlot für Verschnitte verwendet wird. Ein vorläufiger Merlot-Cabernet-Sauvignon-Verschnitt, der auf Kanonkop vinifiziert wird, ist ein zugänglicher Wein zu einem erschwinglichen Preis.

FORT SIMON

Die Weinkellerei von Renier Uys besitzt eine Verarbeitungskapazität von 650 Tonnen. Ein Großteil der 60 Hektar Rebfläche ist mit weißen Rebsorten (Sauvignon Blanc, Chardonnay und Chenin Blanc) bepflanzt, deren Erträge von Distillers gekauft werden. Doch mit dem Weinmacher Marinus Bredell, der nun Weine unter dem Etikett *Fort Simon* abfüllt, setzen Renier und sein Bruder Petrus eher auf die Rotweine, insbesondere auf Cabernet Sauvignon und Shiraz. Bisher bringen Merlot, Pinotage und Shiraz fruchtige Weine für jeden Tag hervor.

GOEDE HOOP

Goede Hoop baute früher überwiegend weiße Rebsorten an. Fast 20 Jahre lang lieferte das Gut dann Trauben an die Kellerei The Bergkelder und wurde dabei für seine Rotweine bekannt. Doch in den letzten fünf Jahren, in denen das Gut selbst produzierte, hat der Weinmacher Pieter Bestbier wieder Goede Hoops Weißweine etabliert: Ein weicher, fruchtig-frischer Sauvignon Blanc und sein erster Chardonnay sind sehr viel versprechende Weine. Mittlerweile enthält sein *Vintage Rouge* keinen Pinotage und Shiraz mehr und ist zu einem Merlot-Cabernet-Verschnitt geworden: klassisch, fruchtig und elegant, ebenso wie die sortenreinen Cabernet und Shiraz. Bestbier, der in der dritten Generation Wein auf diesen steilen, kiesigen Hängen anbaut, vertraut immer noch auf die altmodische Gärung in offenen Tanks.

HAZENDAL

Die historische kap-holländische Weinfarm kann unter dem jetzigen Besitzer, dem in Russland geborenen Unternehmer Mark Voloshin, und dem Weinmacher Ronell Wild endlich ihr Potenzial unter Beweis stellen. Voloshin kaufte den ziemlich heruntergekommenen Besitz 1994 und baute einen neuen Hightech-Weinkeller mit einer Verarbeitungskapazität von 800 Tonnen. Nahezu 70 Hektar der weißen Rebsorten wurden durch rote ersetzt, besonders Merlot, Cabernet Sauvignon, Shiraz, Pinotage und Pinot Noir. Letzterer ist, zusammen mit neuem Chardonnay-Material, für einen Cap Classique vorgesehen. Die ersten jungen Shiraz- und Cabernet-Weine, die für das Zweitetikett *Kleine Hazen* vinifiziert wurden, weisen ein konzentriertes Fruchtaroma und weiche Tannine auf. Es folgte eine ähnliche, bereits preisgekrönte Cuvée unter dem Etikett *Premium Hazendal*.

KAAPZICHT

Das Gut gelangte 1946 in den Besitz der Familie Steytler und lieferte Massenweine an Großhändler. Doch in den 1980er Jahren begannen der Weinmacher Danie und sein Bruder George, der Weingut-Manager, damit, 75% der insgesamt 1300 Tonnen umfassenden Ernte selbst abzufüllen. Die Pinotages gehören zu den großen Weinen des Kaps, mit den für sie typischen Aromen von Kirsche und Banane, dem saftigen Fruchtaroma und den reifen Tanninen, abgerundet durch eine Note von würzigem neuem Eichenholz. Der Cabernet war schon immer ein erstklassiges Beispiel dieser Sorte. Doch Steytler betrachtet den Shiraz als zukünftigen Star unter den Weinen.

MOOIPLAAS

Dieses pittoreske kap-holländische Gut wurde 1963 von Nicholas Roos gekauft, war lange Jahre Lieferant von Massenweinen, die in die USA exportiert wurden, und füllt erst seit kurzem selbst ab. Der Sauvignon Blanc ist gut gelungen, doch Sohn Louis, der Weinmacher, glaubt, dass die Zukunft der Farm in den Rotweinen liegt: im Pinotage, der von den Trauben von 25 Jahre alten Busch-Rebstöcken stammt, mit seinem klassischen Kirsch- und Bananenaroma und Cabernet mit dem typischen Minzecharakter der neuen Klone. Merlot wird zum Verschneiden verwendet, ein Pinot Noir ist im Fass, und der kürzlich gepflanzte Shiraz sollte innerhalb der nächsten paar Jahre seinen Weg in die Flasche finden.

ZEVENWACHT

Dieses Weingut wurde 1992 von dem Johannesburger Geschäftsmann Harold Johnson gekauft. In seinem kühlen Klima gedeihen im allgemeinen elegante Weine. Etwa 200 Hektar sind mit weißen und roten Premium-Rebsorten bepflanzt. Weinmacher Hilko Hegewisch produziert einen preisgekrönten, in Eichenholzfässern gereiften Chenin Blanc und eine Cuvée aus Pinot Noir und Chardonnay. Zevenwachts Rotweine werden immer besser und verbinden Fruchtigkeit mit Finesse. Der Merlot gedeiht hier gut und für eine Reserve-Flaschenabfüllung und einen Cabernet-Verschnitt wird noch mehr davon angebaut. Der Shiraz ist ein weiterer Star unter den Weinen, in dem sich süßes Fruchtaroma, Rhône-ähnliche Nuancen von Pfeffer und geröstete französische Eiche brillant vermischen.

DEVON VALLEY

Devon Valley ist einer der neueren Bezirke im Stellenbosch-Gebiet und wurde 1997 gegründet. Die Gegend lieferte lange Jahre das Traubengut für die nahe gelegenen Kellereien The Bergkelder und Stellenbosch Farmers' Winery. Auch war es die Heimat des exklusiven Rotwein-Sortiments *Robert Fuller*, das durch den Likör- und Weingroßhändler Gilbeys hergestellt wurde. Gilbeys hat kürzlich sein Wein-Sortiment der neu gegründeten Gesellschaft African Wine & Spirits mit Sitz in Constantia übergeben, die nicht nur *Robert-Fuller*- und *Bertrams*-Weine abfüllt, sondern auch die in großen Mengen vermarkteten *Craighall*- und *Mondial*-Weine.

Devon Valley's Fahne wird nicht nur von einigen erstklassigen, kleinen unabhängigen Weinkellereien hochgehalten, sondern u. a. auch vom Weingut JC Le Roux (Eigentümer ist Distillers), das als erstes Haus am Kap für Spitzen-Schaumweine gilt. Sie haben sich zur Devon Valley Vintners Association zusammengeschlossen, um den Bezirk als Spitzenqualitäts-Weingebiet zu vermarkten.

Das Tal auf der Südostseite der Bottelary-Berge wird durch den Veldwagters River gespeist und umfasst etwa 1300 Hektar überwiegend in Süd-, Ost- und Westlagen mit roten Lehmböden; das Klima ist mild. Die Gegend ist durch den Wind aus der nahe gelegenen False Bay nicht ganz so warm wie das übrige Stellenbosch.

DEVON VALLEY

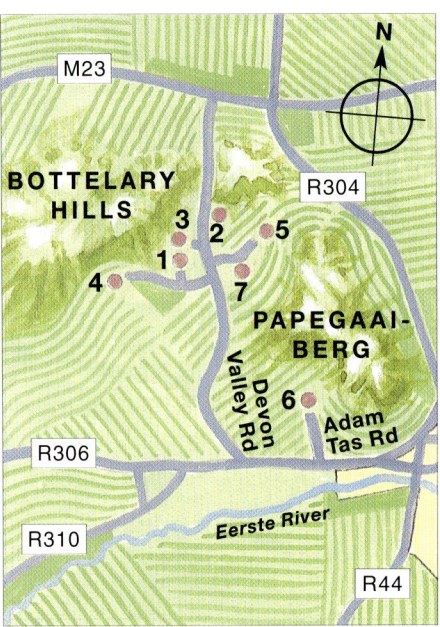

1. Clos Malverne
2. Devon Hill
3. House of JC Le Roux
4. Louisvale
5. Meinert (Devon Crest)
6. Middelvlei
7. Sylvanvale

JC LE ROUX

EIGENTÜMER
Distillers Corporation

HAUPTWEINE
JC Le Roux Pinot Noir Cap Classique,
Chardonnay MCC, Pongrácz MCC NV,
La Vallée MCC, Sauvignon Blanc
Sparkling, La Chanson, Le Domaine

Dieses engagierte »Champagner-Haus« ist eine der ersten Adressen Südafrikas und wurde 1998 in der früheren Bertrams-Weinkellerei errichtet, die heute Distillers gehört. Fast vier Millionen Mark wurden in den 14 000 m² umfassenden Komplex investiert.

Zwischen 5 und 6 Millionen Flaschen Sekt werden hier pro Jahr unter dem scharfen Blick der jungen Önologin Melanie van der Merwe produziert, die bei The Bergkelder, im Champagner-Haus Roederer und bei Moët & Chandon Berufserfahrung sammelte.

Das Haus JC Le Roux ist ideal gelegen. Das kühle Klima ermöglicht eine frühe Lese von sauren Früchten, die für die Herstellung von neutralen Basisweinen mit einem natürlichen hohen Säuregehalt erforderlich sind. Insgesamt werden 64 Hektar in Devon Valley bebaut, etwa 30 Hektar auf dem Besitz selbst werden neu mit Pinot Noir bepflanzt, der Rest wird gepachtet und überwiegend mit Chardonnay und Sauvignon Blanc bepflanzt.

Die beiden preisgekrönten Schaumweine *JC Le Roux Pinot Noir* und *JC Le Roux Chardonnay* reifen über vier oder fünf Jahre auf der Hefe und viele weitere Monate in der Flasche, bevor sie zum Verkauf freigegeben werden. Derzeitig werden noch ein 1989er und ein 1990er verkauft. Die Verwendung von Reserve-Cuvées, die in großen 7200-Liter-Holzfässern ausgebaut werden und anschließend lange Zeit in der Flasche reifen, verleihen diesen Weinen wunderbare Biskuitaromen in Bukett und Geschmack. Der *Pongrácz,* ein beliebter Verschnitt aus Chardonnay und Pinot Noir ohne Jahrgang, reift etwas mehr als zwei Jahre auf der Hefe und ergibt einen frisch-fruchtigen und doch komplexen, vollmundigen Wein.

Zwischen diesen Klassikern und JC Le Roux's kohlensäurehaltigem Sekt ist der *La Vallée* angesiedelt. Er wird aus Pinot Gris und 33 g Zucker pro Liter Wein hergestellt; es ist eigentlich der erste süße Cap Classique. Das Ergebnis ist eine dem Gaumen schmeichelnde Weichheit, nicht eine matte Süße.

Das erste Haus am Kap, das sich ganz dem Schaumwein gewidmet hat: JC Le Roux im Devon Valley, wo Winzerin Melanie van der Merwe und Produktionschef Pierre Marais (**OBEN**) unter anderem zwei richtungsweisende, in Flaschen gereifte Cap Classiques herstellen.

MIDDELVLEI

EIGENTÜMER
Jan Momberg & Söhne

HAUPTWEINE
Pinotage, Shiraz, Cabernet Sauvignon,
Pinotage Merlot, Chardonnay

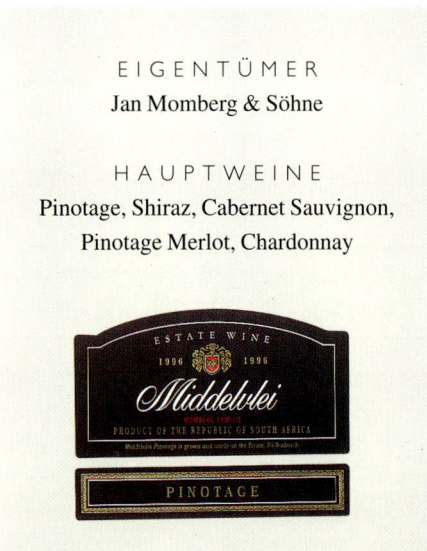

Middelvlei war früher für seinen Pinotage bekannt, später dann für seinen Cabernet Sauvignon und heute für seine köstliche Mischung aus Pinotage und Merlot, einer der besten traditionellen Kap-Verschnitte.

Das Gut ist seit 1919 im Besitz der Familie Momberg. Seine 130 Hektar Weinberge liegen hauptsächlich an Süd-, Südost- und Südwesthängen, die Böden sind typische Devon-Valley-Böden: zersetzter Granit und Lehm. Seit 1992, als Stiljan Momberg seine über 30 Jahre dauernde Verbesserung der Rebstöcke abgeschlossen hatte, sind etwa 60% der Rebfläche mit Pinotage, Cabernet Sauvignon, Shiraz und Tinta Barocca bepflanzt. Der Rest gehört dem Chardonnay, dem Sauvignon Blanc und dem Chenin.

Stiljans älteste Söhne Tinnie und Ben sind seit 1991 Weinmacher beziehungsweise Weingut-Manager. Der große Weinkeller mit seinen offenen Gärtanks aus Beton und den massiven Zement- und Edelstahltanks wurde erweitert, um knapp 900 neue französische Eichenholzfässer sowie eine Hand voll Fässer aus amerikanischer Eiche aufnehmen zu können.

Middelvlei füllt etwa 70% seiner Produktion selbst ab, das sind rund 21000 Kisten. Der Rest geht an Distillers. Zwar werden immer noch offene Gärtanks für die Rotweine verwendet, doch legt man jetzt mehr Wert auf Fruchtreife und Konzentration sowie die großzügige Verwendung neuer Holzfässer. Tinnie und Ben haben durch ihre Übersee-Erfahrung auf Château Montelana in Napa und auf Matanzas Creek in Sonoma keine Scheu davor, Neues auszuprobieren. Ergebnis ist u. a. ihr Verkaufsrenner, ein Pinotage-Merlot-Verschnitt für jeden Tag: aromatisch, würzig und nach Pflaumen schme-

Die Familie Momberg bewirtschaftet Middelvlei bereits seit dem frühen 20. Jahrhundert.

Der Momberg-Clan mit Patriarch »Stiljan« an der Spitze. Die Söhne Tinnie, Ben und Jan haben alle mit der Weinproduktion auf Middelvlei zu tun und werden von der ganzen Familie unterstützt.

ckend. Die Sortenweine Pinotage und Shiraz folgen dicht dahinter. Sie zeigen die Vorteile reifer Trauben und neuer Eiche und verbinden unmittelbaren Charme mit viel versprechendem Alterungspotenzial. Sie kündigen eine Veränderung im Stil an: weg vom hohen Anteil an Tanninen und Säuren, hin zu reifen Früchten und weniger gepresstem Saft.

CLOS MALVERNE

Die Domäne von Seymour und Sophia Pritchard produziert einige elegante, weiche Rotweine für jeden Tag. Pritchard erwarb die Farm 1969 und stellte seine ersten kommerziellen Weine 1988 her. Der Pinotage ist der große Erfolg hier, entweder als sortenreiner Wein oder in dem saftigen, würzigen Verschnitt *Auret* zusammen mit Cabernet und Merlot und mit Cabernet in einem neuen Wein unter einem Zweitetikett. Weitere Cuvées sind der Cabernet Shiraz, ein köstlicher Wein für jeden Tag, und der Cabernet Merlot, ein großartiger, weicher Wein. Alle Rotweine werden mit der Korbpresse gepresst, um weniger Tannine zu erhalten, und in offenen Betontanks vergoren. Die 22 Hektar Land wurden kürzlich durch den Kauf von zwei Flächen erweitert, auf denen 35 Jahre alte Pinotage-Stöcke sowie Sauvignon Blanc und neu gepflanzter Merlot, Pinotage und Cabernet wachsen. Der Weinmacher Isak »IP« Smit erzeugt etwa 25 000 Kisten Wein.

DEVON HILL

Devon Hill liegt an den Nordhängen von Devon Valley und umfasst 25 Hektar. Das Gut wurde 1994 von der Familie Mürset und befreundeten Schweizer Geschäftspartnern der Firma SAVISA gekauft und eine die Schwerkraft nutzende Hightech-Kellerei gebaut. Der Pinotage ist hier der Star unter den Weinen: reif, fleischig und überaus fruchtig. Ein erdiger Cabernet und ein Merlot mit Pflaumenaroma vervollständigen das überwiegend aus Rotwein bestehende Sortiment. Auch gibt es einen frischen Sauvignon Blanc. Die Weine werden von Alain Cajeux, dem Weinmacher von Sonop in Paarl, hergestellt und größtenteils exportiert.

LOUISVALE

Die Geschäftsleute Hans Frohling und Leon Stemmet begannen 1988 mit dem Anbau von Weintrauben und erweiterten ihre Produktion von anfänglich 600 Kisten auf rund 20 000 Kisten. Die drei Chardonnays bieten drei unterschiedlich ausgeprägte Stile: vom großartigen fassvergorenen Hauptwein mit Aromen von Melone und Butter über den *Chavant* mit seiner leichten Eichenholznote bis hin zur weichen, sahnigen, zitronigen Version ohne Eichenholz. Der beste Rotwein ist der würzige Verschnitt *Dominique* aus Cabernet Sauvignon, Merlot und Cabernet Franc mit ausgeprägtem Beerenaroma. Der Weinmacher ist Simon Smith.

MEINERT (DEVON CREST)

Martin Meinert vom Weingut Vergelegen erwarb das 12 Hektar umfassende Devon Crest im Jahre 1987, pflanzte Cabernet, Merlot, Cabernet Franc und Pinotage an und baute eine schicke, die Schwerkraft nutzende Kellerei. Nachdem er Vergelegen 1997 verlassen hatte, gab er endlich zwei exzellente Rotweine unter eigenem Etikett zum Verkauf frei: einen Merlot und einen Cabernet-Merlot-Verschnitt aus dem hochgelobten 1997er Jahrgang. Die Weine weisen all jene Klasse und Eleganz auf, für die der Name Meinert und sein Terroir stehen. Die 1998er Weine werden wahrscheinlich sogar noch intensiver und konzentrierter sein.

SYLVANVALE

Ein weiterer Kap-Pinotage der neuen Welle stammt von 6 Hektar alten, gut gepflegten Rebstöcken. David und Lee-Ann Nathan-Maister konnten das Clos-Malverne-Team gewinnen, ihre Erstlinge zu produzieren, einen in französischer Eiche gereiften 1998er Pinotage, einen ungewöhnlich trockenen Pinotage Rosé und den *Laurie's Vineyard Chenin Blanc*, einen vollfruchtigen Wein von alten Stöcken ohne Eichenholz. Neu-Klone von Cabernet und Merlot wurden gepflanzt. Die Weine werden nun von ihrem Nachbarn Martin Meinert auf Devon Crest hergestellt.

KOELENHOF

Obwohl Koelenhof kein offizieller Stellenbosch-Bezirk ist, besitzt es ein ausgeprägtes Mikroklima. Die Hügel im Südosten der R304 bieten Nordost- und Südostlagen in einer Höhe von bis zu 300 m. Die Granit- und Kiesböden auf Lehmuntergrund stellen ideales Weinbauland dar und werden durch den Südostwind gekühlt, der aus der False Bay heraufweht.

Zusammen mit dem niedriger gelegenen welligen Land erlaubt das Terrain sowohl den Anbau von edlen weißen als auch roten Rebsorten: hauptsächlich Sauvignon Blanc, Chardonnay, Cabernet Sauvignon und Shiraz. Ein paar ausgezeichnete Pinotages und Chenin Blancs stammen aus den Trauben von verjüngten Rebstöcken. Neupflanzungen von Pinotage versprechen ein großes Potenzial.

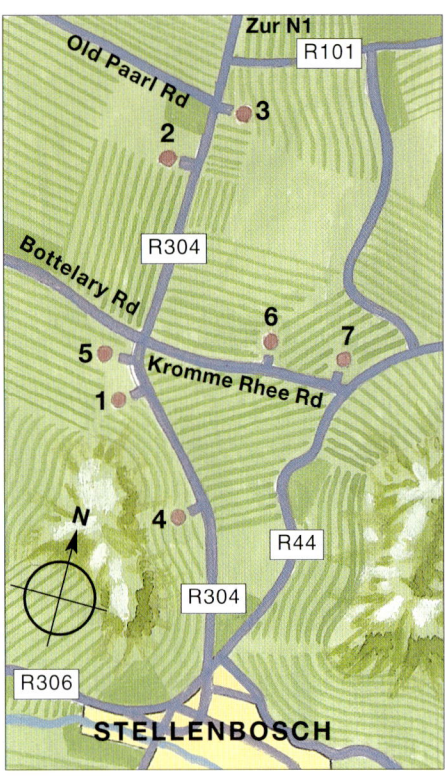

1. Beyerskloof
2. Klawervlei
3. Koelenhof
4. Louiesenhof
5. Mulderbosch
6. Simonsig
7. Slaley

MULDERBOSCH

EIGENTÜMER
Hydro Holdings

HAUPTWEINE
Faithful Hound, Millennium Cabernet Franc Cabernet Sauvignon, Sauvignon Blanc, Barrel-fermented Sauvignon Blanc, Chardonnay, Barrel-fermented Chardonnay, Steen-op-Hout Chenin Blanc

Die Kunst der reduktiven Weinbereitung und die Verwendung von Ascorbinsäure zur Feinabstimmung des Sauvignon Blanc führten dazu, dass der Name Mulderbosch seit den frühen 1990er Jahren für diese Sorte steht. Die Weine sind reif und doch rassig, frisch und knackig, mit kräftiger sortentypischer Stachelbeere und bemerkenswerter Reichhaltigkeit und Fülle nach ein oder zwei Jahren Reifung in der Flasche.

Auf Mulderbosch, das heute Hydro Holdings, einer Firma für Krankenhaustechnologie, gehört, sind knapp 20 Hektar Land in Höhen zwischen 140 und 300 m mit Wein bepflanzt. Auf den Südosthängen gedeihen Sauvignon Blanc und Chardonnay, die Nordosthänge sind gut geeignet für rote Rebsorten wie Cabernet Sauvignon, Merlot und Malbec, aus denen der Verschnitt *Faithful Hound* hergestellt wird. Zunächst war diese Cuvée ein fruchtiger Rotwein für jeden Tag und entwickelte sich dann – gereift – zu einem reichen, eleganten, strukturierten und doch weichen Klassiker. Der neue *Millennium*-Verschnitt besteht überwiegend aus Cabernet Franc; sein sortentypisches Aroma von Kräutern und Blättern wird durch die Brombeerfrucht und die Struktur des Cabernet Sauvignon angereichert. Petit Verdot wird ebenfalls gepflanzt.

Zur Erneuerung des heruntergekommenen Besitzes gehörten die intensive Vorbereitung des Bodens, Neupflanzungen und der Bau eines gut ausgestatteten Weinkellers, der am Hang liegt, um die Schwerkraft für den Transport von Trauben und Saft zu nutzen. »Der größte Traum eines jeden Weinmachers ist es, Weinberge zu bepflanzen und nicht, sie zu erben«, sagt Mike Dobrovic, der als Weinmacher von Anfang an dabei war. Der Zeitpunkt und die Art und Weise des Auslichtens des Blattwerks, besonders beim empfindlichen Sauvignon Blanc, basiert auf sorgfältigen Analysen der Auswirkungen von verschiedenen Reifestadien, der Sonneneinstrahlung und des Blätterwerks auf das Beerenaroma und die charakteristischen Merkmale der Sorte. Bei einigen seiner in Holzfässern vergorenen Chardonnays werden Naturhefen verwendet. Auf diese Weise werden moderne Stärke und die Eleganz eines Burgunders nahtlos zusammengeführt. Sein trockener Chenin Blanc *Steen-op-Hout* ist ein Wein mit einer leichten Eichenholznote und Nuancen von Kräutern und Honig; er wird aus Trauben von alten, spärlich tragenden Rebstöcken hergestellt.

OBEN: Mulderbosch hat sich mit einem durchweg sehr guten Sauvignon Blanc einen großen Ruf erworben, einer Leidenschaft des Weinmachers Mike Dobrovic **(OBEN RECHTS)**.

SIMONSIG

EIGENTÜMER
Johan, Pieter und François Malan

HAUPTWEINE
Tiara, Cabernet Sauvignon, Shiraz, Pinotage, Frans Malan Pinotage Cabernet, Adelberg, Chardonnay, Sauvignon Blanc, Vin Fumé, Gewürztraminer, Chenin Blanc, Adelblanc, Mustique, Franciskaner, Kaapse Vonkel Cap Classique, Cuvée Royale MCC, Vin de Liza Noble Late Harvest, LBV Port; Jean le Riche Vin Doux, Vin Sec

In über 30 Jahren baute Frans Malan Simonsig zu einer der größten privaten Weinkellereien am Kap aus. Seinen guten Ruf verdankt das Weingut der anhaltenden Spitzenqualität seiner Weine, die in beträchtlichen Mengen und breitem Stilspektrum hergestellt werden. Mit seinen Söhnen Johan (Weinmacher), François (Weinberge) und Pieter (Marketing), die seit den frühen 1980er Jahren an der Farm beteiligt sind, gründete Malan eine neue Winzer-Dynastie am Kap.

Auf dem angrenzenden Weingut Kriekbult haben die Malans Weinberge gepachtet, die mit edlen Rebsorten neu bepflanzt werden. Insgesamt gibt es etwa 270 Hektar Weinberge auf granithaltigen Lehmböden. Die jährliche Produktion beträgt rund 160 000 Kisten Wein.

Johan Malan ist der wahrscheinlich vielseitigste und kompetenteste Weinmacher am Kap. Sein Können erstreckt sich vom eleganten fla-

LINKS: Das Weingut Simonsig besteht aus den drei Gütern Simonsig, De Hoop und Morgenster, die verstreut auf den Hügeln des Koelenhof-Gebietes liegen; im Hintergrund der Simonsberg.

schenvergorenen *Kaapse Vonkel Cap Classique* (dem ersten flaschenvergorenen südafrikanischen Sekt und nun dem ersten mit Pinot Meunier) bis hin zum cremigen, nussigen Chardonnay mit einer Note von gerösteter Eiche, von einem der köstlichsten, seltenen Pinotages, der nicht in Holzfässern gereift ist, bis hin zu einem meisterhaften »Kap-Verschnitt« aus Pinotage und Cabernet, einem Wein, der Mitte der 1990er Jahre richtungsweisend für die örtliche Wein-Szene war. Malans sortenreine Cabernet und Shiraz sind fein abgestimmt. Sein Riesling, ein halbtrockener Wein, bringt den typischen Charakter der Sorte gut zur Geltung, ein Aroma von ätherischen Ölen, das die Fruchtigkeit nicht überlagert.

Es war schon immer Johans Philosophie gewesen, Weine von guter Qualität in großen Mengen herzustellen. Der Chardonnay und der Verschnitt im Bordeaux-Stil *Tiara*, der den ersten am Kap angebauten Petit Verdot enthält, sind dafür gute Beispiele.

Weitere Erfolge sind der Pinotage *Red Hill* mit ausgewogener Frucht- und französischer Eichenholznote, und ein Reserve-Shiraz, ein großer Wein, mit reichlich amerikanischer Eiche versehen.

Ferner gibt es den limitierten flaschengereiften 1991er Prestigewein *Cuvée Royale* und eine delikate, köstliche Beerenauslese mit Namen *Vin de Liza*, im Andenken an die innig geliebte verstorbene Mutter der Brüder.

BEYERSKLOOF

Beyers Truter vom Weingut Kanonkop kaufte vor etwa zehn Jahren dieses kleine, kiesige Stück Land, das nur niedrige Erträge hervorbringt, mit der ausdrücklichen Absicht, »mit Eichenholz zu arbeiten, um zu beweisen, dass wir in Südafrika die Trauben haben, die den Geschmack von neuem Holz zu 100 Prozent aufnehmen und aus denen sich Wein herstellen lässt, der sich mit den Weinen aus erstklassigem französischem Anbau vergleichen lässt«. Er hat bewiesen, dass er Recht hat, indem er unzählige internationale Auszeichnungen gewonnen und fünf Sterne für seinen intensiven, reifen Cabernet-Merlot-Verschnitt erhalten hat. Weniger als 1000 Kisten werden von diesem Wein produziert. Der Großteil der über 30 000 Kisten Gesamtproduktion besteht aus Pinotage, einem kräftigen Wein mit intensivem Aroma und guter Struktur.

KLAWERVLEI

Hermann und Inge Feichtenschlager, beide in Australien geboren, bestehen auf biodynamischem Anbau auf ihrem im Flachland gelegenen Besitz in der Nähe von Villiera. Leider führt dies zu Verlusten durch den echten Mehltau und andere Erkrankungen der Reben. Auf den 44 Hektar wachsen überwiegend die Busch-Rebstöcke Chenin Blanc und Pinotage sowie neu gepflanzter Merlot und Cabernet. Der in amerikanischen Eichenfässern gereifte Merlot kann sehr ansprechend sein. Der Weinmacher Markus Sieben produziert etwa 5 000 Kisten.

KOELENHOF

Diese Kooperative, die jetzt Einzelfirma ist, legt das Schwergewicht auf Pflege der Weinberge und Auswahl der Klone. Dies merkt man an den neuen Abfüllungen von Merlot und einem Cabernet-Merlot-Verschnitt, beides ziemlich kräftige Weine und in neuen französischen und amerikanischen Eichenfässern ausgebaut. Preiswerte Weine für jeden Tag tragen das Etikett *Koelenberg* und *Koelenhoffer*.

LOUISENHOF

Stefan Smits Weingut Louisenhof umfasst 95 Hektar Rebstöcke. Zum Sortiment *Premier Collection* gehören verschiedene Sorten eines jeden Jahrgangs, die in der Regel fassvergoren werden. Zu Chenin Blanc, Pinotage und Chardonnay sind Cabernet Sauvignon, Cabernet Franc und Merlot neu hinzugekommen. Die Weine reifen früh in der Flasche und haben bemerkenswert trockene Tannine. Smit, in Geisenheim ausgebildet, stellt den *Perroquet Cape Tawny* her, einen recht trockenen und hochprozentigen Portwein aus Tinta Barocca.

SLALEY

Aus diesem anspruchsvollen neuen Weinkeller der Familie Hunting kommen immer mehr aufregende Weine. Der neue Weinmacher Christopher van Dieren, der auf Simonsig ausgebildet wurde, bezieht seine Trauben aus den exzellenten 120 Hektar Weinbergen. Der *Slaley Shiraz* ist einer der funkelnden neuen Sterne mit seinem wilden, rauchigen, pflaumenartigen und schokoladigen Aroma. Der Chardonnay ist viel versprechend. Unter dem Zweitetikett *Broken Stone* finden sich ein Cabernet-Shiraz-Verschnitt, ein Pinotage und ein Sauvignon Blanc.

Der Patriarch Frans Malan vom Weingut Simonsig, umgeben von seinen Söhnen: Weinmacher Johan, Pieter, der sich um das Marketing kümmert, und François, zuständig für die Weinberge.

VLOTTENBURG

Obwohl Vlottenburg nicht gerade zu den berühmtesten Anbaugebieten in Stellenbosch gehört – es ist als Unterappellation nicht anerkannt –, hat sich in den letzten zehn Jahren doch gezeigt, dass der Bezirk über ungenütztes Potenzial verfügt. Die meisten Rebflächen liegen an Berghängen, die von den kühlen Brisen aus der nahe gelegenen False Bay profitieren. Die Böden sind gute, magere, feuchtigkeitsspeichernde Lehmböden mit zersetztem Granit.

Lange Jahre war es Tradition, Trauben nicht nur an Kooperativen wie Vlottenburg, Eersterivier und Welmoed, sondern auch an Erzeuger und Großhändler wie zum Beispiel Stellenbosch Farmers' Winery und Distillers zu liefern. Doch nun haben die Weinbauern ihren eigenen Weg eingeschlagen. Die historischen Weinkellereien mit gutem Ruf, wie Uiterwyck, Overgaauw und Neethlingshof, beweisen, dass sie mit den besten Weinerzeugern des Kaps durchaus mithalten können.

Und die Enklave Stellenboschkloof, die versteckt in einem Tal am südlichen Ende der Bottelary-Hügelkette liegt, bietet höher gelegene, kühlere Lagen, die für den Anbau von klassischen Rebsorten besonders geeignet sind.

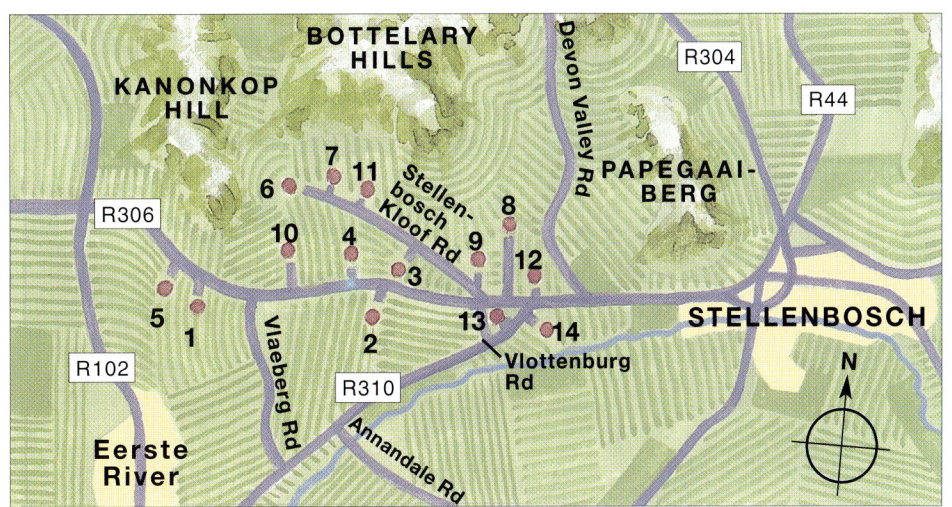

VLOTTENBURG

1. Amani
2. Boschkloof
3. Carisbrooke
4. Goedgeloof
5. Jordan
6. Jacobsdal
7. L'Émigré
8. Neethlingshof
9. Overgaauw
10. Reyneke (Uitzicht)
11. Uiterwyck
12. Verdun
13. Vlottenburg
14. Vredenheim

JORDAN

EIGENTÜMER
Familie Jordan

HAUPTWEINE
Cabernet Sauvignon, Merlot, Single Vineyard Merlot, Chameleon Cabernet Sauvignon Merlot, Chardonnay, Sauvignon Blanc, Blanc Fumé, Barrel-Fermented Chenin Blanc, Chameleon Sauvignon Blanc Chardonnay, Rhine Riesling; Bradgate Cabernet Sauvignon Merlot Cabernet Franc, Bradgate Chenin Blanc Sauvignon Blanc

Die umweltbewussten Jordans haben ihre Zweitweine *Chameleon* genannt – nach seltenen Kap-Zwergchamäleons, die auf dem Gut in einem Baum leben.

Der Schuhfabrikant Ted Jordan kaufte 1982 das heruntergekommene Gut in Stellenboschkloof, bepflanzte es mit Hilfe seiner Frau Sheila und seines Sohnes Gary allmählich mit virusresistenten Neuklonen der Premium-Rebsorten und begann, Qualitätstrauben an die Kooperative Eersterivier zu liefern.

1990 kehrte Gary aus den Vereinigten Staaten mit einem Önologie-Diplom der Davis-Universität in Kalifornien zurück.

Die 85 Hektar Rebfläche liegen verstreut auf verschiedenen Lagen in Höhen von 80 bis 310 m, sodass viele Premium-Rebsorten angebaut werden können. Die in der Regel mageren Lehmböden mit zersetztem Granit erfordern bei großer Hitze lediglich eine Tröpfelbewässerung. Bereits im ersten Jahrgang 1993 waren die Weine gut gelungen und sind es seitdem immer noch. Die Weine zeichnen sich durch Authentizität, Ausgereiftheit und Eleganz aus. Die sortenreinen Cabernet Sauvignons und Merlots sowie die Rotwein-Cuvée *Chameleon* sind allesamt durchweg vollmundige und erstklassige Weine. Ein Lagen-Merlot des großartigen 1997er Jahrgangs ist ein superber Wein, ungefiltert und ungeklärt, um ein Maximum an Geschmack herauszuholen.

Zum innovativen Ansatz der Jordans gehört die risikoreiche Verwendung von Naturhefen. Auch setzen sie ihre Experimente mit verschiedenen Küfern und Neuklonen fort. Ihr außergewöhnlicher, immer eleganter Chardonnay ist ein signifikantes Beispiel dafür. Sie kombinieren neue und gebrauchte Fässer mit großem Effekt und folgen dabei der Philosophie, dass Eiche nur die Frucht des Weins ergänzen und abrunden sollte.

Dies zeigt sich im Chardonnay und in einem der besten fassgereiften Sauvignon Blancs am Kap mit einer Mischung aus französischen und amerikanischen Eichenholznoten. Der fassvergorene Chenin Blanc ist ein vorzüglicher Wein unter den Konkurrenzweinen am Kap.

Der Erfolg gibt ihnen Recht: Kathy und Garry Jordan sowie Weinmacher Rudi Schultz, der Bruder von Carl Schultz vom Weingut Hartenberg.

OVERGAAUW

EIGENTÜMER
Braam van Velden

HAUPTWEINE
Tria Corda, Cabernet Sauvignon, Merlot, Shiraz, Pinotage Cabernet Franc, Chardonnay, Sauvignon Blanc, Sylvaner, Cape Vintage Port

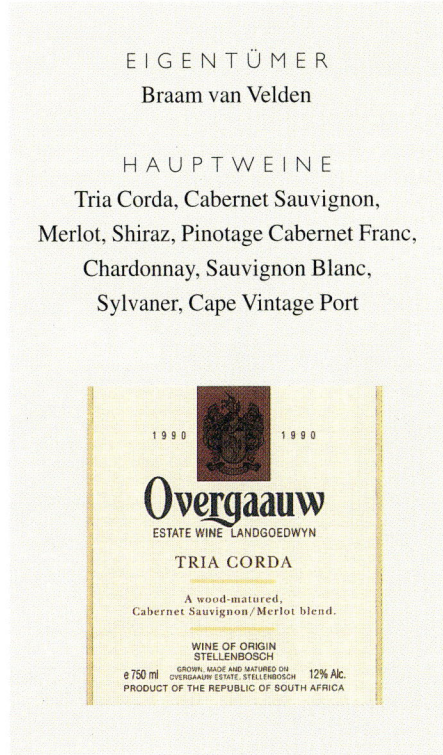

OBEN: Der Probierraum von Overgaauw stammt noch aus viktorianischer Zeit. Chris Joubert und Braam van Velden **(UNTEN)**, der Letzte in der Reihe von van Veldens, produzieren langlebige Rotweine.

Overgaauw befindet sich seit 1784 im Besitz der Familie van Velden. Seit den 1970er Jahren, als Braam von seiner Ausbildung in Geisenheim zurückkehrte, wird der Betrieb modernisiert. 75 Hektar mit mehr oder weniger willkürlich ausgewählten weißen Sorten wurden im großen Umfang durch ertragsreduzierte klassische Rebsorten ersetzt.

Die van Veldens bewiesen immer wieder, dass sie ihrer Zeit voraus sind. Sie waren die Ersten, die 1982 in Südafrika Merlot als sortenreinen Wein abfüllten. Der Merlot ist wahrscheinlich der beste Wein des Gutes; er dominiert in dem mehrfach preisgekrönten Verschnitt *DC Classic*. Auch war die Familie eine der Ersten, die in den 1980er Jahren die Pressung samt Stielen und die Reifung in kleinen Eichenfässern einführte.

Die Rotweine haben Zeichen gesetzt: der erstklassige Cabernet Sauvignon, der Merlot und der *Tria Corda*, ein Verschnitt im Bordeaux-Stil, zu dem kürzlich ein Shiraz aus neuen Rebstöcken hinzugekommen ist, ein Wein mit einem wunderbar intensiven Fruchtaroma und einer angenehm würzigen Note. Wie alle Rotweine Overgaauws altert auch dieser Wein gut; oftmals sind diese Weine erst nach zehn Jahren in der Flasche voll entwickelt.

Ein weiterer, erst kürzlich hinzugekommener Wein ist der Pinotage-Cabernet-Franc-Verschnitt. Die van Veldens und ihr erfahrener Weinmacher Chris Joubert sind überzeugt, dass der Pinotage eine entscheidende Rolle bei der Etablierung eines »traditionellen« Kap-Verschnittes spielen wird.

Overgaauw ist und bleibt der einzige südafrikanische Verfechter des wenig bekannten, blumigen und würzigen Sylvaners. Ein guter, cremiger Chardonnay mit Limettengeschmack und ein Sauvignon Blanc mit Feigen- und Grasnoten zeigen ebenfalls, dass Overgaauws Weine mit ihrer großen Lagerungsfähigkeit ein Genuss sind. Die van Veldens haben auch als Erste zu Beginn der 1990er Jahre, ohne viel Aufhebens darum zu machen, die klassische portugiesische Portwein-Rebsorte Touriga Naçional angepflanzt. Zusammen mit den anderen traditionellen portugiesischen Sorten wird daraus der exzellente Portwein des Weinguts hergestellt, der *Cape Vintage Port*.

UITERWYK

EIGENTÜMER
Familie de Waal

HAUPTWEINE
Estate Wine, Cabernet Sauvignon, Merlot, Pinotage, Top of the Hill Pinotage, Sauvignon Blanc, Chardonnay, Viognier; Rosenburg Cabernet Franc Pinotage, Sauvignon Blanc, Chenin Blanc

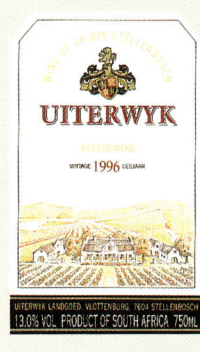

OBEN: Das kap-holländische Herrenhaus von Uiterwyk, Zuhause der Brüder de Waal.
UNTEN: Chris, Daniël und Pieter: Das Trio hat in den letzten Jahren große Exporterfolge erzielt.

Das Gut Uiterwyk stammt aus dem 19. Jahrhundert und befindet sich seit neun Generationen im Familienbesitz. Nach vier Jahrzehnten hat Besitzer Danie de Waal beschlossen, seinen Söhnen die Zügel zu übergeben: Pieter (Marketing), Chris (Weißweinmacher) und Daniël, dem Rotwein-Spezialisten. Der Star unter den vier Rotweinen, die unter dem Etikett *Uiterwyk* abgefüllt werden, ist der Pinotage. Er gehört zu den sortenreinen Spitzenweinen am Kap. Der großartige, opulente, preisgekrönte 1996er *Top of the Hill Pinotage,* benannt nach der Parzelle knorriger, fast 50 Jahre alter Rebstöcke, die die geschmacksintensiven Trauben hervorbrachten, ist das erste Exempel des schon lange geplanten Sortiments von Uiterwyk-Reserve-Weinen. Pinotage bildet auch die Grundlage des Verschnitts *Uiterwyk-Estate,* ein eher französischer Wein denn ein Wein der Neuen Welt – kein Wunder, denn Daniël ist oft in Saint Émilion (Château l'Angelus) und hat bei der toskanischen Wein-Koryphäe Antinori gearbeitet. Seine Besuche an der Rhône haben insofern Früchte getragen, als dass er den ersten Shiraz und Viognier des Gutes hergestellt hat.

Die Rotweine werden alle drei Monate abgestochen, damit der Wein genügend Sauerstoff erhält und so ein volleres, abgerundeteres Aroma entwickelt. Es wurden importierte Holzfässer mit dünnen Dauben angeschafft, da sie aus besserem Holz mit einer dichteren Maserung bestehen.

Der Chardonnay beschäftigt Chris zur Zeit am meisten. Er hat den *Uiterwyk Sauvignon Blanc* bereits unter die eleganteren Kap-Weine eingereiht, wobei er den trockeneren, aromatischeren, geschmacksintensiven und doch milden Sancerre-Stil bevorzugt. Ein weiteres Eisen im Feuer ist der nicht in Holzfässern gereifte Viognier mit

seinem blumigen Bukett. Es sind 115 Hektar mit Reben bepflanzt, doch füllt Uiterwyk nur etwa 20 000 Kisten ab und verkauft den Rest als Massenwein.

AMANI

Dieses Gut mit etwa 30 Hektar gehört Mark Makepeace, Chef einer Werbefirma, und seiner Frau Hillary. Sandige Böden auf Südhängen bieten das kühle Mikroklima, das für rassige, grasige Sauvignon Blancs erforderlich ist. Die Weinmacherin Cathy Marshall hat auch Chardonnays mit Eichenholznote und einen Chenin Blanc eingeführt und macht einen Shiraz mit Aromen von Kräutern und Beeren sowie einen köstlichen, saftigen Pinot Noir unter dem Etikett *Barefoot*.

BOSCHKLOOF

Boschkloof gehört dem früheren Radiologen Reenen Furter und seiner Frau Dalene. 15 der insgesamt 25 Hektar sind mit Reben bepflanzt. Mit Unterstützung ihres Schwiegersohnes Jacques Borman vom Weingut La Motte konzentrieren sich die Furters auf Chardonnay, Cabernet und Merlot. Der Cabernet ist ein lagerfähiger reicher Wein mit viel neuem Holz und festen, trockenen Tanninen. Der Reserve-Cabernet-Merlot-Verschnitt ist dagegen leichter zugänglich.

CARISBROOKE

Weinbauer Willem Pretorius produziert aus sechs Hektar 2 000 Kisten eines weichen Cabernet Sauvignon mit Beerenaroma, und zwar mit Hilfe des Weinmachers Kowie du Toit von der Kooperative Vlottenburg, der er früher Trauben geliefert hatte.

GOEDGELOOF

Goedgeloofs Weine werden unter dem Etikett *Kanu* abgefüllt. Die Rotweine sind hervorragend: ein reicher, fleischiger Merlot, ein würziger, fruchtiger Shiraz im Stil der neuen Welle mit einer Note von neuem Eichenholz, Verschnitte von Cabernet und Merlot und Ruby Cabernet und Cinsaut, alles fruchtige Weine für jeden Tag. Über 30 Hektar Reben und den Keller herrscht der Weinmacher Teddy Hall.

JACOBSDAL

Der publicityscheue Cornelis Dumas erzeugt einen hervorragenden Pinotage, an dem andere sich messen lassen müssen. Der Preis ist angemessen, und der Wein ist eine gelungene Mischung aus dem alten Stil mit ziemlich Tannin, den eher gerbstoffreichen Weinen, und den modernen, fruchtigeren, saftigeren Weinen. Heute kümmert sich Sohn Hannes um die Weinberge mit nicht bewässerten Busch-Rebstöcken.

L'ÉMIGRÉ

Frans Gentis, ein Gründungsmitglied der Welmoed-Kooperative, begann 1993 damit, auf dem Weingut De Morgenzon seine eigene Weinkellerei zu bauen. Die Rotweine sind schlicht; der *Cimiterre*, ein Verschnitt im Bordeaux-Stil, und der Pinotage entwickeln sich gut auf der Flasche. Der *Azure Sauvignon Blanc* und der Chardonnay sind würzige Weine. Weinmacher ist der jüngere Sohn Emile.

NEETHLINGSHOF

Dieses historische kap-holländische Gut aus dem 17. Jahrhundert wurde 1985 von dem deutschen Bankier Hans-Joachim Schreiber gekauft und hat ein erstklassiges Potenzial.

Schalk van der Westhuizen produziert hervorragende Beerenauslesen und sein neuer im Fass vergorener und ausgebauter Sémillon Reserve ist ein echter Knüller.

Der viel gerühmte 1997er Jahrgang hat einige großartige Rotweine hervorgebracht. Das neue Premium-Etikett *Lord Neethling* bietet eine Cuvée im Bordeaux-Stil, einen Cabernet Sauvignon und einen Pinotage, Weine von Komplexität und Eleganz.

REYNEKE (UITZICHT)

Besitzer des Gutes Uitzicht ist seit einem Jahrhundert die Familie Reyneke, Manager ist Sohn Johan. Minimale Eingriffe und ökologische Arbeitsweise in Keller und Weinberg sind hier die Philosophie. Freund John Farquharson vom Weingut Lievland vinifiziert einen soliden Cabernet Sauvignon, einen körperreichen Chenin Blanc mit Eichenholznote und einen Chenin-Sauvignon-Blanc-Verschnitt.

VERDUN

Der frühere Chef der Johannesburger Börse, François Tolken, ein Abstinenzler und Weinsammler, erwarb diesen heruntergekommenen Besitz im Jahre 1995. Einst berühmt für seinen Gamay Noir, hatte Verdun 15 Jahre lang keine Weine mehr produziert. Der moderne Gärkeller, in dem 200 Tonnen verarbeitet werden können, bezieht das Traubengut von etwa 60 Hektar mit verjüngten Rebstöcken. Der Chardonnay sticht unter Verduns Weißweinen hervor, und unter dem Etikett *Interlude* finden sich süffige Weine wie der Gamay. Weinmacher ist Jan van Rooyen.

VLOTTENBURG

Der Großteil der 10 000-Tonnen-Produktion der 21 Kooperativen-Mitglieder geht zwar an Stellenbosch Farmers' Winery, doch Weinmacher Kowie du Toit füllt einige großartige Rotweine ab. Der neueste *Limited Release Cabernet Sauvignon* ist ein sehr guter Wein mit reifer, süßer Frucht und einer subtilen Eichennote, während die Standard-Abfüllung sofort zugänglich ist. Ein *Limited Release Pinotage* und ein regulärer Pinotage weisen ein reifes, würziges, pflaumenartiges Fruchtaroma sowie Nuancen von süßen Bananen auf. Der würzige Shiraz und der Merlot mit seinen Schokolade- und Pflaumenaromen entzücken.

VREDENHEIM

Etiketten mit mystischen Motiven zieren die Flaschen von etwa 8 000 Kisten Rot- und Weißweinen, die Elzabé Bezuidenhout auf dem kap-holländischen Gut der Familie herstellt, einem Besitz aus dem 17. Jahrhundert. Sie arbeitet zunehmend mit den klassischen Rotweinsorten wie Cabernet Sauvignon, Cabernet Franc, Merlot und Shiraz. Zwei Rotwein-Verschnitte gefallen besonders.

P A A R L

Wein wird in Paarl seit dem 17. Jahrhundert angebaut. Lange spielte es die zweite Geige hinter Stellenbosch. Wie dieses gehört es zur Küstenregion, ist im Allgemeinen aber etwas heißer und trockener. Vom Meer wird es durch den Simonsberg im Süden, Groot Drakenstein im Südosten und teilweise durch den zentral gelegenen Paarl Mountain abgeschlossen, um den herum sich viele der guten Weinberge konzentrieren.

Doch das Westende des Tals ist zur Table Bay hin offen und so dem maritimen Einfluss ausgesetzt. Auf verschiedenen Böden, darunter guten granithaltigen Lehmböden und Schieferböden, werden Reben von Premium-Qualität gepflanzt; zusätzlich gibt es umfangreiche Pflanzungen auf niedriger gelegenen Flächen und entlang des Flusses Berg. Die Böden sind hier aus dem Sandstein des Tafelbergs.

OBEN: Fairviews berühmter Ziegenturm.
LINKS: Die Weinberge von Backsberg bedecken die niedriger gelegenen Hänge auf der Paarl-Seite des Simonsbergs.

In dem Bezirk werden rund 20% der nationalen Ernte produziert; er umfasst etwa 180 000 Hektar. Das Potenzial zieht Investitionen aus dem Ausland an. Zusammen mit Michael und Jill Back vom Weingut Backsberg hat das kalifornische Ehepaar, die Direktorin Zelma Long von Simi Winery und der Weinbauer Phil Freese, in 40 Hektar Land investiert, das mit Cabernet Sauvignon, Cabernet Franc und Merlot bepflanzt ist. Der Spitzen-Bordeaux-Weinhändler Alain Mouieux (seiner Familie gehört das berühmte Château Pétrus) produziert in der Kellerei Savanha Wines' Berg & Brook Winery. SAVISA (Société Anonyme de Vins Internationaux et Sud Africains) mit Sitz in der Schweiz benutzt die Kellerei Sonop als Basis für ihr groß angelegtes Geschäft mit Weinexporten. Unter anderem gehört der Gruppe Kersfontheim in Paarl.

Eine ähnlich unabhängige Massenweinproduktion ist in der neuen Weinkellerei Ashwood vorgesehen, die von Rob Meihuizen für seine Geschäftspartner aus Kapstadt geführt wird. In der neuen privaten Kellerei Avondale beginnt man gerade mit der Flaschenabfüllung von Weiß- und Rotweinen in Premium-Qualität aus 70 Hektar Rebstöcken, die von Dewald Heyns für Besitzer John Grieve vinifiziert werden.

PAARL

1. Ashanti
2. Backsberg
3. Berg & Brook (Savanha)
4. Bernheim
5. Bodega
6. Boland
7. Brenthurst
8. De Leuwen Jagt (Seidelberg)
9. De Meye
10. De Villiers
11. De Zoete Inval
12. Diamant
13. Eaglevlei
14. Fairview
15. Glen Carlou
16. Hoopenburg
17. Klein Simonsvlei
18. KWV
19. Laborie
20. Landskroon
21. Nederburg
22. Nelson
23. Perdeberg
24. Plaisir de Merle
25. R & de R Fredericksburg
26. Rhebokskloof
27. Ruitersvlei
28. Simonsvlei
29. Veenwouden
30. Villiera
31. Welgemeend
32. Windmeul
33. Zanddrift
34. Zandwijk

BACKSBERG

EIGENTÜMER
Michael Back

HAUPTWEINE
Klein Babylonstoren, Cabernet Sauvignon, Merlot, Shiraz, Dry Red, Chardonnay, John Martin Sauvignon Blanc, Sauvignon Blanc, Chenin Blanc, Sémillon, Rhine Riesling, Rosé, Special Late Harvest, Brut Cap Classique, Sydney Back Potstill Brandy

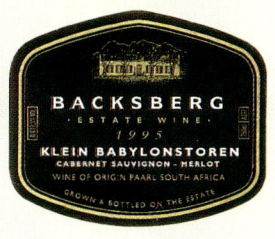

In diesem großen Weinkeller reifen die Weine des Weingutes Backsberg auf der Flasche.

»Wir existieren, weil wir Kunden haben. Unser Geschäft ist das Verkaufen von Wein«, sagt Michael Back über die annehmbare Preispolitik der Farm – die einen leicht vergessen lässt, dass Backsberg einige der elegantesten Weine am Kap produziert. Großvater Charles Back, ein litauischer Immigrant, kaufte Klein Babylonstoren im Jahre 1916 und belieferte mit seinen Trauben die Großhändler. 1938 kam Sohn Sydney an Bord, wurde selbst Großhändler und dann einer der ersten Weinfarmer am Kap, die im Jahre 1970 Weine unter ihrem eigenen »estate«-Etikett zum Verkauf freigaben – und das trotz der starken Proteste der wichtigen Großhändler. Sohn Michael erbte die Farm 1996.

Die 180 Hektar Land erstrecken sich vom sandigen Flachland bis hin zu gelben und roten Lehmböden mit zersetztem Granit an den Hängen des Simonsberges. Die Böden wurden wissenschaftlich analysiert und mit Premium-Rebsorten neu bepflanzt: Chardonnay, Sauvignon Blanc, Cabernet und Merlot, zusammen mit ein wenig Shiraz und Pinotage. Backsbergs Weine waren von jeher durch die Frucht geprägt. Der Weinmacher Hardy Laubser setzt auf eine milde Holznote. Dies merkt man deutlich an den Rotweinen, vom eleganten Verschnitt *Klein Babylonstoren* aus Cabernet, Merlot und Cabernet Franc bis zum ausgewogenen Cabernet Sauvignon, dem Merlot mit Minzenote, dem schokoladigen Shiraz und dem in alten Eichenfässern gereiften Pinotage.

Der in Eichenholzfässern ausgebaute Sauvignon Blanc *John Martin* weist eine seltene Komplexität auf. Der 1999er Standard-Sauvignon-Blanc ist ein toller Wein; der Chardonnay ist im Allgemeinen aus einer Rebsortenvariante hergestellt, die ein weiches Aroma tropischer Früchte besitzt.

Das Projekt Freedom Road ermöglicht den Gutsarbeitern, ihren eigenen Wein herzustellen, einen Sauvignon Blanc und einen Cabernet.

Weinmacher Hardy Laubser und die Besitzer Jill und Michael Back.

FAIRVIEW

EIGENTÜMER
Charles Back

HAUPTWEINE
Cyril Back Shiraz, Cyril Back Zinfandel Carignan, Cabernet Franc, Cabernet Franc Merlot, Gamay, Goats Do Roam (Rotwein-Verschnitt), Malbec, Merlot, Pinot Noir, Mourvèdre, Pinotage, Amos Pinotage, Zinfandel Cinsaut, Chardonnay, Barrel-Fermented Chenin Blanc, Cyril Back Sémillon, Sémillon, Viognier, Sauvignon Blanc, Weisser Riesling, Rosé, Bouquet Fair, Special Late Harvest, Weisser Riesling Straw Wine, Charles Gerard Brut Cap Classique, Fortified Sweet Shiraz, Hanepoot

OBEN: Fairview ist stolz auf seinen Barrique-Keller. Der Ziegenturm **(UNTEN)** verweist auf ein erfolgreiches Geschäft mit Käse, das Charles Back, Anthony de Jager und Manager Jeremy Borg zusammen mit dem Weingeschäft betreiben.

Charles Back ist einer der emsigsten Weinmacher im Geschäft und wahrscheinlich auch der innovativste. Er war der Erste, der einen sortenreinen Viognier abfüllte: kräftig, reich, weich, mit Nuancen von Kräutern und dem für die Sorte typischen Aroma von reifen Aprikosen, ein experimenteller Wein aus den Trauben von knapp 1 Hektar fünf Jahre alten Rebstöcken. Sein Erfolg hat ihn dazu angespornt, noch mehr anzupflanzen.

Back war ebenfalls einer der Ersten, die mit roten Rebsorten experimentierten, die für das Kap neu waren, beständig auf der Suche nach intensiven, früh trinkreifen Weinen: Mourvèdre, Carignan, Grenache und auch Malbec und Zinfandel. Und er kennt keine Angst bei seinen Verschnitten, aus denen die erstaunlichsten Kombinationen dieser Weine hervorgehen. Die Basis bildet oft Shiraz oder eine der gängigen Kap-Rebsorten Pinotage und Cinsaut. Der Shiraz ist so etwas wie eine Fairview-Spezialität: pfeffrig, würzig, mit konzentriertem Fruchtaroma und dennoch immer elegant. Ein kürzlich erfolgter Besuch beim Rhône-Star Chapoutier wird sicher in Zukunft weitere aufregende Weine zur Folge haben.

Ähnlich unbekümmert ist Back auch bei seinen Weißweinen: ein großartiger cremiger Chardonnay mit Nuancen von Hefe und Butter, ausgewogen durch Aromen von Zitrusschalen. Sein Sémillon ist ein wunderbar reicher, in Eichenfässern vergorener Wein.

Fairview wurde 1937 von Backs Großvater Charles gekauft, er selbst übernahm das Gut 1978 von seinem Vater Cyril. Erst kürzlich hat er Fairview als Weingut deregistrieren lassen, wodurch er nun freie Hand hat, die Schätze seines Weinguts Spice Route in Swartland mit denen von Fairview zu vereinen. Die 320 Hektar Weinberge, auf den Südhängen der Paarl-Berge gelegen, werden schon bald zu rund 80 % mit roten Rebsorten bepflanzt sein. Der Weinmacher-Assistent Anthony de Jager hilft ihm, mit der Flut des neuen Traubenguts fertig zu werden. Im Weinkeller befinden sich 2 000 französische und amerikanische Eichenholzfässer.

GLEN CARLOU

EIGENTÜMER
Walter Finlayson, Hess Holdings

HAUPTWEINE
Grande Classique, Merlot, Pinot Noir, Cellar Select, Chardonnay, Devereux, Cape Vintage Port

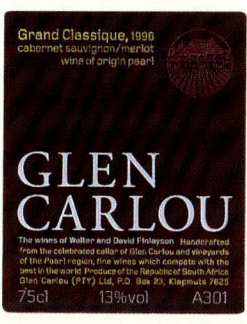

Walter Finlayson erwarb 1981 das 100 Hektar Land umfassende Gut an den Hängen des Simonsberges. Nach umfangreichen Bodenvorbereitungen begann er 1985 damit, 45 Hektar Land mit Rebstöcken zu bepflanzen. Nach mehr als 35 Jahrgängen, zunächst auf anderen Gütern, übergibt Walter nun die 20 000 Kisten Wein umfassende Produktion an seinen Sohn David.

Durch den Partner, den Schweizer Geschäftsmann Donald Hess von der Weinkellerei The Hess Collection Winery in Napa Valley, sind die Kontakte in Übersee, die David auf seinen Geschäftsreisen nach Australien, Burgund und Bordeaux geknüpft hat, noch weiter ausgebaut worden.

Das internationale Flair kommt auch in Glen Carlous Weinen zum Ausdruck, vom Verschnitt *Devereux Chenin Blanc Chardonnay*, einem der ersten Kap-Chenins mit deutlicher Eichenholznote, bis zum saftigen, fleischigen Merlot im Pomerol-Stil. Glen Carlous Aushängeschild *Grand Classique*, eine Cuvée im Bordeaux-Stil, ist ebenfalls Weltklasse: ein charaktervoller Wein, der sich erst im Alter entfaltet. Ebenso der Pinot Noir: muskulös, körperreich, mit einer Spur von Röstaromen.

Die Finlaysons haben die Produktion ihres sortenreinen Cabernets eingestellt, die Trauben werden jetzt für den *Grand Classique* und für einen New-Look-Wein verwendet, den *Cellar Select*.

Ein herausragender Wein dieser Klasse ist der Chardonnay: die Verkörperung von stilvoller Festigkeit und ausgewogenem Geschmack, die perfekte Kombination aus Aromen von Butter und Keksen mit einer Note von geröstetem Eichenholz und eine intensive süß-saure zitrusartige Frische im Abgang.

Der *Cape Vintage Port* aus den traditionellen Portwein-Sorten Tinta Barocca, Tinta Roriz sowie ein wenig Cornifesto und seit kurzem Touriga Nacional ist einer der besten Portweine des Kaps.

Sehr gute Chardonnays und Pinot Noirs kommen aus dieser Neue-Welt-Weinkellerei, die Walter Finlayson, Ehefrau Jill und Sohn David (**OBEN**) aus dem Stand zu einem der Spitzenbetriebe am Kap gemacht haben.

HOOPENBURG

EIGENTÜMER
Ernst und Gwenda Gouws

HAUPTWEINE
Cabernet Sauvignon, Merlot, Pinot Noir, Shiraz, Chardonnay, Sauvignon Blanc

Ernst und Gwenda Gouws kauften das unkultivierte Land im Jahre 1992. Heute sind von den etwa 40 Hektar anbaufähigem Land etwas mehr als die Hälfte überwiegend mit roten Rebsorten sowie mit Chardonnay bepflanzt. Die Gouws' glauben, dass das niedrig gelegene, warme Muldersvlei-Gebiet Rotwein-Territorium ist, und das wird sich auch in den zukünftigen Pflanzungen widerspiegeln. Deshalb hat Gouws sich auch dazu entschlossen, seinen Sauvignon Blanc, der etwa die Hälfte der Gesamtproduktion von über 20 000 Kisten Wein ausmacht, von kühleren Lagen in Stellenbosch hinzuzukaufen.

Hoopenburg macht einen der besten Pinot Noirs und beweist damit, wie Glen Carlou, dass auch warme Gebiete Erfolg mit der sogenannten »Eskimo-Sorte« haben können. Der Pinot Noir ist ein weicher, fruchtiger Wein, der den Mund füllt, mit einem ausgeprägten Charakter von süßen Früchten, Mokkabohnen und einer Holzkohlennote, obwohl er in seiner Jugend noch ein wenig grün sein kann. Gouws' Weine weisen eine opulente Eichenholznote auf. Sie ist zwar immer gut ausgewogen durch das Fruchtaroma, kommt aber auch in seinem Cabernet Sauvignon zum Vorschein: ein rauchiger, würziger Wein mit abgerundeten Fruchtaromen und einer festen Struktur. Sein Merlot ist weicher, fleischiger und leichter zugänglich. Und ein weiteres Eisen im Feuer ist der fein abgestimmte, charaktervolle Shiraz.

Von den Weißweinen ist sein Chardonnay einer der wenigen, die altern können. Nach der Flaschenreifung ist er immer noch zitronig frisch und dennoch wunderbar weich mit einer ausgewogenen Eichenholznote.

OBEN: Hoopenburgs Weine zeichnen sich durch geschickten Einsatz von neuen Eichenfässern aus.
DARÜBER Winzer Ernst Gouws mit Frau Gwenda, den Töchtern Inke und Ezanne sowie Sohn Ernst.

NEDERBURG

EIGENTÜMER
Stellenbosch Farmers' Winery

HAUPTWEINE
Nederburg Auction Private Bin wines:
R161 Cabernet, R163 Cabernet, R109 Cabernet Merlot, R103 Cabernet Shiraz, R121 Shiraz, R115 Shiraz Cabernet, R172 Pinotage, R121 Shiraz, D270 Chardonnay, D234 Sauvignon Blanc, D288 Sémillon, D218 Chardonnay Sauvignon Blanc, D250 Pinot Blanc, S354 Gewürztraminer/Rhine Riesling, S306 und S333 Special Late Harvests, Bin S316 Weisser Riesling Noble Late Harvest, Edelkeur, Eminence, Bin C92 Cap Classique;
Nederburg Standard-Sortiment:
Reserve Cabernet, Baronne, Edelroot, Paarl Cabernet, Duet, Reserve Chardonnay, Chardonnay, Reserve Sauvignon Blanc, Sauvignon Blanc, Paarl Chenin Blanc, Paarl Riesling, Prelude, Premier Grand Cru, Elegance, Lyric, Rhine Riesling, Stein, Rosé, Special Late Harvest, Paarl Noble Late Harvest, Blanquette Cap Classique, Kap-Sekt, Premiere Cuvée Brut, Premiere Cuvée Doux

Nederburg ist zweifellos das bekannteste südafrikanische Wein-Etikett. Was diese zwar im Besitz von Stellenbosch Farmers' Winery befindliche, aber dennoch autonom betriebene Kellerei mit einer Verarbeitungskapazität von 12 000 Tonnen so außergewöhnlich macht, ist die Tatsache, dass sie sowohl eine seltene

Gleichmäßigkeit in Stil und Qualität bei den süffigen Alltagsweinen erzielt als auch einige der besten sortenreinen Weine am Kap hervorbringt. Diese werden unter dem Etikett *Nederburg Auction* abgefüllt, und das nicht nur in kleinen Mengen.

Kellermeister Newald Marais, ein ruhiger, selbstsicherer und enorm fähiger Winzer, hat in den letzten zehn Jahren verstärkt reiferes Lesegut verwendet und den Wein fein dosiert in kleinen Eichenholzfässern ausgebaut.

Nederburgs Cabernet wird einer der wenigen Kap-Weine sein, der vom Verschneiden mit der klassischen Bordeaux-Rebsorte Petit Verdot profitieren wird. Hinzu kommen noch laufende Experimente mit Malbec.

Seine Sauvignon Blancs und Chardonnays sind durchweg gute sortenreine Weine mit klassischem Charakter, und auch der Sémillon erregt – zu aller Freude – immer mehr Aufmerksamkeit. Außerdem hält Nederburg die Fahne hoch mit seiner weltberühmten Beerenauslese *Edelkeur Noble Late Harvest* und dem *Eminence Natural Sweet*. Marais kann sich nicht nur darauf verlassen, dass ständig in beträchtlicher Höhe in die Produktionsanlagen investiert wird, sondern auch auf ein Team von Weinmachern, die auf bestimmte Aufgaben spezialisiert sind. Eine erst kürzlich vorgenommene Umgestaltung des Kellers ermöglicht den Weinmachern nun die separate Vinifizierung von Weinen, die aus kleinen Parzellen aus ausgewählten Weinbergen stammen, ein Verfahren, das unerlässlich für die stetige Verbesserung der Qualität ist.

Doch der Schwerpunkt liegt auf der Entwicklung und dem Management der Weinberge. Überwacht wird das Ganze von dem ungeheuer erfahrenen Weinbauern Ernst le Roux, der auf der weltberühmten Stellenbosch Farmers' Winery-Rebschule Ernita selbst Rebstöcke zieht. Die nahezu 700 Hektar Weinberge, sowohl Nederburgs eigene, als auch die der vertraglich gebundenen Weinbauern, werden verjüngt, und zwar mit überwiegend roten Rebsorten. In der Vorbereitung sind Pflanzungen von weitgehend unerforschten Sorten wie Sangiovese, Nebbiolo, Viognier und sogar der wenig bekannten portugiesischen Weißweinsorte Verdelho.

In Nederburgs Herrenhaus aus dem 19. Jahrhundert finden musikalische und andere kulturelle Ereignisse statt, während der moderne Weinkellerkomplex dahinter die Domäne von Kellermeister Newald Marais und seiner Assistenten Hennie Huskisson und Wilhelm Arnold (**OBEN**) ist.

VEENWOUDEN

EIGENTÜMER
Deon van der Walt

HAUPTWEINE
Veenwouden Classic, Merlot,
Vivat Bacchus

Mit nur drei Rotweinen hat diese kleine Weinkellerei sich einen Namen gemacht und gehört nun zu den Spitzenproduzenten am Kap. Der international bekannte südafrikanische Operntenor Deon van der Walt ist ein großer Weinliebhaber und reist in die besten Weinregionen der Welt. Seine Liebe zum Wein und die Freundschaft zu dem Bordeaux-Fanatiker Billy Hofmeyr vom Weingut Welgemeend ermutigten ihn, 1988 die 18 Hektar große Tafeltrauben-Farm Ebenaezer zu kaufen.

Er widmet sich überwiegend den klassischen Rotweinsorten des Médoc: Merlot, Cabernet Sauvignon, Cabernet Franc und Malbec. Der kühle, lehmreiche Untergrund und die kühlen Brisen, die die auf Nordost-Hängen liegenden neu bepflanzten Weinberge befeuchten, sind erwiesenermaßen ideal für Merlot und Cabernet Franc.

Anfänglich fungierte Giorgio Dalla Cia vom Weingut Meerlust als Berater. Doch 1995 übernahm Deons Bruder Marcel den Keller. Marcel war 1993 vom Teeanbau auf Wein umgestiegen und hatte unter dem Spitzen-Önologen Michel Rolland auf Château Le Bon Pasteur in Pomérol gearbeitet.

Die Ernteerträge des Guts betragen nur 80 bis 100 Tonnen, wobei die Anforderungen an Größe und Qualität der Trauben die Ernten auf selten mehr als fünf Tonnen pro Hektar begrenzen. Die Trauben werden von Hand gepflückt, kontrolliert, anschließend in Edelstahltanks vergoren und dann in 225-Liter-Fässern aus französischer Nevers-Eiche ausgebaut, wobei der Wein alle drei Monate abgezogen wird. Die Produktion beträgt weniger als 6 000 Kisten.

Der dunkle, tiefrote Merlot vereint opulente Aromen von frischen Beeren und Nuancen von geräuchertem Fleisch mit trockenen Tanninen und einer kräftigen Struktur, die jedoch Zeit auf der Flasche braucht, um sich zu entfalten.

Der Verschnitt *Classic* aus Cabernet Sauvignon, Merlot, Cabernet Franc und Malbec ist ebenso geschmacksintensiv und komplex, doch eine Spur weicher, eleganter, mit wundervollen Nuancen von schwarzen Johannisbeeren und Zedernholz sowie dem weichen Fruchtaroma von Beeren. Obwohl beide Weine alterungsfähig sind, sind sie in ihrer Jugend leicht zugänglich.

Der dritte Wein, der Verschnitt *Vivat Bacchus*, der aus denselben Sorten hergestellt wird, ist früher trinkreif.

Besitzer des Weinguts Veenwouden ist Deon van der Walt (**OBEN**). Unterstützung erhält er von Bruder Marcel als Weinmacher und von seinen Eltern Charles und Sheila, die das Gut (**UNTEN**) leiten.

VILLIERA

EIGENTÜMER
Familie Grier

HAUPTWEINE
Monro Brut, Tradition Brut, Tradition Brut Rosé; Cru Monro, CIWG Auction Reserve, Merlot, Cabernet Sauvignon, Shiraz, Pinotage, Traditional Bush Vine Sauvignon Blanc, Sauvignon Blanc, Blanc Fumée, Chardonnay, Rhine Riesling, Gewürztraminer, Sonnet, LBV Port ; Blue Ridge Rouge, Cabernet Sauvignon, Blue Ridge Blanc

Das Gebiet um Villiera haben die Griers in ein Spitzen-Schaumwein-Territorium verwandelt.

Das 170 Hektar umfassende Weingut zwischen Stellenbosch und Paarl wird von Jeff Grier (Weinmacher), seiner Schwester Cathy (Exporte) und ihrem Cousin Simon (Weinberge) geführt; sie haben es zu einem der vielseitigsten am Kap gemacht. Und das trotz mäßig fruchtbarer, niedrig gelegener Weinberge und unterschiedlicher Böden vom kreidigen, kiesigen Lehm zu beinahe dünenähnlichem Sand, der bei den herkömmlichen Premium-Rebsorten nicht sonderlich beliebt ist. »Eigentlich sind wir durch unsere leichteren, sandigeren Böden dazu gekommen, den Schaumwein-Weg einzuschlagen«, gesteht Jeff.

Die Griers gingen ein Gemeinschaftsunternehmen mit dem erfahrenen Jean-Louis Denois aus der Champagne ein, und im Jahre 1984 degorgierten sie ihren ersten *Tradition de Charles de Fère*. Bis 1998 wurden bis zu vier verschiedene Stile von Cap Classiques abgefüllt. Nun besteht das Sortiment aus dem *Tradition Brut NV*, *Tradition Brut Rosé NV* (beide ohne Jahrgangsangabe) und dem Aushängeschild des Jahrgangs, dem *Monro Brut*.

Die Griers produzieren einige preisgekrönte und preiswerte Weißweine, vom bissigen *Traditional Bush Vine Sauvignon Blanc* bis zum teilweise in Eichenfässern ausgebauten Chenin Blanc, der durch Lagerung gewinnt. Der sortenreine Merlot ist auch weiterhin ein fester Wein mit ausgeprägtem Fruchtaroma, während sein Gegenspieler Cabernet ein Wein in einem leichteren Stil ist. Zusammen bilden sie den durchweg sehr guten *Cru Monro*, einen konzentrierten, cremigen, weichen, süßen und würzigen Verschnitt. Neu hinzugekommen ist der Pinotage: ein cremiger Wein mit dem Aroma süßer, reifer Beeren und einem unverwechselbaren, würzigen Charakter von Schinken und geräuchertem Fleisch.

Der Pinotage kommt besonders gut in den Schaumweinen zur Geltung, bildet zusammen mit Cabernet die Reserve-Abfüllung und ist auch im Portwein enthalten. Villieras umfangreiches Angebot enthält ferner einen neuen sortenreinen Shiraz sowie einige süffige Weine unter dem Etikett *Blue Ridge*. Zugekauft werden Trauben von benachbarten Weingütern; insgesamt verfügt Villiera somit über Trauben aus etwa 300 Hektar Rebstöcken.

Die Grier-Cousins: Simon, Cathy und Weinmacher Jeff.

WELGEMEEND

EIGENTÜMER
Ursula Hofmeyr

HAUPTWEINE
Estate Reserve, Douelle, Amadé,
Soopjeshoogte

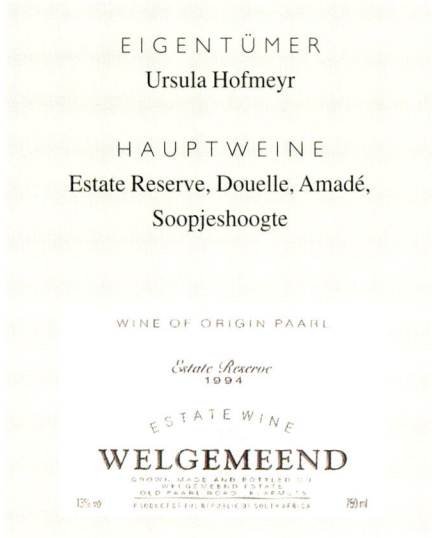

Gründer Billy Hofmeyr war Landvermesser mit einer Leidenschaft für rote Bordeaux-Weine. 1974 kaufte er das Weingut Welgemeend und ersetzte die alten Rebsorten Muscat d'Alexandrie, Chenin Blanc und Cinsaut durch die großen Médoc-Sorten: Cabernet Sauvignon, Cabernet Franc, Merlot, Petit Verdot und Malbec. Sein 1979er Erstlings-Jahrgang des Estate-Reserve-Verschnittes aus Cabernet Sauvignon, Merlot und Cabernet Franc war der erste Rotwein im Bordeaux-Stil im Land.

Es folgten Pinotage, Shiraz und Grenache, obwohl ein Großteil des Pinotage seitdem durch Merlot ersetzt worden ist. Inzwischen führen Billy Hofmeyrs Frau Ursula und Tochter Louise das Gut.

Ihr *Estate Reserve* ist und bleibt weiterhin ein Klassiker, ein gut ausgewogener Wein in einem sehr französischen Stil. Der *Amadé* ist ein Wein für jeden Tag mit dem typischen Charakter von Gewürzen, Rauch und Leder. Der *Douelle*, der später eingeführt wurde, ist zwar nicht ganz so dicht wie der *Estate Reserve*, doch auch er ist ein guter Wein; er ist eine ziemlich erdige, nahezu rustikale Mischung aus Malbec, Cabernet Sauvignon, Petit Verdot, Merlot und Cabernet Franc.

Louise führte den *Soopjeshoogte* ein, eine leichtere, früher trinkreife, preiswerte Version des *Estate Reserve*. Und während sie an der Philosophie ihres Vaters festhält, dass Ausgewogenheit und Eleganz der Schlüssel zu einem guten Wein seien, arbeitet sie darauf hin, in ihren Weinen eine größere Fruchtreife und Komplexität zu erzielen. Die Ernteerträge mit etwa 5 bis 6 Tonnen pro Hektar bleiben auch weiterhin gering. Die Weinbereitung ist von der Verwendung der Korbpressen bis hin zum Einsatz von Eiweiß zur Klärung genauso traditionell und natürlich wie schon immer, doch es wurden mehr neue Holzfässer und einige amerikanische Eichenfässer eingeführt. Pro Jahr werden weniger als 4000 Kisten Wein aus ungefähr 13 Hektar produziert.

ASHANTI

Dem früheren belgischen Anwalt Michel Thuysbaert und dem in Kalifornien ausgebildeten französischen Weinmacher Jean-Vincent Ridon gehört das Weingut Ashanti. Der Hightech-Keller hat eine Verarbeitungskapazität von 500 Tonnen. Auf etwa 95 Hektar mit tiefen roten Lehmböden stehen Neuklone von roten Rebsorten wie Cabernet, Pinotage und Malbec, hinzu kommen werden noch Cabernet Franc, Petit Verdot, Shiraz, Mourvèdre, Zinfandel und Sangiovese aus der eigenen Rebschule. Der Chardonnay und der Cabernet Sauvignon sind solide Weine, der Pinotage weist ein klassisches Aroma von Bananen und ungewöhnliche Nuancen von Fleisch und Gewürzen auf. Ein sortenreiner Malbec, selten am Kap, ist geschmacksintensiv und wild, mit Aromen von Kräutern und Gewürzen. Unter Ridons Experimenten findet sich

OBEN: Die Leidenschaft für die großartigsten Rotweine der Welt ließ Billy Hofmeyr 1974 Welgemeend kaufen.
LINKS OBEN: Ehefrau Ursula und Tochter Louise führen die Tradition von Weinen im klassischen Stil fort.

auch ein »Strohwein«, der *Vin de Paille*. Auch nimmt er sich immer noch Zeit für sein kleines Sortiment *Signal Hill*. Die Trauben dafür (Merlot, Pinot Noir und Sauvignon Blanc) werden auf den 85 Hektar Ashanti-Hill-Weinbergen an den Paarl-Hängen des Simonsberges angebaut.

BERG & BROOK (SAVANHA)

1996 schlossen sich der frühere Werbemann Graham Knox mit seinem Weingroßhandel Savanha Wines und die Weinbauern der ehemaligen Kooperative Drakenstein zu Berg & Brook Vineyards zusammen. Das Unternehmen verarbeitet rund 4000 Tonnen Trauben. Savanha ist nun zusammen mit den Weingütern Longridge und Spier in Stellenbosch Teil des Gemeinschaftsunternehmens Trylogy Wine Corporation. Die Rotweine des Kellermeisters Nico Vermeulen sind solide; insbesondere die Savanha-Reserve-Weine wie der geschmacksintensive Pinotage mit Aromen von Pflaumen und ein wohlschmeckender Shiraz. Das Etikett *Berg & Brook* ist fast ausschließlich den Verschnitten vorbehalten. Der französische Weinmacher Stéphan de St. Salvy produziert auch spezielle Weine für den Bordeaux-Weinhändler Alain Mouiex vom berühmten Weingut Château Pétrus. Diese Weine stellt er aus Trauben her, die von etwa 400 Hektar Rebstöcken aus fünf verschiedenen Besitztümern in Durbanville, Wellington und Somerset West stammen. Die neuen, nur begrenzt zum Verkauf freigegebenen Weine *Naledi Cabernet* und *Sejana Merlot* sollen den internationalen Markt davon überzeugen, dass das Kap das Potenzial für Premier-Cru-Weine besitzt.

BERNHEIM

Der frühere Pharmazeut George Schwulst und seine Frau Bernice wurden vor ein paar Jahren von Tochter Gisela, einer Diplom-Önologin, dazu überredet, in eine kleine, 12 Hektar Land umfassende Pfirsich- und Weintrauben-Farm zu investieren. Die Ausstattung des Kellers mit einer Verarbeitungskapazität von 100 Tonnen ist rudimentär. Die Rotweine aus Neupflanzungen von Cabernet, Merlot und Pinotage sind weich, der Chenin Blanc und der Colombard sind fruchtige Weine.

BODEGA

Die Autodidaktin Julianne Barlow füllt nach einer Unterbrechung ihren sehr guten Cabernet und Merlot ab. Ihr Bruder Jeremy Squier hat sich in das 12 Hektar Land umfassende Weingut eingekauft und somit die Investition in neue französische Eichenfässer ermöglicht.

BOLAND

Die Kooperative Boland verarbeitet 18000 Tonnen Trauben aus Weinbergen, die sich von Durbanville bis nach Malmesbury erstrecken. Die Kellerei hat sich mit dem Weingut Wellington verbunden, um unter dem Banner *Cape Wine Cellars* Weine zu exportieren. Die progressiven Herstellungsmethoden haben die Qualität angehoben. Ein neuer Rotwein-Keller wurde errichtet und die Kapazitäten des Fassausbaus erhöht, um sich mit neuem Cabernet, Merlot und Pinotage befassen zu können.

BRENTHURST

Das Weingut Brenthurst gehört dem Rechtsanwalt José Jordaan aus Kapstadt; etwa 5 Hektar wurden 1991 unter der Beratung des Spitzen-Winzers Johan Wiese mit Cabernet Sauvignon, Merlot und Cabernet Franc für einen Verschnitt im Bordeaux-Stil bepflanzt; nun ist noch Petit Verdot hinzugekommen. Der lagerfähige Wein besitzt ein elegantes, gut eingebundenes reifes Aroma von schwarzen Johannisbeeren. Ein ähnlich moderner, sortenreiner Cabernet Sauvignon Reserve hat den kleineren Anteil an insgesamt weniger als 5000 Kisten, die größtenteils exportiert werden.

DE LEUWEN JAGT (SEIDELBERG)

Das frühere De Leuwen Jagt, dessen Geschichte bis auf das Jahr 1690 zurückreicht, wurde von dem deutschen Geschäftsmann Roland Seidel in Seidelberg umbenannt, nachdem er es während der 1990er Jahre restauriert hatte. Die Rotweine gewinnen mit Neupflanzungen und der Einführung neuer Rebsorten wie Pinotage immer mehr an Priorität, wodurch sich die Rebfläche auf 120 Hektar erhöht hat. Zur neuen Seidelberg-Premium-Kollektion gehören ein weicher, samtiger Cabernet-Merlot-Verschnitt und ein weicher, konzentrierter Merlot. Der gute Cabernet Franc findet Verwendung in Verschnitten und im zweiten Sortiment *De Leuwen Jagt*. Weinmacher ist Nicholaas Rust.

DE MEYE

Jan und Philip Myburghs 60 Hektar umfassendes Rotwein-Gut, das Zulieferer für Stellenbosch Farmers' Winery ist, hat einen neuen Weinkeller mit einer Verarbeitungskapazität von 200 Tonnen. Hier werden ein fassvergorener, fruchtiger Cabernet, ein rauchiger Shiraz und ein Pinotage produziert. Marcus Milner stellt jährlich etwa 10000 Kisten her.

DE VILLIERS

Die Familie De Villiers begann 1996 damit, auf dem Gut Nantes eigenen Wein abzufüllen. Etwa 25000 Kisten Wein werden von Dominique Waso hergestellt. Die Rotweine (Merlot, Cabernet, Pinotage) sind leicht und fruchtig, wobei der Merlot der reichhaltigste der Weine ist. Die 180 Hektar Rebfläche sind ferner mit Chardonnay, Sauvignon Blanc und Chenin bepflanzt.

DE ZOETE INVAL

Exzentrik ist der Ausdruck, der das Gut am Berg River, das seit dem 19. Jahrhundert der Familie Frater gehört, und seine Besitzer am besten beschreibt. Patriarch Adrian und Sohn Gerard produzieren mit Unterstützung der übrigen Familie in erster Linie Landweine. Hauptsächlich wird auf den 65 Hektar Cabernet Sauvignon angebaut. Neu ist, dass nun einige alte Jahrgänge aus den 1970er und frühen 1980er Jahren angeboten werden.

DIAMANT

Die 45 Hektar, überwiegend mit Busch-Rebstöcken bepflanzt, bringen dem Besitzer Niels Malan rund 350 Tonnen Trauben, die einige hundert Kisten Wein ergeben. Der trockene Rotwein ist entweder ein Verschnitt, der unterschiedlich aus Cabernet Sauvignon, Merlot und Cabernet Franc besteht, oder ein einfacher Pinotage. Die preiswerten Weine, die alle in französischen Eichenfässern ausgebaut werden, besitzen ein schönes Fruchtaroma.

EAGLEVLEI

Die Geschäftsleute Steve und Jean Weir kauften 1996 den 50 Hektar umfassenden Besitz Eaglevlei. Etwa 12 Hektar Land wurden mit Cabernet Sauvignon und Pinotage bepflanzt. Die geplante Kellerei wird knapp 20 000 Kisten produzieren. Der beratende Weinmacher Etienne le Riche stellt einen erstaunlich guten klassischen Cabernet aus Trauben von Bottelary-Neuklonen und den Pinotage *Eaglet* her.

KLEIN SIMONSVLEI

Dieses Gut aus dem späten 18. Jahrhundert ist durch Neil Joubert und seinen Sohn Daan, der sich um die 250 Hektar Weinberge kümmert, wieder bekannt geworden. Die Weine werden zwar als Massenware verkauft oder exportiert, doch einige Premium-Rotweine, die unter dem Etikett *Neil Joubert* in geringen Mengen abgefüllt werden, sind wirklich beeindruckend. Der dichte, saftige, geschmeidige Cabernet Sauvignon ist der herausragende Wein des klassischen, in Eichenfässern ausgebauten Sortiments, das auch einen Merlot und einen Pinotage umfasst.

KWV

Nach langen Streitigkeiten mit Südafrikas demokratischer Regierung Mitte der 1990er Jahre ist der KWV (Kooperatiewe Wijnbouers Vereniging), der seit 1918 die staatliche Kontrollbehörde der Kapwein-Industrie war, nun zu einer privaten Firma geworden und hat seine Vollmachten abgetreten. Er stellt den Weinbauern zwar immer noch logistische und finanzielle Unterstützung zur Verfügung, baut aber nun eigene Weingüter und Kellereien auf. Der weitläufige Produktionskomplex in Paarl umfasst jetzt vier Kellereien, die der Produktion des Premium-Sortiments *Cathedral Cellar*, der Standard-KWV-Weine, des neuen Sortiments *Robert's Rock* und einer Reihe von preiswerten Weinen gewidmet sind. Der 1996 fertiggestellten hochmodernen Rotweinkellerei folgte eine Weißweinkellerei. Etwa 15 000 kleine Holzfässer aus neuem Eichenholz wurden angeschafft; sie sind für die Produktion erstklassiger Weine bestimmt, insbesondere für die *Cathedral-Cellar-Weine*, die bereits mehrere internationale Auszeichnungen erhalten haben und einen der besten Rotwein-Verschnitte des Landes (*Triptych*) umfassen, sowie für sortenreine Premium-Rotweine, die von Kellermeister Kosie Müller hergestellt werden. Nur die sehr guten Port- und Dessertweine sind vor Ort erhältlich.

LABORIE

Dieses Weingut wurde 1972 vom KWV gekauft und restauriert. Es bietet einige hervorragende Weine, die von Gideon Theron hergestellt werden, mit dem ausgeprägten Aroma reifer Frucht. Die Trauben stammen aus 50 Hektar Weinbergen, die überwiegend mit den Edel-Rebsorten Cabernet Sauvignon, Merlot, Pinot Noir, Chardonnay und Sauvignon Blanc bepflanzt sind sowie mit Pinotage. Der in Flaschen ausgebaute Cap Classique ist ein Juwel.

LANDSKROON

Weinmacher Paul de Villiers und sein Bruder Hugo sind die fünfte Generation, die Landskroon bewirtschaftet. Es verdankt seinen guten Ruf dem Vintage Portwein, der Aromen von Pflaumen und Gewürzen mit Süße und einem starken alkoholischen Biss vereint und aus einer Mischung traditioneller portugiesischer Rebsorten hergestellt wird. Die Rotweine, vom überaus geschmackvollen Pinotage, einem weichen Shiraz und einem eleganten Cabernet bis hin zu verschiedenen Rotwein-Verschnitten aus Cinsaut, Merlot und Cabernet Franc, weisen allesamt ein ausgesprochenes Kräuteraroma auf. Die 275 Hektar werden überwiegend mit roten Premium-Rebsorten neu bepflanzt.

MONT DESTIN

Der in Deutschland geborene und in der Provence ausgebildete Ernest Bürgin und seine Frau Samantha sind die Besitzer der kleinen Farm. Zusätzlich zu ihren Zitronen- und Clementinenplantagen haben sie am Simonsberg Rebstöcke angepflanzt. Angespornt durch ihren erfolgreichen Rotwein-Verschnitt *Passione*, den Stefan Dörst vom Weingut Laibach herstellte, haben sie noch weitere rote Rebsorten angepflanzt und planen nun einen eigenen Keller.

Das international berühmte und hochgelobte Sortiment der KWV-Weinkellerei, *Cathedral Cellar*, ist benannt nach dem imposanten großen Fasskeller der Gesellschaft.

PAARL

NELSON

Der Rechtsanwalt Alan Nelson aus Kapstadt kaufte seine 40 Hektar Rebland sowie weitere über 100 Hektar Farmland im Jahr 1988. Der Weinmacher Carl Alan produziert ziemlich gute Rotweine, insbesondere einen reichhaltigen Cabernet mit Aromen von Pflaumen und einer ausgeprägten Eichenholznote sowie einen eleganten, fassvergorenen Chardonnay. Der Cinsaut wird für den Verschnitt *Albenet* verwendet, einen nicht im Holz ausgebauten Alltagswein. Unter den Neupflanzungen ist auch ein wenig Sémillon. Die Weine erscheinen unter dem Etikett *Nelson's Creek*. Die Farmarbeiter produzieren ihre eigenen Weine unter dem Etikett *New Beginnings*.

PERDEBERG

Diese aus 50 Mitgliedern bestehende Weinkooperative ist am bekanntesten für ihren Chenin Blanc, einen vollmundigen Wein mit ausgeprägter Guajavanote und Nuancen von Gras. Weinmacher Kobus de Kock sind ebenfalls einige reichhaltige und fruchtige Rotweine aus Cabernet, Merlot und Pinotage gelungen. Die Kooperative verarbeitet etwa 15 000 Tonnen Traubengut aus über 2 000 Hektar Weinbergen.

PLAISIER DE MERLE

Ein Paradekeller, der der Welt das moderne, an Qualität und der neuen Welle orientierte Gesicht des Erzeugers und Großhändlers Stellenbosch Farmers' Winery zeigen soll.

Die 400 Hektar Land am Fuß des Simonsberges sind seit 1964 im Besitz des SFW. Der Keller ist ein architektonisches Meisterwerk und verbindet sich harmonisch mit dem historischen Kern des Besitzes. Die Lagen befinden sich in Höhen zwischen 140 m am Fluss bis hin zu 500 m an den Berghängen, wo die Böden aus Granit bestehen. Vier Rebsorten überwiegen: Sauvignon Blanc, Chardonnay, Cabernet Sauvignon und Merlot; hinzu kommen ein wenig Petit Verdot und Malbec, die für Verschnitte verwendet werden. Etwa 80 % der Trauben gehen an Stellenbosch Farmers' Winery; dort produziert Kellermeister Neil Bester einen sortenreinen Caber-

Das Weingut Plaisir de Merle war lange Zeit nur Zulieferer von Qualitätstrauben. Das eigene Etikett ist den besten Trauben aus der erstklassigen Lage auf der Paarl-Seite des schroffen Simonsberges vorbehalten.

net Sauvignon und einen Merlot mit typisch französischer Raffinesse und trockenen Tanninen, die das vollreife Fruchtaroma ausgleichen. Paul Pontallier vom Weingut Château Margaux fungiert als Weinberater. Die früheren Sauvignon Blancs, die in Eichenfässern vergoren und ausgebaut wurden, sind durch einen frischeren, fruchtigeren, lebendigeren Wein ohne Eichenholz ersetzt worden. Die teilweise in Holzfässern ausgebauten Chardonnays haben an Reichhaltigkeit gewonnen und doch ihre frische Eleganz bewahrt.

R & DE R FREDERICKSBURG

Dies ist ein Gemeinschaftsunternehmen zwischen dem Kap-Magnaten Anton Rupert und dem verstorbenen Baron Edmond de Rothschild, einem Spross der berühmten Bordeaux-Familie.

Die Kellerei besitzt eine Verarbeitungskapazität von 840 Tonnen und wird jetzt von den Söhnen Benjamin de Rothschild und Antonij Rupert geführt.

Zwar wurden die Weißweine des ersten Jahrgangs 1997 vom Markt genommen, weil die Qualität unzureichend war, doch der Cabernet und der Merlot desselben Jahrgangs, beide in kleinen Eichenfässern ausgebaut, weisen großes Potenzial auf. Das Premium-Sortiment wird das Etikett *R & de R* tragen, das zweite Label *Fredericksburg*. Etwa 70 Hektar der erstklassigen Simonsberghänge wurden mit roten Premium-Rebsorten und mit Chardonnay neu bepflanzt. Weinmacher Schalk-Willem Joubert wird von dem erfahrenen Jacques Borman vom Weingut La Motte (Antonij Ruperts anderer Weinfarm) angeleitet.

RHEBOKSKLOOF

Die Weinberge auf dieser 450 Hektar Land umfassenden kap-holländischen Farm, die Tafeltrauben und Oliven exportiert, wurden von dem Industriellen Keith Jenkins neu bepflanzt, seitdem er die Farm im Jahre 1994 gekauft hatte. Tochter Tracy und ihr Berater und Ehemann Adrian Thornycroft leiten das Weingut.

Die Rebstöcke, die auf 83 Hektar kühlen Ost- und Westhängen liegen, produzieren sehr gute Chardonnays: den vollmundigen *Grand Reserve* mit ausgeprägter Eichenholznote und den *Sur Lie*, der mehr Nuancen von Zitrone und Honig zeigt. Weinmacher Daniel Langenhoven ist schon gespannt auf die erst kürzlich angepflanzten Cabernet, Shiraz und Merlot.

RUITERSVLEI

Das Weingut Ruitersvlei wird geleitet von John Faurés drei jungen Töchtern. Zusammen mit der angrenzenden Farm Vrymansfontein besitzt das Gut 300 Hektar Weinberge. Bis 1995 wurde der Wein an Stellenbosch Farmers' Winery verkauft. Heute produziert Dominique Waso etwa 44 000 Kisten. Weiße Rebsorten werden durch Cabernet Sauvignon und Merlot ersetzt, wobei man ein Verhältnis von 60 % Rotwein zu 40 % Weißwein anstrebt. Ein Cabernet Reserve und ein Merlot Reserve weisen eine großartige Dichte von Geschmack, reifer Frucht und Tanninen auf.

SIMONSVLEI

Nachdem 1997 aus der Kooperative eine eigenständige Firma geworden war, kamen aus dieser Kellerei moderne, durchweg gut gemachte, preiswerte Weine mit hohem Exportanteil. Etwa 2 000 Hektar sind mit Rebstöcken bepflanzt, und die Produktion beläuft sich auf nahezu 300 000 Kisten. Philip Louw, der seit mehr als zehn Jahren Kellermeister ist, wird von Weinbauer Andrew Teubes unterstützt.

Der Weinimporteur und Vorsitzende des neuen Wine Trust, Michael Fridjhon, fungiert als Berater beim Premium-Sortiment *Hercules Paragon*, das einige Glanzstücke aus ausgewählten Weinbergen in Durbanville bietet: einen geschmacksintensiven Cabernet mit Nuancen von Beeren, Minze und Schokolade, einen komplexen, festen Merlot, einen reichhaltigen, cremigen Chardonnay mit Melonennote, und einen in Eiche vergorenen Sémillon. Der Shiraz ist weich, mit dem typisch rauchigen, pfeffrigen Charakter der Sorte. Das Label *Simonsvlei* ist unterteilt in Reserve- und Standard-Abfüllungen.

WINDMEUL

Die meisten Weine dieser Kooperative, die kürzlich in eine eigenständige Firma umgewandelt wurde, werden an lokale Großhändler und an Großhändler in Übersee verkauft. Doch Weinmacher Hein Koegelenberg füllt kleine Mengen sortenreiner Weine ab: den frisch-fruchtigen Chenin Blanc, einen altmodischen, saftigen Pinotage mit ausgeprägtem Fruchtaroma aus Trauben von alten Rebstöcken mit niedrigem Ertrag, und einen Cinsaut, der in amerikanischen Eichenfässern vergoren wurde und in dem der fruchtige Charme dieser kräftigen Sorte besonders gut zur Geltung kommt.

ZANDDRIFT

Das 30 Hektar Land umfassende Weingut wird von Riaan Marais geleitet und füllt Weine unter dem Etikett *Chapel Cellar* ab. Der in Holzfässern ausgebaute Chenin aus dem Sortiment *Capella Reserve* ist der charaktervollste Wein. Neu im Sortiment ist ein süßlicher Pinotage, der nicht in Holzfässern ausgebaut wurde, und ein Cabernet. Außerdem ist ein Cap-Classique-Schaumwein auf Chenin-Basis in Vorbereitung.

ZANDWIJK

Der Industrielle Mendel Kaplan kaufte die heruntergekommene Farm aus dem 17. Jahrhundert im Jahre 1983 und stellte Leon Mostert als Manager und Weinmacher ein. Etwa 14 Hektar Weinberge wurden angelegt, ein Hightech-Keller gebaut. Der auf dem Weingut Elsenberg ausgebildete Mostert produziert nahezu 10 000 Kisten koscheren Weins, hauptsächlich aus Cabernet, Merlot, Cabernet Franc, Malbec, Chardonnay, Sauvignon Blanc und Riesling. Die Weine werden bei hohen Temperaturen pasteurisiert und mit Zucker gesüßt.

FRANSCHHOEK

Das Franschhoek-Tal ist von den schneebedeckten Gipfeln des Wemmershoek-Berges, der Franschhoek-Bergkette und den Felswänden von Groot Drakenstein umgeben und wurde Ende des 17. Jahrhunderts von französischen Protestanten, den Hugenotten, besiedelt. Die hübsche Kleinstadt zeigt ihr französisches Erbe in feinen Restaurants, Delikatessen-, Antiquitäten- und Kunsthandwerkläden sowie Straßencafés. Auf beiden Seiten des Franschhoek Rivers finden sich die restaurierten kap-holländischen Gehöfte mit ihren Weinbergen.

Die klassischen Formgießereien auf dem Denkmal der französischen Hugenotten geben Zeugnis von der bedeutenden Rolle des Weinbaus in Franschhoek.

Die Weinfarmer bezeichnen sich selbst als »Vignerons de Franschhoek« und kümmern sich intensiv um die Werbung für das Tal und seine Weine. Dieses Gebiet galt lange als Produzent von nicht besonders charaktervollen Weißweinen; traditionell wurden hier nur die sandigen Böden des Tales bepflanzt. Jetzt werden zunehmend die mit Granit durchsetzten Böden an den Hängen kultiviert und einige sehr gute Rotweine produziert. Der Südostwind bietet die kühlen klimatischen Bedingungen, die besonders für die weißen Rebsorten wie Sauvignon Blanc, Chardonnay und das Markenzeichen des Tales, Sémillon, gut geeignet sind. Sogar der heikle Pinot Noir gedeiht in dem im Übrigen warmen Becken gut.

Aufgrund wissenschaftlicher Bodenanalysen werden nun geeignete Rebsorten gepflanzt. Hervorragende Weinmacher und engagierte Amateure gleichermaßen verwenden in ihren Kellereien ausgeklügelte Produktionsanlagen und arbeiten mit intelligenten Techniken der Weinbereitung, um das Beste herauszuholen, was das Tal zu bieten hat. Ihr Erfolg zieht auch weiterhin Neuankömmlinge an.

Es sind kleine Unternehmen, die aus höchstens 8 bis 15 Hektar Land zwischen 4 000 und 15 000 Kisten Wein produzieren. Auf vielen Gütern werden neben Wein auch noch die verschiedensten Obstsorten angebaut. Traditionell gehen die Weintrauben an die Kooperative Franschhoek Vineyards, doch mit dem boomenden Weinmarkt in den 1990er Jahren haben die Besitzer nun in eigene kleine Kellereien investiert, so dass viele interessante Labels entstanden sind.

FRANSCHHOEK

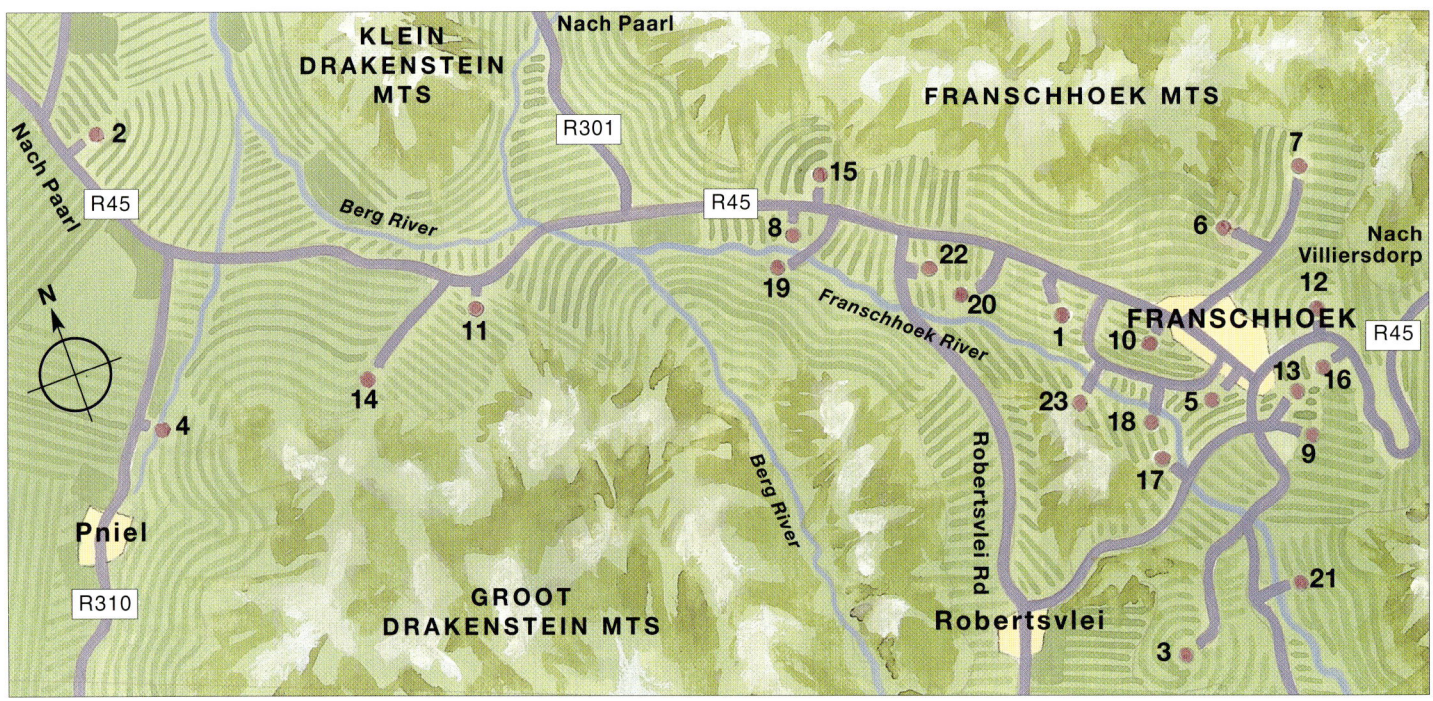

1. Agusta Wines
2. Ashwood
3. Boekenhoutskloof
4. Boschendal
5. Cabrière
6. Chamonix
7. Dieu Donné
8. Eikehof
9. Elephant Pass
10. Franschhoek Vineyards
11. Graham Beck Coastal
12. Haute Cabrière
13. Jean Daneel Wines
14. L'Ormarins
15. La Motte
16. La Petite Ferme
17. Landau du Val
18. Mont Rochelle
19. Môreson
20. Rickety Bridge
21. Stony Brook
22. TenFiftySix
23. Von Ortloff

SEITE 94: Die Rebstöcke auf Dieu Donné kommen in den vollen Genuss der Sonnenstrahlen und der kühlen Brisen an den Flanken des Franschhoek-Berges.

GRAHAM BECK COASTAL

EIGENTÜMER
Graham Beck

HAUPTWEINE
Cabernet Sauvignon, Pinotage, Sauvignon Blanc (neue Labels für Sortenweine und Verschnitte sind noch zu benennen)

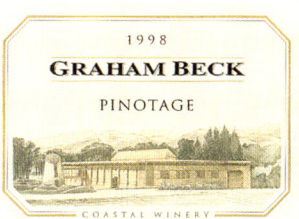

Der Name Bellingham war über Jahrzehnte berühmt als Weinbrand von gleich bleibender Qualität.

Als der Kohle-Magnat, Pferdezüchter und Besitzer der Robertson-Weinkellerei Graham Beck 1990 das Gut Bellingham durch den Kauf von Anteilen am neuen Produzenten und Großhändler Douglas Green Bellingham (DGB) erwarb, versprach er eine Renaissance der Weinqualität. Beck ist nun alleiniger Besitzer, und die Weine werden unter dem Label *Graham Beck Coastal* verkauft. DGB behält die Rechte am Weinbrand-Markennamen Bellingham, damit dieser auch aus Trauben von anderen Quellen hergestellt werden kann. Das DGB-Sortiment, das seit kurzem auch das Premium-Etikett *Spitz* und ein Standard-Sortiment aus guten, soliden sortenreinen Weinen und Rot- und Weißwein-Verschnitten umfasst, wird immer weiter vervollständigt.

Die neuen Produktionsanlagen zur Gärung und zum Fassausbau von Rotweinen wurden fertig gestellt – die Design-Elemente erinnern an das alte Hospice de Beaune in Burgund – und besitzen nun eine Verarbeitungskapazität von 1500 Tonnen. Der alte Weißweinkeller wurde ebenfalls auf 1500 Tonnen erweitert und neu ausgestattet. Das weist auf das Ziel hin, die 130 Hektar umfassende Farm in den nächsten Jahren zu gleichen Teilen mit roten und weißen Rebsorten zu bepflanzen. Erst kürzlich wurden 25 Hektar alte Bukettrauben-Rebstöcke auf dem Bellingham-Berg herausgerissen, um Platz für klassische Rotweinsorten zu schaffen.

Der junge Weinmacher Charles Hopkins wird in Zukunft zwei weitere Weingüter in der für ihre Rotweine berühmten Firgrove-Helderberg-Gegend betreuen, die Beck hinzugekauft hat. Trauben werden auch aus dem Devon Valley hinzugekauft, das reich an roten Rebsorten ist, und die Trauben für die Weißweine stammen von den Weingütern Darling, Somerset West und anderen. Hopkins hat sein Talent nicht zuletzt mit der jüngsten Kollektion von Rotweinen bewiesen, die bis vor kurzem noch als *Bellingham-Spitz*-Weine liefen.

Von allen sortenreinen, separat vinifizierten Lagenweinen wird der Pinotage als einer der besten Weine am Kap angesehen. Der 1998er Jahrgang, der unter dem neuen Etikett *Graham Beck Coastal* vertrieben wird, knüpft an die Erfolge seiner »Spitz-Vorläufer« an und wurde wieder unter die besten zehn Pinotages des Jahres gewählt. Er wird aus alten Bellingham-Rebstöcken hergestellt und ist dennoch unverkennbar ein Wein der Neuen Welt mit einem reichen, süßen Fruchtaroma und einer würzigen Note von neuem französischem und amerikanischem Holz.

Der dichte Cabernet wird ebenfalls aus Trauben von voll entwickelten Rebstöcken hergestellt. Der Shiraz ist mit seiner Süße und der Würze aus überwiegend amerikanischem Eichenholz ein wirklich toller Wein.

Und dann ist da noch Hopkins' »Baby«: ein geschmacksintensiver Cabernet Franc mit Nuancen von Blättern und Minze, zu dem er 1992 bei einem Besuch in Saint-Émilion inspiriert wurde. Als sortenreiner Wein ist der Cabernet Franc am Kap eine Seltenheit, obwohl er in einzelnen Fällen schon für große Aufregung gesorgt hat (beispielsweise bei Cordoba und Warwick).

Charles Hopkins (**RECHTS OBEN**) ist Weinmacher auf dem Weingut Graham Beck Coastal und freut sich über die ultramodernen Produktionsanlagen des historischen Gutes Bellingham (**DARUNTER**).

BOEKENHOUTS-KLOOF

EIGENTÜMER
Newcom Investments

HAUPTWEINE
Boekenhoutskloof Shiraz, Cabernet Sauvignon, Sémillon; Porcupine Ridge Cabernet Sauvignon, Merlot, Sauvignon Blanc, Chenin Blanc

Dieser Newcomer im Franschhoek-Tal gehört dem Weingroßhändler Tim Rands von Vinimark und seinen Freunden, darunter die Spitzen-Werbeleute Reg Lascaris und John Hunt. In dem kleinen, einfachen und dennoch effizienten Keller mit einer Verarbeitungskapazität von 160 Tonnen herrscht der junge Marc Kent, der nach seiner Ausbildung auf dem Weingut Elsenburg und nach der Arbeit unter Jacques Borman vom Weingut La Motte nun seine erste Anstellung als Weinmacher hat.

Er produziert einen Shiraz (oder Syrah), der bis jetzt der schwer erfassbaren Rhône-Kombination aus intensivem Fruchtaroma und trockenen Tanninen, Süße und pfeffriger Würze, Weichheit und Wildheit am nächsten kommt.

Sein Cabernet besitzt ein reines, reifes Fruchtaroma, der für die Sorte typische Ausdruck kommt wunderbar zur Geltung. Er ist unfiltriert und wird in kleinen französischen Eichenfässern ausgebaut.

Und in einem Gebiet, das von sich behauptete, dass Sémillon »seine« Sorte sei, ragt der *Boekenhoutskloof* als eleganter, weicher Wein heraus. Kent presst die Trauben samt Stiel, unterstützt die malolaktische Gärung, und anschließend werden die Weine in einem speziellen Kühlraum fassvergoren und in neuen Eichenholzfässern aus Burgund ausgebaut. Der Name *Boekenhoutskloof* ist für das Premium-Sortiment reserviert.

Marc Kents köstlicher Merlot sollte sich schon bald zum ersten Sortiment gesellen, doch gegenwärtig leistet er unter dem Zweitetikett *Porcupine Ridge* noch einem Cabernet Sauvignon, einem Sauvignon Blanc und einem Chenin Blanc mit leichter Eichenholznote Gesellschaft.

Über die Bergkette hinter dem Gut kommen die Südostwinde im Sommer und kühlen die Hänge, deren Böden teilweise aus zersetztem Granit bestehen. Neue und virusresistente Klone von Cabernet Sauvignon, Cabernet Franc, Shiraz, Merlot, Sauvignon Blanc und Sémillon wurden auf einer Fläche von knapp über 10 Hektar gepflanzt. Zu gegebener Zeit wird die Rebfläche auf über 20 Hektar erweitert werden.

Während diese jungen Rebstöcke reifen, werden Trauben aus anderen Quellen hinzugekauft: Shiraz aus Somerset West, Merlot aus der sich entwickelnden neuen Rotwein-Gegend um Malmesbury und Cabernet und Sémillon aus Franschhoek.

Auf diesem abgeschiedenen Besitz mit seinem bezaubernden restaurierten Gutshaus (RECHTS) aus dem 18. Jahrhundert füllt Weinmacher Marc Kent (OBEN) vom Weingut Boekenhoutskloof einen großartigen Shiraz, Merlot und Sémillon ab.

BOSCHENDAL

EIGENTÜMER
(Anglo American's) Amwines

HAUPTWEINE
Shiraz, Merlot, Lanoy, Chardonnay, Sauvignon Blanc, Chenin Blanc, Riesling, Premier Cuvée Brut, Blanc de Noir, Blanc de Blanc, Grand Vin Blanc, Le Bouquet, Boschendal Brut, Vin d'Or ; Pavillon Rouge, Pavillon Blanc, Le Grand Pavillon Blanc de Blancs; Jean le Long Sortenweine (die Auswahl variiert)

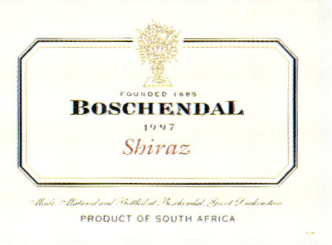

Boschendal ist eines der perfekten kap-holländischen Bilderbuchgüter. Das strohgedeckte, weiß getünchte Gehöft liegt in einem Meer von Rebstöcken vor dem dramatischen Hintergrund des Berggipfels Groot Drakenstein. Im Jahr 1645 wurde Boschendal erstmals an den französischen Hugenotten Jean le Long übereignet.

In den 1960er Jahren wurde das Gut dann von Anglo American übernommen, einer Bergwerksgesellschaft, die in andere Bereiche diversifizierte. Amfarms hat kürzlich den Obstanbau, den Molkereibetrieb und andere landwirtschaftliche Bereiche sowohl auf Boschendal als auch auf der Schwesterfarm Vergelegen aufgegeben, um sich als Amwines auf die Produktion von Weinen zu konzentrieren.

Ein Wiederbepflanzungsprogramm über einen Zeitraum von 15 Jahren startete bereits im Jahr 1989; die willkürlich ausgewählten weißen und die virusinfizierten roten Rebsorten wurden ersetzt. Zusätzliche frische Impulse bekommt das Programm von Geschäftsführer Gerrie Wagenaar und dem für die Weinberge verantwortlichen Spekkies van Breda.

Beim Programm »Boschendal 2000« liegt der Schwerpunkt auf Rotweinen in Spitzenqualität. Diese Weine sind das Aushängeschild bei den Bemühungen, den internationalen Weinmarkt zu erobern, obwohl man weiterhin überwiegend Weißweine herstellen wird. Chardonnay wird in beträchtlichem Umfang angebaut, und der neue Mix der Rebstöcke beinhaltet mehr Sauvignon Blanc auf den kühlen, hoch gelegenen, erstmals kultivierten Lagen am Groot Drakenstein und am Simonsberg.

Doch den Schwerpunkt der Neuerungen bilden die Rebsorten Shiraz, Cabernet Sauvignon und Merlot, auch Cabernet Franc und Pinot Noir. Etwa 60 Hektar der alten virusinfizierten Rebstöcke wurden 1998 herausgerissen und ersetzt, 1999 waren es 115 Hektar. Ebenfalls geplant sind weitere Pflanzungen von Pinot Noir und ein wenig Cabernet Franc.

»Die Idee ist, beide Farmen [Boschendal und Vergelegen] als ein Ganzes zu betrachten«, erklärt der neue Boschendal-Kellermeister JC Bekker. »Deshalb spezialisieren wir uns in Vergelegen zum Beispiel auf Sauvignon Blanc, während hier der Shiraz besonders gut ist.« Das ist auch der Merlot – ein großer, komplexer Wein.

Gegenwärtig beträgt die jährliche Produktion 200 000 Kisten und hat sich somit in vier Jahren vervierfacht. »Und wir haben immer noch Platz«, sagt der Kellermeister und verweist auf den rund sechs Millionen Mark teuren Rotweinkeller, der rechtzeitig zum 1997er Jahrgang fertig gestellt worden ist. Nachdem Boschendal sich kürzlich als Weingut deregistrieren ließ, können hier auch hinzugekaufte Trauben verarbeitet werden.

Im Keller befinden sich nun 44 kegelförmige Edelstahltanks, von denen jeder ein Fassungsvermögen von 32 000 Litern besitzt. Die Tanks hängen von der Decke herab und jeder Tank hat sein eigenes Kontrollsystem für die Gärung bei unterschiedlichen sortenabhängigen Temperaturen.

Ungeachtet seiner Größe von insgesamt 500 Hektar ist Boschendal dennoch für die Produktion von Premium-Weinen in kleinen Mengen gerüstet. Gegenwärtig werden aus ein beziehungsweise zwei Parzellen nur 500 Kisten Shiraz und 1000 Kisten Merlot hergestellt. Alle Parzellen werden »separat gepflückt und vinifiziert, damit jeder Wein die für ihn optimal reife Frucht erhält«, erläutert Bekker.

Raymond Greyling, der für die Rotweine verantwortlich ist, erklärt, dass eine sanfte Behandlung der Weine die Grundvoraussetzung ist. Der Shiraz und der Pinot Noir werden in offenen Bottichen vergoren und der Schalenhut wird manuell untergetaucht. Boschendals neue, sortenreine Rotweine, zu denen wahrscheinlich schon bald ein Cabernet gehören wird, waren zwar schon immer elegant, doch nun legen sie eine neue, weiche Fruchtigkeit an den Tag. Aushängeschild wird ein noch unbenannter Rotwein-Verschnitt sein, der aus Merlot und Cabernet Franc, womöglich auch aus Cabernet Sauvignon hergestellt wird und das Potenzial für einen außergewöhnlichen Wein hat.

Unter den Weißweinen entwickelt sich der frische Sauvignon Blanc mit seinen Nuancen von Kräutern ausgezeichnet in der Flasche, während die neuen Chardonnays zwar weniger Körper haben, dafür aber eine köstliche Holznote besitzen, wodurch sie frischer und leichter wirken. Die beiden fassvergorenen Schaumweine sind durchweg gut.

LINKE SEITE: Boschendals kap-holländisches Herrenhaus, das heute ein Museum ist, hat einen Giebel aus barocken und neoklassizistischen Elementen. Die Weinmacher JC Bekker und Raymond Greyling (RECHTS) produzieren besonders geschmackvolle Rotweine.

CABRIÈRE/HAUTE CABRIÈRE

EIGENTÜMER
Achim von Arnim

HAUPTWEINE
Pierre Jourdan Blanc de Blancs, Brut Sauvage, Cuvée Brut, Cuvée Reserve Cuvée Belle Rose, Petit Pierre Ratafia, Fine de Jourdan; Haute Cabrière Pinot Noir, Chardonnay-Pinot Noir

Achim von Arnim strebte immer schon danach, auf seiner Domäne, die er 1984 gekauft hatte, Champagner zu produzieren. Heute, wo er zusätzlich noch Haute Cabrière besitzt, hat er insgesamt 25 Hektar Rebstöcke, aus denen er etwa 25 000 Kisten produziert. Der Cabrière-Keller, der sich in der Stadt befindet, ist ganz auf die Produktion nach der *méthode champenoise* ausgerichtet.

Das Etikett *Pierre Jourdan* (benannt nach dem französischen Hugenotten, der Cabrière 1694 gründete) umfasst ein ganzes Sortiment an Schaumweinen, die nach der *méthode champenoise* in verschiedenen Stilen hergestellt wurden, vom »Austern-trockenen« *Brut Sauvage* (ohne Dosage) und dem helleren *Blanc de Blancs* (der am höchsten bewertet wird) bis hin zum reichhaltigen und dennoch immer eleganten *Cuvée Brut* (am beliebtesten) und dem rosafarbenen, reinen *Pinot Noir Belle Rose* (ein köstliches fruchtiges Getränk).

Diese Weine sind einzigartig unter den Cap Classiques: Im Allgemeinen schneiden sie bei Blindverkostungen nicht gut ab, da sie vielen »Weinkennern« zu trocken und ein wenig zu hart sind und es ihnen – ihrer Meinung nach – an Charakter und Entwicklung fehle. Doch die Weine sind schnell ausverkauft.

Die *Cuvée Brut*, die ausschließlich auf der Farm verkauft wird und die mindestens vier Jahre vor dem Degorgieren auf dem Hefesatz ausgebaut wird, zeigt den Vorteil einer langen Reifung: ein Wein, voll im Mund, überschwänglich hefig und nicht ganz so rassig.

Von Arnim folgte abermals der Champagner-Tradition, als er überschüssige Weine für seinen *Ratafia* verwendete, einen süßen Chardonnay, der durch gebrannten Chardonnay-Stillwein alkoholverstärkt wurde. Der *Fine* ist ähnlich: Er wird aus Chardonnay gebrannt und in Holzfässern aus Limousin-Eiche ausgebaut – ein starker Digestif. Er war der erste »estate«-Brandy am Kap, der in den frühen 1990er Jahren nach der Aufhebung des Verbots der privaten »Heim-Brennereien« hergestellt wurde.

Dieser individualistische Weinbauer zeigte auch beim Pinot Noir den Weg auf. Als der Wein zum erstenmal 1994 zum Verkauf freigegeben wurde, entlockte der Haute-Cabrière-Stil dieses geschmacksintensiven, schokoladigen, vollmundigen Weines mit seinem reinen Erdbeeraroma Kritikern und Weinliebhabern gleichermaßen überschwängliche Kritiken. Neue Burgunderklone, die auf Burgunderart dicht nebeneinander auf dem 10 Hektar großen Weinberg unterhalb des Franschhoek-Passes gepflanzt wurden, ließen die anderen Pinotages, geprägt durch pflanzliche und pilzige Aromen und größtenteils aus den Schweizer Champagnerklonen BK5 hergestellt, schlecht aussehen. Die Weine der nachfolgenden Jahrgänge schwankten zwischen ziemlich einfachen süffigen Weinen wie »kühle Erdbeer-Drinks« und dem viel versprechenden reinen, dichten Fruchtaroma mit einem süßen, würzigen Beigeschmack.

Von Arnim hat aber auch bewiesen, dass er Geschäftssinn besitzt, und zwar mit seinem Bestseller, einem Chardonnay-Pinot-Verschnitt, einem halbtrockenen Stillwein mit dem satten Himbeeraroma des Pinot und der zitrusartigen Frische des Chardonnay.

LA MOTTE

EIGENTÜMER
Hanneli Rupert

HAUPTWEINE
Millennium, Shiraz, Cabernet, Chardonnay, Blanc Fumé, Sauvignon Blanc

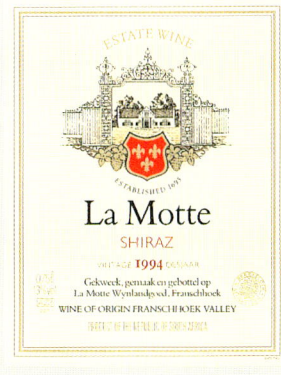

LINKS: Ein dreistöckiger Keller liegt hinter der blumenbedeckten Fassade der Weinkellerei Haute Cabrière, wo Winzer Achim von Arnim (**OBEN**) einen eleganten Pinot Noir herstellt.

La Motte gehört heute Hanneli Rupert, einer international berühmten Mezzosopranistin und Tochter des Industriellen Anton Rupert, der 1970 das Gut erwarb.

Das alte kap-holländische Gehöft, der Original-Keller und die noch funktionierende Wassermühle wurden mit penibler Sorgfalt restauriert. Die Weinkellerei wurde durch einen Press-Keller ergänzt, als Weinmacher Jacques Borman 1984 an Bord kam.

Borman ist zweifellos ein Mann der Rotweine. Zusammen mit Weinbauer Pietie le Roux war er einer der Ersten, die die klassischen roten Rebsorten auf bisherigen Weißweingütern anbauten: Cabernet Sauvignon, Merlot, Cabernet Franc und Shiraz. Der Shiraz ist sein Metier, obwohl damit nur anderthalb Hektar Rebfläche bepflanzt sind. Der Wein ist durchweg reich an Fruchtaromen, von großer Komplexität und Dichte und dennoch immer elegant: Er besitzt jene würzige Pfeffrigkeit, die viele bei dieser Rhône-Sorte erwarten. Borman verwendet zum Ausbau eine Kombination aus neuen und alten französischen und amerikanischen Eichenfässern.

Seine zweite Liebe gilt dem Verschneiden. Besonders angetan hat es ihm der *Millennium*, ein Verschnitt im Bordeaux-Stil aus Cabernet Sauvignon, Merlot und einer Spur Cabernet Franc. Auch das ist ein eleganter Wein mit festem Fruchtaroma: »Wir wollten zwar einen klassischen Wein im Bordeaux-Stil herstellen, doch mit südafrikanischer Tradition. Wir suchten nach einem weichen Rotwein von Weltklasse, trinkreif in der Jugend, aber mit Alterungspotenzial, von dem wir hofften, dass er diese Eigenschaften gut mit ins nächste Jahrhundert nehmen würde.«

Der reine Cabernet ist ein festerer, strukturierterer Wein, der von mehreren Jahren Ausbau in der Flasche profitiert. Ein weiteres Eisen in diesem frankophilen Feuer ist der Chardonnay, ein Schwergewicht und nur in kleinen Mengen unter dem Etikett *La Motte* abgefüllt. Und während der Sauvignon Blanc ziemlich alltäglich ist, profitiert der vollmundigere Blanc Fumé davon, dass er längere Zeit auf dem Hefesatz und in der Flasche ausgebaut wurde.

Jacques Bormans Verbindung zu Frankreich sind Erfahrungen aus erster Hand: Mitarbeit auf den Weingütern Château Lafite, Latour und Margaux, eine beratende Zusammenarbeit mit dem berühmten französischen Weinmacher Michel Roland auf dem nahe gelegenen Gut R & de R Fredericksburg und nun eine Vereinbarung auf Gegenseitigkeit mit der Familie Coursodon in St. Joseph, einem aufgehenden Stern im nördlichen Rhône-Gebiet, wo Bormans Assistent Lukas Wentzel kürzlich das Handwerk der Shiraz-Weinbereitung erlernte.

Die Farm besitzt über 100 Hektar Rebstöcke, die entlang der Hauptstraße gelegen sind, die das Tal in zwei Hälften teilt und die sich die Hänge des Franschhoek-Berges hochziehen. Nur die besten Weine von La Motte, etwa 15 000 Kisten, werden unter eigenem Etikett vertrieben. Der Rest wird entweder als Trauben oder als Wein verkauft.

AGUSTA WINES

Der italienische Autorennfahrer Riccardo Agusta hat die beiden historischen Franschhoek-Besitztümer La Provence und Haute Provence nach 150 Jahren wieder vereinigt. Die Heimat des Premium-Weines *Count Agusta* und des Zweitetiketts *La Provence* ist ein schicker neuer Keller. Die jährliche Produktion beträgt 250 bis 600 Tonnen Trauben aus etwa 25 Hektar eigener Weinberge und eingekauften Trauben in Spitzenqualität, die größtenteils aus Stellenbosch stammen. Jean-Luc Sweerts tritt nun in die Fußstapfen des verstorbenen Weinmachers John Goschen. Vermutlich wird es unter seiner Leitung einen Schwenk in Richtung elegantere Weine geben. Den leicht süßen Verschnitt *Angels' Tears* aus Chenin und Muscat d'Alexandrie, einen Bestseller, gibt es immer noch, und ein Chardonnay-Schaumwein ist hinzugekommen.

ASHWOOD

Dies ist ein aufstrebender Großhändler und Weinproduzent, der jährlich etwa 200 000 Kisten Wein bewegt und sowohl Wein für lokale Erzeuger und den Einzelhandel (zum Beispiel Woolworths) als auch sein eigenes Sortiment abfüllt. Die Weine werden von dem neuseeländischen »fliegenden Weinmacher« Clive Hartnell in der neuen Ashwood-Weinkellerei in Simondium und in verschiedenen Kellern in Worcester hergestellt, von wo auch größtenteils die Trauben stammen.

SEITE 103 OBEN: Der Weinmacher Jacques Borman vom Weingut La Motte ist Shiraz-Experte.
RECHTS: Ein moderner Keller hat auf La Motte den historischen alten Keller ersetzt, und das kap-holländische Landhaus ist nun das Zuhause der neuen Besitzerin, der Opernsängerin Hanneli Rupert.

Das Sortiment *Cape Colours* ist eher durchschnittlich und umfasst sortenreine Weine wie Pinotage, Chenin, Sauvignon und Chardonnay. Unter den Weinen, die unter dem Etikett *Michael Paul* abgefüllt werden, sind auch ein Chenin und ein Merlot aus Frankreich. Das Sortiment *Le Parfait* enthält einige süffige Verschnitte. Rob Meihuizen leitet das Weingut Ashwood für eine Reihe von Geschäftspartnern.

CHAMONIX

Besitzer der 40 Hektar hoch gelegener Weinberge von Chamonix ist Chris Hellinger. Hier hat sich der auf dem Weingut Geisenheim ausgebildete Weinmacher Peter Arnold seit seinem Erstlingsjahrgang 1992 einen Namen gemacht mit einem soliden Cabernet und kräftigen, in Holz ausgebauten Chardonnays mit einer ausgeprägten Note von geröstetem Eichenholz. Sein in Holzfässern gereifter Sauvignon Blanc ist eine der erfolgreicheren Kap-Versionen. Doch ausschlaggebend werden schon bald die roten Rebsorten einschließlich Cabernet, Pinotage und Pinot Noir sein.

DIEU DONNÉ

Sogar noch höher als Chamonix liegt Dieu Donné, ein weiteres traditionelles Weißweingut, das nun auf Rotweine umstellt. Diesen Wechsel veranlasst die Familie Maingard, die bereits Neupflanzungen von Cabernet, Merlot, Pinotage und Shiraz auf Normandie und La Cotte vorgenommen hatte. Die jährliche Produktion wird sich von 10 000 auf etwa 40 000 Kisten erhöhen. Weinmacher ist Stefan du Toit, ein viel gereister Cape Wine Master, der sein Diplom erst kürzlich erworben hat. Dieu Donnés junge Rotweine sind von mittlerem Körper und ziemlich tanninhaltig; der Cabernet ist der beste.

EIKEHOF

Die Familie Malherbe hatte die Trauben an andere Weinkellereien verkauft, bis Sohn François sich dazu entschloss, ein wenig Sémillon aus den Trauben von fast 100 Jahre alten Busch-Rebstöcken selbst abzufüllen. Sowohl der normale Sémillon als auch die spezielle Abfüllung aus Busch-Rebstöcken sind zukunftsträchtig. Letztere ist reich an Aromen reifer tropischer Früchte und ist ein gewichtiger Wein mit großem Alterungspotenzial. Der normale Sémillon ist leichter, frischer und früher trinkreif; er enthält Trauben von neuen, auf Spalieren gezogenen Rebstöcken. Aus insgesamt 35 Hektar kommen auch ein fruchtiger, buttriger Chardonnay und ein großartiger Cabernet, dessen Bouquet stark an schwarze Johannisbeeren, Brombeeren, Schokolade und die Minzenote der Neuklone erinnert. Schließlich sind ein junger Merlot und ein Shiraz neu hinzugekommen.

ELEPHANT PASS

Der pensionierte Geschäftsmann Peter Wrighton konnte den Spitzen-Weinmacher Jean Daneel, der früher auf Morgenhof arbeitete, dafür gewinnen, die Weinproduktion auf seinem restaurierten Besitz Oude Kelder zu übernehmen. Die knapp 8 Hektar sind mit Cabernet Sauvignon, Merlot, Chardonnay, Sauvignon Blanc und Chenin Blanc neu bepflanzt. Um die Weinberge kümmert sich Krige Siebrits. Der Sauvignon Blanc ist ein köstlicher, abgerundeter, weicher Wein; der Chardonnay wird sorgfältig ausgebaut, während der Chenin sich noch in der »Experimentierphase« befindet. Die beiden in Eichenfässern ausgebauten Rotweine sind sehr viel versprechend.

FRANSCHHOEK VINEYARDS

Obwohl in den letzten 10 Jahren immer mehr Weinbauern ihre eigenen Kellereien gebaut haben, hat die 1945 gegründete Kooperative Franschhoek Vineyards immer noch 100 Mitglieder und produziert etwa 100 000 Kisten Wein. Die Weinmacher Deon Truter und Driaan van der Merwe führten einige ernst zu nehmende fassvergorene Weißweine ein, die unter dem Etikett *Franschhoek Vineyards* abgefüllt werden. Dann gibt es noch das langjährige Sortiment *La Cotte* mit vielen der Edelsorten, die jeder im Tal anbaut.

Die Weinberge von Dieu Donné über dem heißen Franschhoek-Talbecken.

JEAN DANEEL WINES

Jean Daneel, der dabei half, Buitenverwachting und Morgenhof bekannt zu machen, hat sich mit dem früheren Morgenhof-Besitzer und jetzigen Besitzer von Guldenheuvel, Gert Probe, zusammengetan. Die brandneuen ungenutzten Pferdeställe wurden zum Keller umfunktioniert, wo Daneel kleine Mengen Sauvignon Blanc, Chenin Blanc und den Cabernet-Merlot-Verschnitt *JD* produziert.

LANDAU DU VAL

Das restaurierte historische Gut La Brie gehört dem früheren Toyota-Chef Basil Landau. Die 14 Hektar Rebland sind u. a. mit Sauvignon Blanc und 80 Jahre alten Sémillon-Stöcken bepflanzt.

Der Sauvignon Blanc ist ein frischer, grasiger Wein mit Aromen von Stachelbeeren, der Sémillon ein wunderbar reichhaltiger, fruchtiger, besonders weicher Wein mit Nuancen von Karamellbonbons. Etwa 500 Kisten Wein werden von Jean-Luc Sweerts in der benachbarten Weinkellerei Agusta hergestellt.

LA PETITE FERME

Ungefähr 2 000 Kisten ausgezeichneter Wein werden aus den Trauben von knapp 8 Hektar Rebfläche an den Berghängen dieses Obst- und Weingutes hergestellt. Dazu gehört auch ein feines Restaurant. Mark Dendy-Youngs preisgekrönte Sauvignon Blancs stammen von einem Weinberg, der 3 Tonnen Trauben pro Hektar Rebstöcke hervorbringt.

Der Chardonnay ist reichhaltig und dennoch frisch und wird im Burgunderstil fassvergoren und auf dem von Zeit zu Zeit aufgeschlagenen Hefesatz ausgebaut.

Der Merlot ist ein besonders reichhaltiger, konzentrierter Wein mit dem Aroma von Pflaumen. Ein »experimenteller« neuer Shiraz weist eine schöne Kombination aus Fruchtigkeit, Pfeffer und süßem, würzigem Eichenholz mit etwas Tannin auf.

L'ORMARINS

L'Ormarins ist eine weitere Investition des Industriellen Anton Rupert. Besitzer und Manager ist sein Sohn Antonij. Die Rotweine können sehr gut sein, insbesondere der Cabernet Shiraz *Maison du Roi*. Das Aushängeschild ist der Verschnitt *Optima* aus Merlot und Cabernet, ein in der Regel wunderbar reicher, weicher Wein, der von einigen Jahren Reifung in der Flasche profitiert, bevor er zum Verkauf freigegeben wird.

Unter den klassischen sortenreinen Weißweinen kann der köstliche halbtrockene Riesling ein Star sein. Einer der wenigen Late-Bottled-Vintage-Portweine am Kap wird aus den traditionellen portugiesischen Rebsorten Souzão und Touriga Naçional hergestellt, die auf den 200 Hektar Land am Fuße des Groot Drakensteins gedeihen. Wrensch Roux ist der Weinmacher.

MONT ROCHELLE

Besitzer dieser Farm ist der frühere Werbemann Graham de Villiers. Neuer Weinmacher in der 12 000-Kisten-Kellerei ist Justin Hoy. Die 10 Hektar neu terrassierter Weinberge an den Hängen des Dasberges bringen einige großartige reife, fruchtige Chardonnays mit einer ausgeprägten Eichenholznote und einen großen, geschmackvollen Cabernet Sauvignon hervor. Beeindruckend ist der von Hand gepresste, unfiltrierte Merlot.

MÔRESON

Dieses Gut wurde im Jahr 1986 von den in Johannesburg lebenden Eltern des jetzigen Besitzers Richard Friedman spontan bei einer Auktion gekauft. Zu Zitrusbäumen und Chenin Blanc kamen schon bald Sauvignon Blanc, Chardonnay, Riesling und Sémillon hinzu. Bis 1994 wurden die Weine unter dem Etikett *Matin Soleil* (französisch für »Môreson« oder »Morgensonne«) in der lokalen Weinkooperative hergestellt, dann versuchte Richard sein Geschick in dem neuen Keller zu beweisen. Er hatte mit einem Chenin und einem Chardonnay – Letzterer ist immer noch köstlich – so großen Erfolg, dass Weinmacher Pierre Wahl eingestellt werden konnte.

Doch erst die jüngeren Rotweine haben das Weingut wirklich bekannt gemacht, insbesondere der Cabernet und der Merlot. Der Pinotage ist ebenfalls gut, und beim Shiraz lohnt es sich, ihn im Auge zu behalten.

RICKETY BRIDGE

Dieses Gut aus dem 18. Jahrhundert hat durch seine neuen Besitzer Alan und Celia Tonkin ein modernes Hightech-Gesicht bekommen, vor allem der Keller mit einer Verarbeitungskapazität von 300 Tonnen und ein 400 Fässer fassender unterirdischer Reifekeller. Weinmacher Boela Gerber hat die Trauben aus 25 Hektar Rebstöcken – zwei Drittel rote, ein Drittel weiße Premium-Rebsorten – zu erstklassigen Weinen verarbeitet. Das Sortiment *Classic Selection* umfasst nicht nur Weißweine für jeden Tag, sondern auch einen neuen sortenreinen Malbec, eine Seltenheit am Kap. Zum Sortiment *Premium Selection* gehören Weiß- und Rotweine mit und ohne Eichenholznote, darunter ein sehr guter Merlot, ein preisgekrönter würziger Shiraz und ein Cabernet. Unter dem Etikett *Reserve Collection* werden nur Weine abgefüllt, die aus Parzellen mit den besten Trauben des Weinguts stammen. Ein solcher Wein ist der *Paulinas Reserve*, ein Cabernet von wunderbarer Tiefe und Konzentration.

STONY BROOK

Dies ist die neue Domäne des autodidaktischen Weinmachers Nigel McNaught, eines früheren Arztes und seiner Frau Joy, einer Lehrerin. Auf dem historischen Weingut Rickety Bridge hatte Nigel 1988 mit seinen Erstlings-Cabernets einen ziemlichen Wirbel verursacht.

Seine Weine sind wirklich individualistisch, kräftig und mit einem hohen Alkoholgehalt. Der fassvergorene Sémillon aus den Trauben von 70 Jahre alten Rebstöcken ist ebenso hervorragend wie der Chardonnay, ein schöner Wein mit Zitronenaroma, ebenfalls in Holzfässern vergoren. Die Rotweine – Cabernet, Shiraz und Pinotage – sind voller Körper und ein wenig rustikal.

TENFIFTYSIX

Watervliet erhielt bei einer Zählung die Zahl 1056 – daher der etwas eigenartige Name des Gutes. 1989 wurde es von dem in der Grundstückserschließung tätigen Obstfarmer Michael Falkson erworben. Vier Jahre nachdem er einen kleinen Weinberg mit Cabernet bepflanzt hatte, entschloss er sich, seinen Wein selbst abzufüllen. Nun besitzt er einen kleinen, kompakten

Ein-Mann-Keller hinter seinem Haus, in dem er höchstpersönlich den Wein herstellt und abfüllt, insgesamt etwa 3 000 Kisten Sauvignon Blanc, Blanc Fumé, Chardonnay und einen Cabernet mit einem sehr reifen Fruchtaroma und festen Tanninen, der noch einige Zeit in der Flasche reifen muss.

VON ORTLOFF

In den letzten fünf Jahren haben Georg Schlichtmann, der frühere BMW-Personalchef, und seine Frau Evi, eine Architektin, die 15 Hektar Weinberge auf Gut Dassenberg nach einer eingehenden Analyse der ziemlich reichen Böden am Dasberg sorgfältig mit Sauvignon Blanc, Chardonnay, Cabernet Sauvignon und Merlot bepflanzt. Der Keller hat eine Verarbeitungskapazität von 200 Tonnen; produziert werden jährlich zwischen 3 000 und 5 000 Kisten Wein. Der größte Teil wird nach Deutschland und nach Großbritannien exportiert. Jacques Borman vom Weingut La Motte ist beratend tätig. Die Weine sind elegant, wobei der Cabernet-Merlot-Verschnitt und der Chardonnay die besten Weine sind.

Der Weinanbau in Franschhoek reicht vom sandigen Talboden bis auf die umgebenden Berghänge, was auch eine Erhöhung der Weinqualität bedeutet.

WELLINGTON

Wie überall am Kap, so sehen auch hier die Weinmacher ihre Zukunft in den Rotweinen, und nun werden Premium-Rebsorten wie Cabernet Sauvignon, Merlot und Shiraz sowie Pinotage angepflanzt. Dies ist die direkte Folge der Nachfrage nach Rotweinen, und auch hier reagieren die Kooperativen, die sich lange Zeit der Produktion von unbedeutenden weißen Massenweinen gewidmet haben, auf den Bedarf des Marktes.

Das Gebiet besteht an den steileren Hängen des Groenberges und den Ausläufern der Hawequa- und Limiet-Bergketten, wo sich die kühlen Süd-, Südost- und Südwesthänge befinden, überwiegend aus gut entwässernden Schieferböden auf zersetztem Granit. Man hat gelernt, diese kühlen Gebiete in einem warmen Tal zu nutzen.

Wellington ist eine der frühen Kap-Ansiedlungen aus dem 17. Jahrhundert, und sowohl die Holländer als auch die französischen Hugenotten haben es stark beeinflusst.

Einige neue kleine, unabhängige Kellereien wie Claridge, Napier und Oude Wellington haben sehr gute Weine hervorgebracht. Entscheidend verbesserte sich der Ruf dieses zu Paarl gehörenden Bezirks durch die Gründung des Weinguts Linton Park. Cape Wine Cellars, seit 1994 ein Gemeinschaftsunternehmen aus der South African Dried Fruit Company (SAD), drei örtlichen Weinkooperativen (Wellington, Wamakersvallei und Bovlei) sowie der Boland-Kooperative in Paarl, macht ebenfalls gute Geschäfte mit dem Weinexport. Die Produktion hat sich von 1996 bis 1999 auf 600 000 Kisten Wein nahezu verdreifacht.

Die Weinbauern liefern ihre Trauben auch immer noch an den Großhändler Huguenot Wine Farmers, der preiswerte Weine, Dessertweine, Portweine, Muskatellerweine und Ähnliches produziert. Zu den Premium-Weinen und den kräftigen Weinen wie Cinsaut und Chenin gesellt sich nun eine Neuheit wie der Carignan aus Welgegund. Zwei der 50 Hektar sind dort mit 20 Jahre alten Carignan-Busch-Rebstöcken bepflanzt, die einen interessanten, pfeffrigen, würzigen Wein im Beaujolais-Stil hervorbringen, der einzige Wein dieser Art am Kap.

WELLINGTON

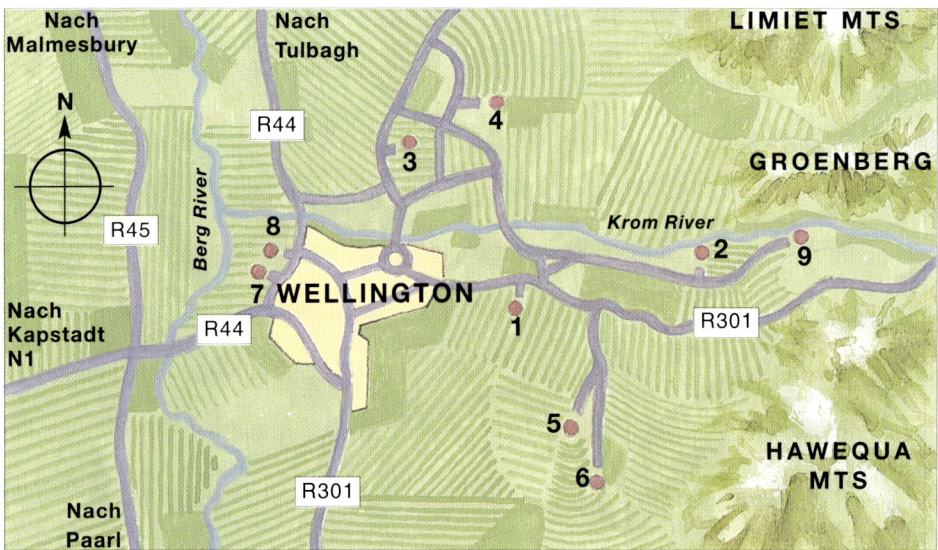

1. Bovlei
2. Claridge
3. Jacaranda
4. Linton Park
5. Napier
6. Oude Wellington
7. Wamakersvallei
8. Wellington
9. Welvanpas

SEITE 110: Wellington mit den Limiet-Bergen im Hintergrund und den Hängen des Groenberges auf der rechten Seite. Auch hier setzt man verstärkt auf rote Premium-Rebsorten.

CLARIDGE

EIGENTÜMER
Roger und Maria Jorgensen

HAUPTWEINE
Red Wellington, Claridge Chardonnay, Klein Optenhorst Pinot Noir, The Pinotage Company Pinotage

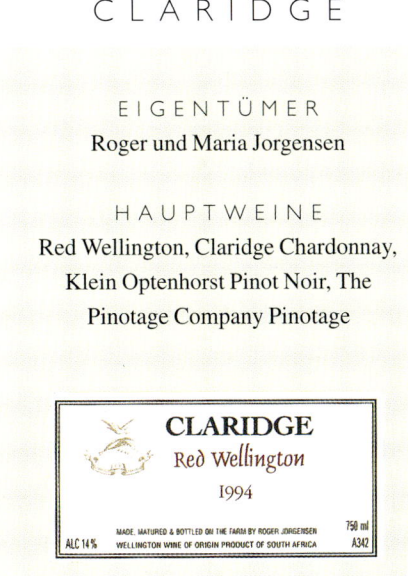

Roger Jorgensen, ein Erdbeerfarmer aus Kent, und seine griechisch-südafrikanische Frau produzieren in ihrem einfachen Keller einige unverwechselbare Weine, die sie auch selbst abfüllen. Die Produktion ist gering: etwa 3 000 Kisten Wein, die aus den Trauben von etwa 15 Hektar hergestellt werden. Jorgensen reduziert die Ernte um die Hälfte auf fünf Tonnen Qualitätstrauben pro Hektar.

Die Weinbereitung wird so einfach gehalten wie der Keller selbst: kleine Edelstahltanks, kein Filtrieren, natürliche Klärungsmittel wie Eiweiß und Schwefel in geringsten Mengen. Seinem .fassvergorenen Chardonnay gewährt er genügend Zeit zur malolaktischen Gärung und lässt seine Rotweine bis zu 18 Monate lang im Fass und ein weiteres Jahr in der Flasche reifen, bevor er sie zum Verkauf freigibt.

Seine Hauptweine sind sehr geschmackvoll. Der *Red Wellington* ist eine reichhaltige, komplexe, robuste, hochkarätige Mischung aus Cabernet Sauvignon und Merlot mit einem Schuss Cabernet Franc. Der *Claridge Chardonnay* ist ein mächtiger Wein mit einer Note von geröstetem Eichenholz, die überdeckt wird von Nuancen von Vanille und der Frische von Zitronenschalen. Diese Weine sind für eine lange Lagerung bestimmt: Der 1991er Chardonnay (sein Erstlings-Jahrgang) wurde erst nahezu acht Jahre später zu einem wahren Trinkvergnügen, ebenso der 1993er Red Wellington.

Ein Pinot Noir wird aus den Trauben eines Weinbergs hergestellt, den Jorgensen auf der Farm Klein Optenhorst betreut. Das Gut gehört seinem Nachbarn Naas Ferreira. Auch dieser Wein ist kein Standard-Pinot: Süße, kombiniert mit einem erdigen Charakter, und trotz der hellen Farbe ist der Wein doch reich an Tanninen, die durch lange Lagerung in der Flasche erst noch weicher werden müssen. Jorgensen vinifiziert auch Trauben vom benachbarten Gut seines Cousins Julian Johnson und füllt für ihn nicht nur einen Merlot ab, der reich an Aromen von Brombeeren und Noten von geröstetem Eichenholz ist, sondern auch einen Verschnitt aus Shiraz und Merlot. Ebenso wie bei seinen Weinen, deren Vorbilder Bordeaux- und Burgunderweine sind, versucht er auch bei seinem Lieblingsprojekt, einem »estate«-Weinbrand, der in einem Kupferkessel gebrannt wird und immer noch reift, mit den besten Cognacs zu wetteifern.

OBEN: Roger und Maria Jorgensen und ihre junge Familie produzieren wunderbare Weine im Burgunder-Stil. Von ihrem Besitz aus hat man eine prächtige Aussicht auf die Hawequa-Berggipfel (**LINKS**).

LINTON PARK

EIGENTÜMER
Linton Park Plc

HAUPTWEINE
Linton Park Cabernet Sauvignon,
Chardonnay; Capell's Court Cabernet
Sauvignon, Shiraz, Chardonnay,
Sauvignon Blanc

Das multinationale Landwirtschaftsunternehmen Linton Park mit Sitz in London, das von Kalifornien bis Chile und von Australien bis Afrika Tee, Kaffee, Zitrusfrüchte, Nüsse, Avocados und Tafeltrauben anbaut, investiert in großem Umfang in den Obst- und Weinbau in Wellington. Linton Park ist das erste Wein-Unternehmen der Gesellschaft und es will einige exzellente Weine für den internationalen Markt produzieren. Weinmacher ist Ian Naudé.

Der 285 Hektar umfassende Besitz, der an den Südhängen des Groenberges liegt, gilt als erstklassiges Weinbauland: lehmige Böden auf gut entwässertem Schiefer. Das Mikroklima ist um ganze 5 °C kälter als das warme Wellington-Tal. Etwa 120 Hektar sind bereits mit Cabernet, Shiraz, Chardonnay und Sauvignon Blanc bepflanzt. Demnächst werden weitere 30 Hektar mit denselben Sorten und zusätzlich noch mit Merlot und Pinotage bepflanzt. Erst kürzlich gepflanzter Ruby Cabernet erweist sich als besonders erfolgreich und einige reife Chenin-Rebstöcke wurden beibehalten.

Nachdem Linton Park die Farm 1995 gekauft hatte, ließ Geschäftsführer Malcolm Perkins eine neue Kellerei mit einer Verarbeitungskapazität von 100 Tonnen bauen.

An der Spitze des Sortiments von Linton Park steht der *Linton Park Cabernet Sauvignon*: ein köstlicher, weicher, geschmeidiger, früh trinkreifer Wein, gestützt durch Brombeere, Minze und neue französische Eiche. Die Trauben stammen von den besten Parzellen der Farm und werden separat vinifiziert.

Der Chardonnay ist gleichermaßen köstlich, seine Trauben stammen ebenfalls aus einer ausgewählten Lage und auch er wird in neuen Eichenfässern ausgebaut. Er ist ein Wein, dessen Frische von Zitronen das sahnige Aroma von Karamellbonbons überlagert.

Zu diesen beiden Weinen wird schon bald ein sortenreiner Lagen-Shiraz hinzukommen; Probleme bei der Gärung haben ihn vorerst in das Sortiment des Zweitetiketts *Capell's Court* verbannt. Der Wein ist bei 6 g Zucker pro Liter nahezu halbtrocken. Doch das ausgeprägte Fruchtaroma und die sorteneigene Pfeffrigkeit sowie der große Alkoholgehalt füllen den Mund. Die meisten der Weine, sogar die Rotweine, zeichnen sich durch einen Hauch Restzucker aus, dadurch sind die Weine früher trinkreif und verlieren dennoch nichts von ihrer Qualität und ihrem großen Alterungspotenzial.

OBEN: Weinmacher Ian Naudé sieht optimistisch in die Zukunft. Zum Besitz von Linton Park, einem landwirtschaftlichen multinationalen Unternehmen, gehört auch das restaurierte kap-holländische Gehöft Slang River **(RECHTS)**.

Neue, gesunde Weinberge zeigen eher goldfarbenes Blattwerk im Herbst. Eine rostbraune Färbung der Blätter deutet auf virusinfiziertes Material hin.

BOVLEI

In der Kooperative Bovlei überwachen Kellermeister Tinus Broodryk und Weinmacher Henk Wentzel das Ersetzen der allgegenwärtigen Rebsorte Chenin durch rote Premium-Rebsorten auf den Gütern der über 70 Mitglieder. Die Lagen und Böden werden sorgfältig analysiert, wobei auf den Ausläufern des Groenberges zweifellos die besten Lagen zu finden sind. Der Cabernet Sauvignon hat die beste Erfolgsbilanz und ist regelmäßiger Gewinner der *Veritas*-Goldmedaille. Er besitzt die typischen Aromen von Brombeeren und Zedern und ist dennoch ein leichter Wein mit einem guten Preis-Leistungs-Verhältnis. Es werden aber auch zahlreiche unbedeutende Weißweine hergestellt.

JACARANDA

Der leutselige Jan Tromp, ein pensionierter Buchhalter, und seine Frau Trish kauften Jacaranda im Jahr 1988 und entschlossen sich, eigenen Wein herzustellen.

Jacaranda produziert einige ziemlich ausgefallene, erdige und vollmundige Chenins, trocken wie halbtrocken. Tromp hat nun seine Produktionspalette durch Rotweine, und zwar mit dem Cabernet-Merlot-Verschnitt *Debutante*, erweitert, einem köstlichen, fruchtigen und würzigen Wein von heller Farbe mit dem ungewöhnlich niedrigen Alkoholgehalt von 10%. Der *Dry Red* ist von der Kombination her ähnlich, und ein sortenreiner Cabernet und ein Dessertwein auf Chenin-Basis vervollständigen dieses eigenwillige Sortiment.

NAPIER

Chris Kühn, ein früheres Mitglied des Teams des mittlerweilen verstorbenen Herzchirurgen Dr. Christiaan Barnard, besitzt rund 20 Hektar Land, die überwiegend mit Cabernet Sauvignon, Merlot, Cabernet Franc, Chardonnay und mit ein wenig alten Chenin-Rebstöcken bepflanzt sind. Sein Keller kann sich sehen lassen: Schwerkraftnutzung statt Pumpen, speziell angefertigte Edelstahltanks und ein raffiniertes System, das mittels Stickstoff verhindert, dass Wein verloren geht, wenn die Fässer aufgefüllt werden.

Kühn hat mehr als drei Jahre damit gewartet, bevor er seinen Erstlings-Rotwein im Bordeaux-Stil, den *Red Medaillon*, zum Verkauf freigegeben hat – ein großer Wein. Seine Chardonnays sind fruchtiger geworden, und sein Loire-ähnlicher Chenin ist knochentrocken mit hohem Säuregehalt. Auch gibt es noch einen sortenreinen Cabernet. Die meisten Weine, einschließlich des Zweitetiketts *Lion Creek*, werden nach Europa und in die Vereinigten Staaten exportiert.

OUDE WELLINGTON

Dieses 30 Hektar Land umfassende Weingut wurde 1995 von dem deutschen Kieferchirurgen Rolf Schuhmacher gekauft. Dieser brachte es zusammen mit der autodidaktischen Weinmacherin Vanessa Simkiss, die früher in der Hotelbranche tätig war, wieder in Schuss. Die 18 Hektar jämmerlich aussehender Rebstöcke der Sorten Ruby Cabernet, der nun als reichhaltiger, selten sortenrein abgefüllter Wein unter dem Etikett *Rubignon* verkauft wird, Cabernet Sauvignon, Chenin und Muscat d'Alexandrie wurden gesund gepflegt. Neu hinzugekommen sind weiterer Cabernet und Chardonnay. Merlot und Pinotage sind in der Vorbereitung.

Schumacher hat seine erste Grappa produziert und arbeitet an einem Brandy aus dem Kupferkessel. In den außergewöhnlichen Weinetiketten bilden päpstliches Purpur und Gold einen schönen Kontrast zum merkwürdig geformten Wellington-Stiefel.

WAMAKERSVALLEI

Diese Kooperative, die 1940 gegründet wurde, besteht aus 69 Weinbauern, die 12 000 Tonnen Trauben einbringen, die von dem erfahrenen Kellermeister Chris Roux und dem langjährigen Weinmacher Pieter Rossouw verarbeitet werden. Der kräftige Cinsaut ist der Star in diesem Keller, obwohl ein weicher, saftiger Merlot versucht, ihm den Rang abzulaufen. Ein halbtrockener, milder und fruchtiger Chenin ist erfreulich. Ferner gibt es in kleiner Menge einen Portwein auf Cabernet-Basis und einen gespriteten Dessertwein aus Muscat d'Alexandrie.

WELLINGTON

Die Kooperative Wellington wurde bereits 1906 gegründet und war eine der ersten Kooperativen im Land. Die Produktion beträgt heute 20 000 Kisten aus über 1500 Hektar Rebstöcken. Wellington verarbeitet überwiegend Weißweine, obwohl durch Neupflanzungen von Cabernet, Merlot, Shiraz und Pinotage Rotweine am Ende mindestens 40% der Produktion ausmachen werden. Die Weine sind preiswert, zum Beispiel der kirschsüße Pinotage mit leichter Eichennote und andere, ähnlich süffige sortenreine Abfüllungen von Cabernet, Shiraz und Merlot. Ein frischer, Guajava-ähnlicher Chenin ist neu im Sortiment. Chardonnay und Sauvignon Blanc runden das Bild ab.

WELVANPAS

Welvanpas ist seit 1688 im Besitz der Familie Retief. Heute leitet Dan Retief senior zusammen mit seinem Sohn, dem an der Universität von Stellenbosch ausgebildeten Weinmacher »Young Dan«, das Gut. Sie beliefern die nahe gelegene Kooperative Bovlei mit Trauben aus ihren 45 Hektar Rebstöcken. Auch füllen sie winzige Mengen Wein selbst ab, einen Cabernet, einen Chenin-Chardonnay-Verschnitt und einen Wein aus der Bukettraube.

SWARTLAND

Kennzeichnend für das Swartland-Gebiet, das sich in der Küstenregion befindet, sind die wogenden Weizenfelder. Doch zwischen den goldenen Weizenfeldern liegt vereinzelt hügeliges, sehr gutes Weinbauland. Dieses wird zunehmend von zukunftsorientierten Winzern genutzt, die auf der Suche nach Spitzenqualität sind.

Am nächsten am Meer gelegen ist die Region Darling, in der der Bezirk Groenekloof mit wahrscheinlich Swartlands besten Weingütern liegt. Weiter landeinwärts liegt der Bezirk Riebeekberg, südöstlich davon Malmesbury, aus dem großartige moderne Rotweine stammen.

Kühle Hügellagen in Swartland bringen einen umwerfenden Sauvignon Blanc hervor.

Die Nähe des Atlantiks bringt Darling die für die Produktion von guten Weinen so begehrten kühlen Nebel und Brisen. Die Durchschnittstemperaturen im Sommer betragen zwischen 19 und 21°C. Die Niederschlagsmenge ist ansehnlich (zwischen 450 und 600 mm), doch Malmesbury ist trocken (im Durchschnitt etwa 240 mm). Die Böden bestehen überwiegend aus Schiefer, stellenweise aus Granit und kiesigem Sandstein auf den Hügeln, aus Sand in den Ebenen.

Obwohl traditionell ein Weißweingebiet, pflanzen die Farmer nun rote Rebsorten an. Shiraz ist der neue Star, dicht gefolgt von dem ertragreichen Pinotage und dem guten Cabernet. Mit Grenache, Mourvèdre und Carignan wird experimentiert.

Neue Investitionen sollen helfen, dass künftig aus Swartland einige der modernsten Kap-Weine kommen. Der frühere Stellenbosch-Farmers'-Winery-Marketing-Geschäftsführer Koos Jordan besitzt neben anderen auch Anteile an einem 12-Hektar-Gut und plant eine Kellerei. Auch Stellenbosch Farmers' Winery hat sich mit Papkuilsfontein hier engagiert. Die Kap-Familie Rupert und die Bordeaux-Dynastie Rothschild, die bereits Fredericksburg in Paarl besitzen, planen die Entwicklung eines großen Guts namens Januarieskraal.

SWARTLAND

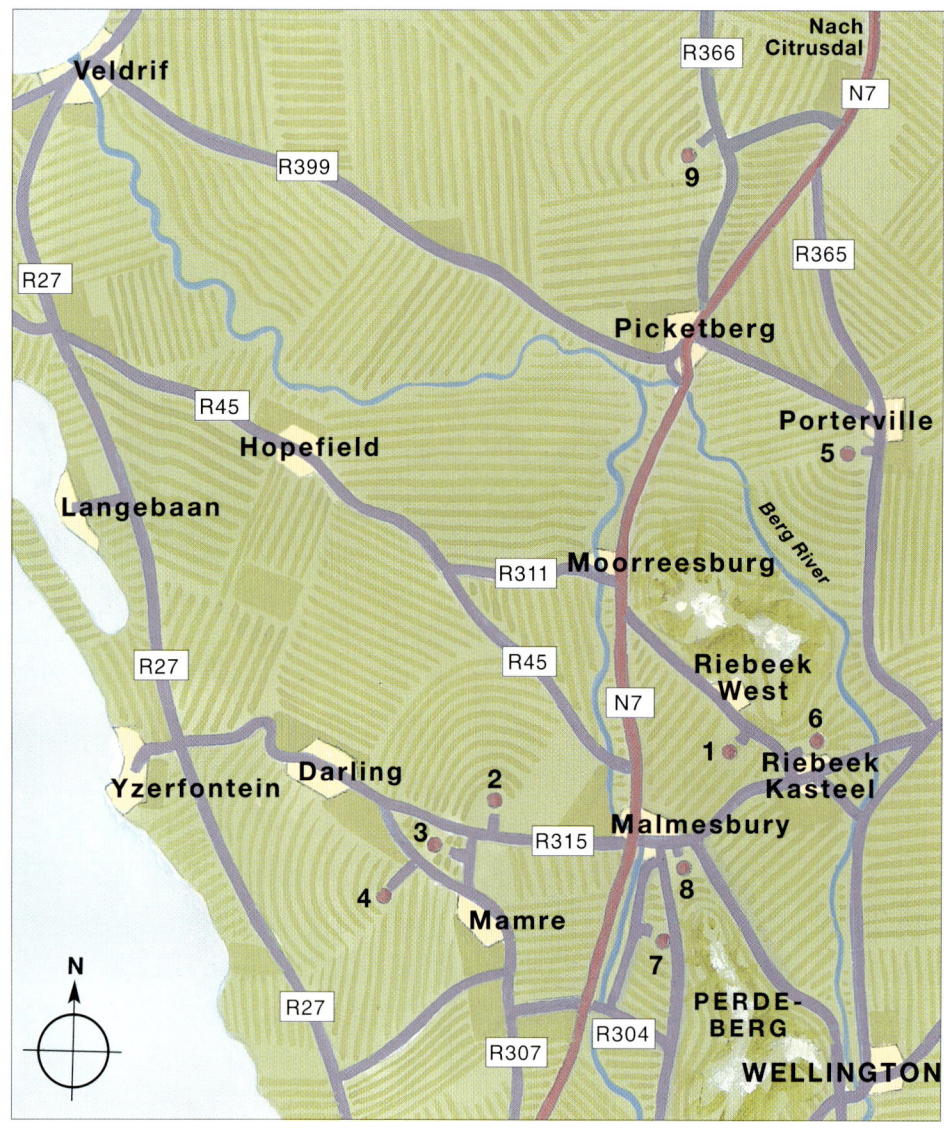

1. Allesverloren
2. Darling
3. Groene Cloof
4. Groote Post
5. Porterville
6. Riebeek
7. Spice Route
8. Swartland
9. Winkelshoek

SEITE 118: Traditionell wird in Swartland Weizen angebaut, doch nun ist das Gebiet auch eine Quelle für ausgezeichnete Rotweine wie Shiraz.

ALLESVERLOREN

EIGENTÜMER
Danie Malan

HAUPTWEINE
Shiraz, Cabernet, Tinta Barocca, Port

Lange Zeit war dies das einzige Gut Swartlands, das Weinliebhabern bekannt war. Seit 1870 im Familienbesitz, füllte Enkel Fanie Malan 1974 den ersten Wein ab. Die Leitung über die 160 Hektar Weinberge hat jetzt dessen Sohn Danie, der auch weiterhin das Beste aus dem Portwein und den robusten, ein wenig altmodischen Rotweinen (ein Shiraz, ein Cabernet und einer der wenigen sortenreinen Tinta Baroccas am Kap) macht. Danie gewann mit dem 1996er Shiraz 1998 die Auszeichnung »Diners Club Winemaker of the Year«; der Wein zeichnet sich durch besondere Weichheit, Struktur und eine subtile Eichennote aus.

Der Cabernet ist durchweg gut, er wird oft unterbewertet und ist wunderbar reif, wenn er zum Verkauf kommt. Der 1996er ist ebenso wohlschmeckend wie der Shiraz, von mittlerem Körper, ausgewogen und weich, mit einem großartigen Bukett und Aromen von süßen Früchten und würzigem Eichenholz am Gaumen. Malan verwendet offene Gärtanks aus Beton, kühlt die Maische vor der Gärung (ein Verfahren, das man bei der Herstellung von Burgunder anwendet) und experimentiert mit einem »dezenten, trockenen Rotwein-Verschnitt«, in dem das Terroir zum Ausdruck kommt.

Seiner klassischen Mischung aus den Portweinrebsorten Tinta Barocca, Souzão, Malvasia Rei, Pontac, Tinta Roriz und Tinta Francisca fügte er noch Touriga Naçional hinzu. Während die gegenwärtig verfügbaren Jahrgänge eher dem Tawny ähneln und für gewöhnlich erst nach langer Flaschenreifung freigegeben werden, geht der Stil künftiger Ports wahrscheinlich eher in Richtung der authentischen Late-Bottled-Vintage-Weine.

RECHTS OBEN: Portwein, Shiraz und Cabernet sind das Metier von Fanie Malan und seinem Vater David, dessen Familie Allesverloren am Fuße des Kasteelberges (DARUNTER) bereits seit dem späten 19. Jahrhundert bewirtschaftet.

DARLING

EIGENTÜMER
27 Weinbauern

HAUPTWEINE
Groenekloof Cabernet, Pinotage, Shiraz,
Chardonnay, Sauvignon Blanc;
DC Cabernet, Merlot, Pinotage, Shiraz,
Chardonnay, Sauvignon Blanc;
Sortiment Mamreweg, bestehend aus
Rot-, Weiß-, halbsüßen und
süßen Weißweinen

Vor noch nicht allzu langer Zeit brachte die 1949 gegründete Kooperative Mamreweg (heute: Darling) ziemlich gewöhnliche, billige West-Coast-Weine hervor. Doch das durch die Nähe zum kalten Atlantik kühle Mikroklima und die tiefen, roten Lehmböden an den Hängen des Darling-Berges verschaffen dem Gut ein Potenzial für großartige Weine, das endlich genutzt wird.

Der Wandel kam in den 1990er Jahren mit der Pflanzung von überwiegend roten Rebsorten. 1995 wurden etwa 4 Millionen Mark für die Weinkellerei ausgegeben; die Investitionen umfassten neue französische Eichenholzfässer, die Einstellung eines Qualitäts-Controllers und eine neue Produktionslinie zur Flaschenabfüllung. Darauf folgte die Einstellung eines der hervorragendsten Weinmacher am Kap, Abé Beukes, der früher für das Weingut Lievland arbeitete und der seiner Leidenschaft für Rotweine hier ungehindert frönen kann.

Das Spitzen-Sortiment *Groenekloof* wird aus kleinen Mengen handgepflückter Trauben hergestellt und die Weine reifen in ausgewählten Eichenfässern. Der *Groenekloof Pinotage* ist unverwechselbar und individuell: ein großer, reichhaltiger, wilder Wein mit Aromen von Kräutern. Der *Groenekloof Cabernet* ist ebenso ungewöhnlich und noch mehr durch Kräuter geprägt, doch reif und kräftig im Geschmack.

Im zweiten, dem *DC*-Sortiment ist der moderne, fruchtige Stil der Neuen Welt eingefangen. Der *DC Merlot* glänzt durch seine weichen und dennoch trockenen Tannine und die glatte Struktur. Der *DC Cabernet* ist ein großartiger Wein, der den Mund füllt, mit großem Alterungspotenzial.

Das preiswerte *Mamreweg*-Sortiment umfasste schon immer angenehme Weine, doch soll auch seine Qualität angehoben werden.

Beukes hält den Cabernet – keine aggressiven Tannine, typischer und dennoch raffinierter Geschmack – und den Shiraz für die aufregendsten Sorten. Auch preist er den Sauvignon Blanc mit seinem frischen Fruchtaroma von Feigen.

Insgesamt stehen etwa 2 000 Hektar unter Reben, es werden jährlich rund 300 000 Kisten produziert.

OBEN: Abé Beukes überwacht die Produktion auf Darling und wird dabei von Johan Nesenberend und Conrad Vlok unterstützt.
RECHTS: Hoch gelegene Lagen mit Aussicht auf den Tafelberg und den Atlantischen Ozean bieten gute Lehmböden und kühle Temperaturen.

Die Weinberge von Allesverloren, mit Cabernet, Shiraz und klassischen Portweinsorten bepflanzt, bedecken die Ausläufer des Kasteelberges.

GROENE CLOOF

Das 1500 Hektar Land umfassende Weingut, das 1994 von dem Rechtsanwalt Johan van den Berg aus Kapstadt gekauft wurde, hat eine ultramoderne Weinkellerei mit einer Verarbeitungskapazität von 1000 Tonnen. Etwa 175 Hektar Land sind bereits mit Rebstöcken bepflanzt; zu den bereits gepflanzten Sorten Cabernet, Pinotage, Cinsaut, Chenin Blanc und Buketttraube werden noch Merlot, Shiraz, Sauvignon Blanc und Chardonnay hinzukommen. Obwohl das Gebiet für einige großartige Sauvignon Blancs berühmt ist, wird der Schwerpunkt auf den Rotweinen liegen, und zwar von nicht bewässerten Busch-Rebstöcken. Weinmacher Frikkie Botes hält seine Rotweine für unverwechselbar würzig. Der fruchtige *Cloof Pinotage* ist besser als der etwas magere Cabernet.

GROOTE POST

Seit 1974 züchten Vater und Sohn Peter und Nick Pentz auf dieser 6000 Hektar Land umfassenden Farm Milchvieh. Seit 1993 wurden mehr als 50 Hektar der zum Meer hin gelegenen Südhänge der Darling Hills mit Reben bepflanzt. In einer modernen Weinkellerei wurden 1999 die ersten Weine hergestellt. Dazu gehören ein geschmeidiger Sauvignon Blanc mit reichhaltigen Aromen von Spargel und Feigen sowie Chenin Blanc, Chardonnay, Pinot Noir und Merlot. Der Merlot und der Cabernet sind für einen Verschnitt im Bordeaux-Stil bestimmt. Weinmacher ist François van Zyl.

PAPKUILSFONTEIN

Dies ist ein neues, progressives Gemeinschaftsunternehmen von Stellenbosch Farmers' Winery und Leopont Properties, einem Einzelhandels- und Immobilien-Konsortium. Progressiv insofern, als die Belegschaft Anteile erwerben kann.

Knapp acht Millionen Mark wurden in 250 Hektar Rebland investiert, das zu der 975 Hektar Land umfassenden Farm unterhalb des Dassenberges im Bezirk Groenekloof in der Nähe von Darling gehört. Das Projekt wird mit den Einkünften aus den Trauben der 113 Hektar Weinberge finanziert, die mit Chenin Blanc, Pinotage und anderen, unbedeutenderen Rebsorten bepflanzt sind, und zwar so lange, bis die neuen Pflanzungen von Shiraz, Cabernet, Pinotage und Chardonnay Erträge abwerfen. Angestrebt wird eine Ernte von etwa 2 500 Tonnen aus edlen Rebsorten, die an Nederburg und Stellenbosch Farmers' Winery verkauft werden. Etwa 20 Prozent der Trauben werden für ein eigenes Sortiment reserviert sein, das derzeit aus einem *Tukulu Chenin Blanc* besteht und zu dem noch ein Pinotage hinzukommt.

Die junge Weinmacherin Carmen Stevens von Stellenbosch Farmers' Winery wird die Weine in den dortigen Kellereien vinifizieren, bis eine eigene Weinkellerei gebaut ist.

PORTERVILLE

Seit Jahren hat die Kooperative hauptsächlich Weißweine wie Chenin Blanc, Colombard und Sauvignon Blanc von den über 100 Mitgliedern angenommen. Doch jetzt, wo der neue Kellermeister André Oberholzer einen neuen Presskeller besitzt und seitdem er Lesegut von erst kürzlich gepflanzten roten Premium-Rebsorten in kühleren und hügeligeren Lagen erhält, hat er einen Verschnitt aus Merlot, Shiraz und Cabernet mit Namen *Enigma* eingeführt. Auch gibt es einen Pinotage und einen in kleinen Eichenholzfässern ausgebauten Pinotage Reserve mit einem reifen Aroma von Pflaumen. Oberholzer, der früher für das Weingut Vlottenburg arbeitete, experimentiert auch mit Lagenweinen aus klassischen Sorten wie Chardonnay.

RIEBEEK

Seit Eric Saayman, der frühere Kellermeister von Zevenwacht, in dieser 60 Mitglieder umfassenden Weinkooperative 1997 das Ruder übernommen hat, werden hier überwiegend Rotweine produziert.

Seither wurden auch ein neuer Gärkeller für Rotwein, eine temperaturkontrollierte Anlage zur Reifung der Weine angeschafft sowie Neupflanzungen von anerkannten roten Rebsorten vorgenommen. Ganz oben auf der Liste stehen Cabernet, Pinotage, Shiraz und Merlot, von denen einige zusammen mit Chardonnay und Sémillon an der Spitze eines Sortiments von Reserve-Weinen stehen, die die Weinkellerei direkt verkauft. Die Weinkellerei verarbeitet nahezu 20 000 Tonnen Traubengut, die aus über 2 000 Hektar Rebfläche stammen; das Beste daraus wird in Verbindung mit dem KWV exportiert.

SPICE ROUTE

Charles Buck vom Weingut Fairview ist nun alleiniger Besitzer von Spice Route, das früher ein Gemeinschaftsunternehmen zwischen ihm, Gyles Webb vom Weingut Thelema, Weinbuchautor John Platter und Jabulani Ntshangase, war, dem Verwalter des Reblandes, das den farbigen Arbeitern zur Verfügung gestellt wurde.

Die Investition beinhaltet die 390 Hektar Land umfassende Farm Klein Amoskuil, die etwas außerhalb von Malmesbury liegt und bereits mit nicht bewässerten Busch-Rebstöcken bepflanzt ist, hauptsächlich der Sorten Shiraz, Pinotage, Merlot, Cabernet, Sauvignon Blanc und Chardonnay. Zu den Neupflanzungen gehören die Rhône-Sorten Mourvèdre und Viognier und etwas mehr Shiraz. Aus diesen Trauben und denen der benachbarten Weingüter produziert der junge Winzer Eben Sadie etwa 30 000 Kisten Wein in einem Hightech-Keller, der früher einmal ein Tabakschuppen war.

Die Rotweine imponieren mit ihrem reichhaltigen Fruchtaroma. Ein Verschnitt namens *Spice Route Cabernet Merlot* ist ein dickflüssiger, würziger, vollmundiger Wein. Der Shiraz ist reich an Fruchtaromen und würzigen Eichenholznoten. Die sortenreinen Premium-Rotweine unter dem Etikett *Flagship* weisen eine großartige Reichhaltigkeit auf. Unter den Weinen für jeden Tag im Stil der neuen Welle finden sich der *Andrew's Hope Cabernet Merlot* und ein Shiraz, der Spuren der selteneren Rebsorten Grenache und Carignan enthält.

SWARTLAND

Diese 1948 gegründete Weinkellerei mit ihren über 100 Mitgliedern war eine der progressivsten Kooperativen in Südafrika. Sie besitzt eine Verarbeitungskapazität von 25 000 Tonnen.

Seit den frühen 1990er Jahren, also noch vor dem Export-Boom, fanden die Swartland-Weine Colombard, Chenin Blanc und Sauvignon Blanc ihren Weg in die Supermärkte Großbritanniens. Zu Hause wurden diese preiswerten Weine wiederholt bei den damals führenden kommerziellen Verkostungen des Wine-of-the-months-Club ausgezeichnet.

Nun bereiten sich der Produktionschef Olla Olivier und seine drei Weinmacher auf eine Rotwein-Zukunft vor. Für das Jahr 2005 ist vorgesehen, dass durch Shiraz, Pinotage und Cabernet das Verhältnis von weißen zu roten Rebsorten 50:50 betragen soll. Ein brandneuer Rotweinkeller und ein Barrique-Keller sind dafür vorgesehen. Seit 1996 werden Trauben aus ausgewählten Lagen zu einem gehobenen Sortiment von Reserve-Weinen verarbeitet.

Rotweinmacher Andries Blake produziert einen großartigen Shiraz aus den Trauben von nicht bewässerten alten Busch-Rebstöcken und einen in Eichenfässern ausgebauten Cabernet-Merlot-Verschnitt. Ein fleischiger Pinotage hat sich seinen Platz unter den 10 besten Pinotages des Landes verdient und wird jährlich von der Pinotage Producers' Association ausgezeichnet.

Kas Huisamen und Abrie Beeselaar pflegen einen Sauvignon Blanc und einen fassvergorenen Chenin. Olivier selbst behält sich vor, den reichhaltigen, geschmacksintensiven, zitronigen Chardonnay mit Röstaroma zu vinifizieren. Das riesige Sortiment umfasst ebenfalls einen guten Portwein im Vintage-Stil.

WINKELSHOEK

Besitzer der kleinen Privatkellerei sind Weinmacher Hennie Hanekom und sein Geschäftspartner Jurgens Brand. Das Sortiment *Weskus* mit seinen farbenprächtigen Etiketten umfasst süffige Rot- und Weißweine, während der Name *Winkelshoek* Süßweinen, gespriteten Dessertweinen, Sherry und Weinbrand vorbehalten ist.

TULBAGH

Es tut sich was im Tulbagh Valley, einem Becken, in dem viele Obst- und Weingüter liegen und das geformt wird von den Groot-Winterhoek-Bergen im Norden, dem Witzenberg an der Ostseite und der Obiqua-Bergkette im Westen.

Willem Adrian van der Stel, der im 18. Jahrhundert Kap-Gouverneur und Besitzer des Weinguts Vergelegen war, besiedelte das Tal im Jahr 1700 mit Farmern, darunter auch ein paar französischen Hugenotten. Hier wurden schon immer Weintrauben angebaut. Tulbagh ist auch heute noch ein kap-holländisches Juwel, gerade auch durch den bemerkenswerten Wiederaufbau nach dem verheerenden Erdbeben im Jahre 1969.

Ein ideales Weinbauklima – heiße, trockene Sommer und reichliche Niederschläge im Winter – hält Tulbaghs Rebstöcke gesund.

Dieses ausgezeichnete Weinbaugebiet erstreckt sich vom Fuß des Winterhoek-Berges hinunter zur Westseite des Tales. Obwohl das Land als heiß und trocken gilt, profitieren die Rebstöcke im Tal von den kalten Nächten und einer relativ hohen jährlichen Niederschlagsmenge, die von 450 mm auf der schrofferen, windigen Südostseite bis zu mindestens 750 mm an den Bergen im Nordwesten reichen. Der Little Berg liefert ständig Wasser zur Bewässerung und für kleine Staubecken. Der lehmige Untergrund vieler Böden bewahrt die Feuchtigkeit während der Reifemonate im Sommer.

So langsam beginnt man, das Potenzial der Gegend zu erkennen oder in einigen Fällen schon zu nutzen. Auch hier heißt das Rezept, Rotweine in einem traditionellen Weißwein-Gebiet: Cabernet und Pinotage sowie die besonders viel versprechenden Merlot und Shiraz. Experimente im kleinen Umfang mit in Südafrika seltenen Rebsorten wie Petit Verdot, Malbec und den italienischen Sorten Nebbiolo und Barbera stehen im Hintergrund.

TULBAGH

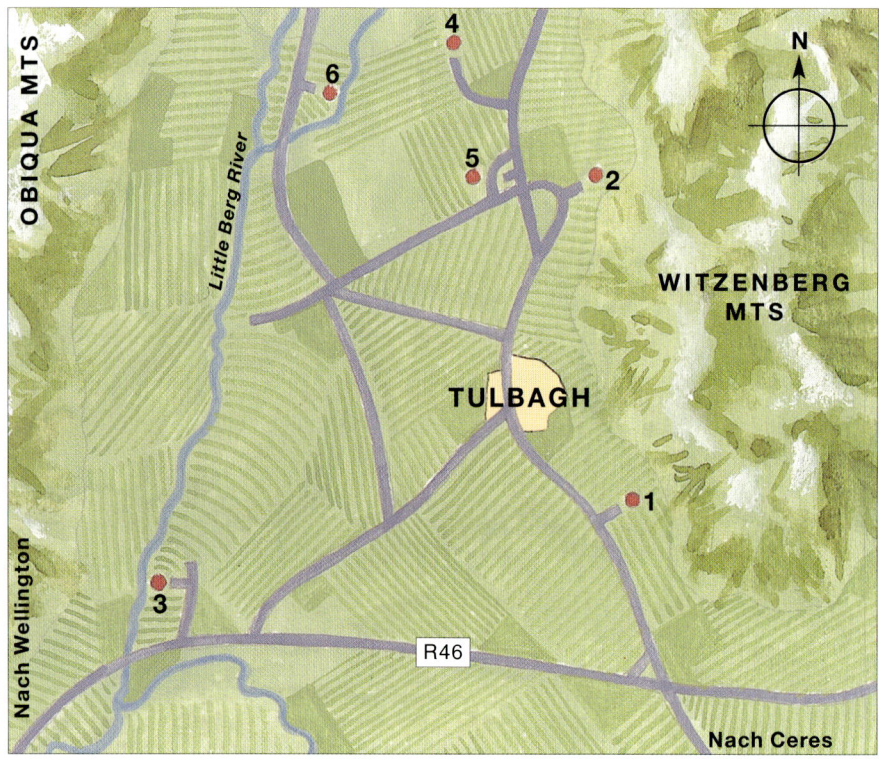

1. Bianco Wines
2. Drostdy
3. Lemberg
4. Theuniskraal
5. Tulbagh
6. Twee Jonge Gezellen

SEITE 126: Im Herzen des Weinlandes Tulbagh liegt das gleichnamige Dörfchen. Die historische Church Street ist ein Mikrokosmos der kap-holländischen Architektur des 17. und 18. Jahrhunderts.

TWEE JONGE GEZELLEN

EIGENTÜMER
Nicky Krone

HAUPTWEINE
Krone Borealis Cuvée Brut; Twee Jonge Gezellen Rosé NV; TJ 39, TJ Light; Schanderl, Night Nectar, Engeltjiepipi, Pinot Noir

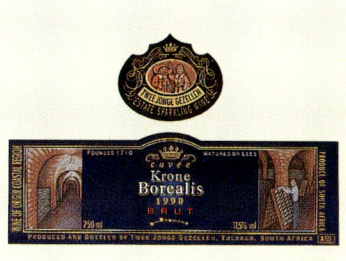

Dieses Weingut ist seit 1745 in Familienbesitz. Der gegenwärtige Krone-Clan ist seit 1916 hier ansässig und führt die Tradition mit dem Sohn des Besitzers und Weinmachers Nicky Krone fort. Sohn NC studiert Weinbau und Önologie in Stellenbosch.

Krone hat 20 Jahre gegen die felsigen Böden seines 270 Hektar Land umfassenden Besitzes und mit dem Erbe überwiegend unbedeutenderer weißer Rebsorten von Gewürztraminer und Furmint bis hin zu Pinot Blanc und Muscat-de-Frontignan gekämpft. Er besitzt viele Chenin- und einige gute Riesling-Rebstöcke und versucht, sich mehr und mehr auf die klassischen weißen Sorten wie Chardonnay (für seinen Schaumwein), Sauvignon Blanc und Sémillon zu konzentrieren.

Der in Geisenheim ausgebildete Krone spürt, dass er jetzt die Möglichkeit hat, das Gut zu einem führenden, qualitätsorientierten und international wettbewerbsfähigen Weinproduzenten zu machen. Seit 1987 hat er sich mit seinem *Krone Borealis Brut Cap Classique* einen Namen als einer der besten Sektproduzenten am Kap gemacht. Die Zukunft liegt jetzt wahrscheinlich in den Rotweinen. Der Name Twee Jonge Gezellen war lange mit einem einheitlichen Sortiment aus Weißwein-Verschnitten für jeden Tag verbunden, vom beliebten *TJ 39*, einer Mischung aus weißen Rebsorten, und einem sehr gut verkauften »leichten« Wein mit niedrigem Alkoholgehalt bis hin zu verschiedenen süßen Weinen. Diese Weine werden auch weiterhin produziert – die Produktion hat sich auf 24 000 Kisten Wein verdoppelt –, und kürzlich ist ein kohlensäurehaltiger Schaumwein, ein köstlicher trockener Rosé aus Chardonnay und Pinot Noir, hinzugekommen.

Doch so gerne er auch *das* Champagner-Haus in Südafrika wäre, hat Krone doch erkannt, dass Spezialisierung immer ein Marketingrisiko darstellt, besonders als Weingut der Neuen Welt. Da Sekt dennoch nie wirklich aus der Mode gekommen ist, bleibt der *Krone Borealis* auch weiterhin sein wichtigster Wein und ein Star unter den Cap-Classique-Weinen. Eine klassische Kombination aus Chardonnay und Pinot Noir, die zusammen vergoren und zwei oder drei Jahre vor dem Degorgieren auf dem Hefesatz ausgebaut wurden, ergibt einen köstlichen, aromatischen Wein mit einem vortrefflichen Alterungspotenzial. Er ist das Ergebnis von intensiven Experimenten mit Champagnerhefen und einer präzisen Auswahl von spezifischen Klonen. Krone zieht es vor, seine Verschnitte »eher im Weinberg als im Weinkeller« herzustellen. Die malolaktische Gärung sei ein Muss, da sie den Wein weich mache und ihm Komplexität verleihe. Auch stabilisiere sie den Wein, und außerdem werde es dadurch überflüssig, selbst kleinste Mengen Schwefel zu verwenden.

Krone musste heftig gegen die Natur ankämpfen, um seine ersten ausgedehnten Pflanzungen von roten Rebsorten vornehmen zu können. Etwa 30 Hektar bepflanzte er überwiegend mit Shiraz, etwas Pinot Noir und ein wenig Merlot.

Auch experimentiert er mit Bordeaux-Klassikern wie Petit Verdot und Malbec und mit der Rhône-Sorte Mourvèdre (auch Mataro genannt) sowie mit führenden italienischen Sorten wie Barbera. Vielleicht wird er auch ein wenig Viognier pflanzen.

Mary und Nicky Krone mit ihrem Sohn NC, der später die Zügel auf Twee Jonge Gezellen übernehmen soll. Die Farm ist berühmt für ihren klassischen Schaumwein *Krone Borealis* und den alten Favoriten *TJ 39*.

BIANCO WINES

Der frühere Geschäftsmann Antonio Bianco, ursprünglich aus dem Piemont stammend, erwarb den 60 Hektar Land umfassenden Besitz im Jahre 1991. Er begann mit der Viehzucht, legte einen 30 Hektar großen Olivenhain an und bepflanzte etwa 13 Hektar Land mit Cabernet-, Shiraz- und Pinotage-Rebstöcken. Die ersten Ernten wurden an die Kooperative Tulbagh verkauft.

Erst 1997 füllte er seine ersten Weine ab. Der Wein war hervorragend, wobei die Folge-Jahrgänge sogar noch fruchtiger und reichhaltiger sind und eine schöne Eichennote aufweisen. Der Wein ist so viel versprechend, dass er ein zukünftiger Star der Kap-Weinländer werden könnte. Weinbauer Paul Wallace und der beratende Weinmacher Mark Carmichael-Green helfen so lange aus, bis zwei der vier Bianco-Söhne in das Familiengeschäft einsteigen. Craig wird sich dann um die Weinberge und um die Olivenhaine kümmern, Toni um die Weinbereitung und um das Marketing. Die Piemonter Rebsorte Nebbiolo veredelt Bianco selbst, um einen Wein im Barolo-Stil herzustellen.

DROSTDY

Drostdy – zu Distillers gehörend – kauft Weine hauptsächlich von lokalen Weinbauern für die Produktion des durchweg guten Sortiments an preiswerten Rot- und Weißweinen. Der langjährige Kellermeister Frans du Toit stellt einen ziemlich guten Chardonnay, der sein Geld wert ist, und einen Merlot her und füllt auch das Sortiment *Two Oceans* mit den sortenreinen Weinen Sauvignon Blanc, Cabernet und Merlot ab. Auch macht er den schönen *Claret Select* aus Pinotage, Shiraz und Ruby Cabernet. Zum umfangreichen Sortiment des Gutes gehören auch Süßweine und Sherry.

LEMBERG

Dieses winzige Weingut, das nur 4 Hektar mit Sauvignon Blanc und der für Südafrika ungewöhnlichen ungarischen Rebsorte Hárslevelü umfasst, wurde im Jahr 1994 von dem deutschen Forstwissenschaftler Klaus Schindler erworben.

Die Weine sind kräftige Weine für jeden Tag und der würzige Hárslevelü mit seinem Birnenaroma passt gut zu leicht gewürzten Speisen. Schindler macht auch einen Pinot Noir sowie einen Cabernet-Merlot-Verschnitt aus Trauben von dem ebenso winzigen benachbarten Weingut Kloofzicht Estate, das selbst keine Weine mehr abfüllt.

Er wird einen Teil der Hárslevelü-Rebstöcke durch Pinot Noir und Pinotage ersetzen.

THEUNISKRAAL

Die Brüder Kobus und Rennie Jordaan, zu denen sich nun der Weinmachersohn Andries und Rennies junger Sohn Wagner, der sich um die Weinberge kümmern wird, gesellen, haben wissenschaftliche Bewirtschaftungsmethoden eingeführt, u. a. Monitore zur Überwachung der Bodenfeuchtigkeit für die computergesteuerte Bewässerung der Rebstöcke.

Der Großteil der Ernte von zehn verschiedenen weißen Rebsorten, die auf den 130 Hektar Land gedeihen, geht an Distillers und wird dort für preiswerte Weine unter Labels wie *JC Le Roux*, *Grünberger* und *Drostdy-Hof* verwendet. Zu den weißen Rebsorten sind kürzlich noch etwa 15 Hektar Cabernet Sauvignon, Ruby Cabernet, Shiraz und Roobernet hinzugekommen.

TULBAGH

Tulbagh wurde 1906 gegründet und streitet sich mit Helderberg um die Ehre, die älteste Kooperative am Kap zu sein.

Im Jahre 1995 wurde in großem Umfang in die Kellerausrüstung einschließlich einer Presse und Kühlmaschinen investiert. Die Investition brachte die aus 75 Mitgliedern bestehende Kooperative in finanzielle Schwierigkeiten. Doch neue »Besen« im Management und im Marketing, die den neuen Weinmacher Michael Krone, den Bruder von Nicky vom Weingut Twee Jonge Gezellen, unterstützen, bringen diesen »Weintanker« nun wieder auf Kurs. Die Produktion beträgt 10 000 Tonnen, die sowohl in Kisten als auch als Massenwein verkauft werden.

Unter dem Etikett *Tulbagh* werden nur etwa 6 Prozent der Weine abgefüllt. »Out« sind die Blanc de Blancs, die Premier Grand Crus, die Traubensäfte und die Schaumweine; »in« sind Verschnitte aus Sauvignon Blanc, Chardonnay und Sémillon sowie aus Cabernet und Merlot und auch die gelegentlich abgefüllten sortenreinen Premium-Weine.

Twee Jonge Gezellen (LINKS) befindet sich bereits seit 1745 im Besitz der Familie Krone; der unterirdische Schaumweinkeller (OBEN) ist jüngsten Datums, wirkt aber zeitlos.

OVERBERG

Der Distrikt Overberg beginnt südöstlich der Hottentots-Holland-Bergkette und erstreckt sich vom hoch gelegenen bergigen Waldgebiet und Apfelanbaugebiet von Elgin über die Weizenfelder zwischen Bot River und Caledon bis ins Hemel-en-Aarde-Tal hinein, das sich in Hermanus zur Walker Bay hin öffnet. Es umfasst auch das neue Weinbaugebiet östlich von Caledon in Richtung Bredasdorp. Von Elgin zieht sich das Gebiet nördlich in Richtung Villiersdorp.

Overberg passt nicht ganz in das Wine-of-Origin-Klassifikationssystem der Kap-Weinländer. Das Weingebiet ist keiner Region zugeschrieben, obwohl das Hemel-en-Aarde-Gebiet einer seiner beiden Bezirke ist und Walker Bay mit seiner maritimen Lage eindeutig in die Küstenregion fällt. Der andere Bezirk, Elgin, rühmt sich, obwohl er landeinwärts liegt, ähnlicher kühler klimatischer Bedingungen. Um das Ganze noch weiter zu verkomplizieren, ist das Weinbaugebiet rund um den Bot River wärmer und bringt Weine mit eigenständigem Charakter hervor. Hier ist jedoch die übliche Unterteilung Overbergs in die beiden offiziellen Bezirke Walker Bay und Elgin beibehalten.

OBEN UND LINKS: Die weiten Weizenfelder von Caledon, umringt von blauen Bergen, teilen die Weinbezirke des hoch gelegenen Elgins und die der Walker Bay an der Küste.

WALKER BAY

Der Bezirk Walker Bay im Overberggebiet wurde zwar erst in den letzten Jahrzehnten für den Weinbau erschlossen, erlangte aber dann schnell den Ruf eines erstklassigen Gebiets für Premium-Weine.

Den Antrieb dazu gab in erster Linie der frühere Werbemann Tim Hamilton-Russell. Nach einer intensiven, zehn Jahre dauernden Suche nach dem »perfekten« Terroir für Weine, die ein kühles Klima benötigen, ließ er sich in dem damals noch unberührten Hemel-en-Aarde-Tal nieder. Im Jahre 1975 kaufte er 175 Hektar Land und kämpfte mit den Weinbehörden um die Anerkennung des Gebietes als Weinbauregion.

Seine Pionierarbeit hat seitdem Früchte getragen, nicht nur in Bezug auf die Qualität der eigenen Weine, sondern auch durch die zahlreichen neuen Weinkellereien hier und weiter landeinwärts. Walker Bay ist so mittlerweile zu einem Synonym für aristokratische Weine geworden. Weitere Weingüter befinden sich immer noch im Aufbau.

Hamilton-Russells Konzentration auf die Burgunderklassiker Chardonnay und Pinot Noir hat bei verschiedenen anderen führenden Weinmachern in der Gegend großen Anklang gefunden. Der Sauvignon Blanc ist eine weitere Spezialität der Walker Bay und wird von den meisten Weingütern angepflanzt; manchmal wird er jedoch durch Trauben ergänzt, die von ähnlichen Weinbergen aus Elgin stammen. Diese Weine weisen eine rassige, stahlige Note von Kräutern auf, die oftmals durch Aromen von tropischen Früchten gemildert wird. Der Pinotage ist hier ebenfalls zu Hause, während die wärmeren Bereiche sehr viel versprechend für den Anbau von Cabernet und Merlot sind.

Die meisten der Güter wurden auf unberührtem Territorium entlang der Nord- und Nordosthänge der 260 m hohen Raed-na-Gael-Hügelkette gegründet. Diese Kette trennt das Tal von Hermanus, einer beliebten Küstenstadt an der Walker Bay, etwa 120 km von Kapstadt entfernt. Auch die Südlagen unterhalb des Babylonstoren-Peak sind mit Rebstöcken bepflanzt.

Die Böden sind überwiegend mager und bestehen aus steinigem Schiefer mit Lehm, sodass sie gut Feuchtigkeit speichern. Die niedriger gelegenen Hänge sind aus Tafelberg-Sandstein.

Zur Walker Bay gehört auch Bot River, wo bereits seit 1750 Trauben auf Compagnes Drift angebaut wurden. Einige reichhaltige, würzige Shirazes stammen aus dieser Gegend, auch mit den Rhône-Sorten Grenache und Mourvèdre wird experimentiert.

Die Weinbauern richten ihr Augenmerk auch auf das Gebiet entlang der Küste von Hermanus aus in Richtung Stanford und Bredasdorp. Unter den großen Namen, die Pläne für dieses Gebiet haben, finden sich Hamilton Russell, Villiera und Rustenberg.

1. Bartho Eksteen
2. Beaumont
3. Bouchard Finlayson
4. Goedvertrouw
5. Hamilton Russell Vineyards
6. Newton Johnson
7. Southern Right
8. WhaleHaven
9. Wildekrans

BEAUMONT

EIGENTÜMER
Raoul und Jayne Beaumont

HAUPTWEINE
Pinotage, Shiraz, Ariane (roter Verschnitt), Raoul's Tinta Barocca, Chenin Blanc (Beaumont, Hope Marguerite Barrel Reserve), Chardonnay, Sauvignon Blanc, Port, Goutte d'Or Natural Sweet

Diese alte Korbpresse (OBEN) spiegelt das Vertrauen wider, das Jayne und Raoul Beaumont (UNTEN) in die traditionellen Herstellungsmethoden haben. Unterstützt werden sie von Weinmacher Niels Verburg und Sohn Sebastian, der Önologie und Weinbau studiert.

Der Ex-Seemann Raoul Beaumont und seine Frau Jane, eine Künstlerin, bauten auf der historischen Farm Compagnes Drift Obst und Trauben an. Es dauerte fast zwanzig Jahre, bis das Ehepaar erstmals 1994 seine eigenen Weine in nennenswertem Umfang abfüllte. Der große, reife Pinotage ist reich an Tanninen und wird aus Trauben hergestellt, die von 20 Jahre alten Busch-Rebstöcken stammen, aus denen bereits vor einigen Jahren preisgekrönte Weine für die Villiers-Kooperative hervorgingen. Mit diesem Wein etablierte sich Beaumont unter den bedeutenden Kellereien.

Der Erfolg der 1994er und 1995er Jahrgänge erlaubte die Einstellung des Weinmachers Niels Verburg und die Anschaffung einer neuen Presse sowie von französischen Eichenfässern. Doch die massiven alten Betontanks wurden generalüberholt, und der Pinotage wird immer noch in dem offenen *kuipe* (Bottich) vergoren.

Verburg produziert kräftige Pinotages und fassbehandelte Chenins im Stil der neuen Welle sowie einen vollmundigen Chardonnay mit Röstaromen. Doch er ist auch ganz versessen auf die Rhône-Rebsorten. Ein würziger Shiraz mit einer dichten Struktur und intensiver Farbe wird schon bald neuen Auftrieb durch Mourvèdre und Grenache erhalten, die aus den neuesten Pflanzungen auf den insgesamt 50 Hektar Weinbergen stammen. Mittlerweile belegt der Bordeaux-Verschnitt *Ariane*, ein weicher Wein für jeden Tag, das Potenzial der erst kürzlich gepflanzten Rebsorten Cabernet Sauvignon, Merlot und Cabernet Franc.

Die energische Jayne hat mit Hilfe von Beyers Truter und Jeremy Walker die ersten wenigen Jahrgänge selbst hergestellt. Auch jetzt sind immer Weine in Vorbereitung, die für die Weinkäufer attraktiv sind: von einem eleganten Süßwein bis zu einem authentischen Portwein aus Pinotage und Tinta Barocca. Aus Tinta wurde erst kürzlich ein süffiger Rotwein abgefüllt. Ziel der Weinkellerei ist es, nicht viel mehr als 10 000 Kisten zu produzieren. Der Rest der Ernte, die auch ein wenig Sémillon umfasst, wird an die Kooperative Villiersdorp und an andere verkauft.

BOUCHARD FINLAYSON

EIGENTÜMER
Klein Hemel-en-Aarde (Pty) Ltd

HAUPTWEINE
Tête de Cuvée Pinot Noir, Galpin Peak Pinot Noir, Missionvale Chardonnay, Overberg Pinot Noir, Kaaimansgat Chardonnay, Oak Valley Chardonnay, Chardonnay Sans Barrique, Walker Bay Sauvignon Blanc, Blanc de Mer

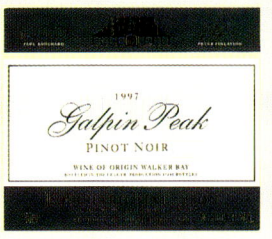

Neue Welt im Weinkeller, Alte Welt bei den Weinbaumethoden – das Weingut Bouchard Finlayson spiegelt wirklich seine Ursprünge wider: Der Weinmacher Peter Finlayson kaufte Klein Hemel-en-Aarde, das in der Nähe des Weinguts Hamilton Russell liegt, während er dort noch als Weinmacher tätig war. Er begann die Weinberge neu zu bepflanzen und presste die ersten zugekauften Trauben im Jahre 1991, als Paul Bouchard, ein Franzose aus Burgund und bereits in der zehnten Generation *négociant* (Weinhändler), und sein Manager Mike Clark zu ihm stießen.

Finlayson macht keinen Hehl daraus, dass er der Burgundertradition folgt, angefangen mit den Rebstöcken, die dicht gepflanzt auf fünfreihigen Parzellen wachsen, bis hin zu den Eichenfässern, die er ausschließlich von dem französischen Küfer François Frères bezieht.

Auch verwendet er eine Mischung aus neuen und gebrauchten Fässern, gärt in Holzfässern

Die Weinkellerei Bouchard Finlayson, am Raed-na-Gael-Bergrücken gelegen, ist noch jung; ihr Chardonnay und ihr Pinot Noir aber sind bereits richtungsweisend für das Kap.

Peter Finlayson ist ein Mann des Bodens; seine Weine spiegeln große Nähe zur Natur wider.

und baut lange auf dem Hefesatz aus. Dies und die sorgfältige Arbeit im Weinberg – von der dichten Bepflanzung zur Ertragsbegrenzung bis hin zur Pflege des Blattwerks und dem selektiven Pflücken der Trauben – hat zur Folge, dass in seinen Weinen das volle Fruchtaroma zum Ausdruck kommt, immer in Harmonie mit natürlicher Säure und eleganten Tanninen.

Finlayson begann 1990 mit der Bepflanzung der Weinberge und produzierte seine ersten Jahrgänge unter dem Etikett *Bouchard Finlayson* aus zugekauften Trauben, die sorgfältig ausgewählt wurden und aus ähnlichen Gegenden mit kühlen klimatischen Bedingungen im Overberggebiet, wie Elgin und Villiersdorp, stammten. Die Verbindung zu den Weinbauern erhält er auch weiterhin für seine Lagenweine aufrecht, die auf dem Etikett nach wie vor ausgewiesen sind. Beispiele hierfür sind der reichhaltige, fassvergorene, auf dem Hefesatz ausgebaute *Kaaimansgat Chardonnay* mit Aromen von Zitronen und Butter, der aus Trauben von Villiersdorp hergestellt wird, und verschiedene Sauvignon Blancs aus Elgin (die manchmal als *Oak Valley* etikettiert werden), Walker Bay oder eine Kombination von Weinen aus verschiedenen Quellen unter dem Etikett *Overberg*.

Seine ersten Weine aus eigenen Trauben waren der *Galpin Peak Pinot Noir* und der 1997er *Missionvale Chardonnay*. Ersterer ist ein großartiger Wein, karmesinrot, reich an Aromen von Himbeeren und Gewürzen, unterlegt von festen Tanninen und Noten von Kaffee, der zweite ist ein eleganter Wein, der sich durch Aromen von Melonen und tropischen Früchten auszeichnet.

Finlaysons Gesamtproduktion beträgt rund 13 000 Kisten Wein. Diese beiden Weine machen noch nicht einmal ein paar tausend Kisten aus und werden zu einem stolzen Preis verkauft.

Und doch können Finlaysons andere Weine manchmal diese beiden Stars übertreffen, insbesondere der fassvergorene, auf dem Hefesatz ausgebaute, reichhaltige zitronige *Kaaimansgat* mit Aromen von Butter. Ebenso wie Hamilton Russells Weine erhalten auch diese Weine im Ausland Spitzenbewertungen. Jeder seiner Weine weist charakteristische Unterschiede auf, ein Zeichen für das Talent dieses Weinmachers und eine Anerkennung des jeweiligen Terroirs. Der Sauvignon Blanc aus seinen eigenen Walker-Bay-Weinbergen ist zum Beispiel ein typisch fester und schlanker Wein, während der *Elgin Oak Valley* fruchtreicher ist; der *Old Lands* wiederum ist nahezu cremig. Doch interessanterweise spielt sein Glaube an das Terroir als entscheidender Faktor bei der Produktion von Qualitätsweinen nur die zweite Geige. Den Klonen misst er bei Fruchtkonzentration und Reife eine weitaus größere Bedeutung zu.

Der Burgunderstil bei der Weinbereitung und beim Abfüllen kleiner ausgewählter Lagen hat bei seinem jüngsten Star Früchte getragen: Der *Tête de Cuvée Pinot Noir* wird in nur den besten Jahrgängen aus seinen besten Fässern hergestellt. Dieser Wein begann 1996 als Experiment mit nur 20 Kisten; vom 1997er Jahrgang wurden 120 Kisten und ein paar hundert Magnumflaschen hergestellt. In beiden Jahrgängen zeichnet sich dieser Wein durch außerordentliches Aroma und Komplexität aus.

Auch experimentiert Finlayson mit zwei italienischen Sorten, die neu für das Kap sind, Nebbiolo und Sangiovese. Die ersten Ergebnisse sind für den Nebbiolo sehr viel versprechend; der Sangiovese war weniger anregend, hauptsächlich aufgrund der minderwertigen Klone, die den südafrikanischen Weinmachern zur Verfügung stehen.

Anthony Hamilton-Russell (LINKS) vom gleichnamigen Weingut und sein Weinmacher Kevin Grant.

HAMILTON RUSSELL VINEYARDS

EIGENTÜMER
Anthony Hamilton-Russell

HAUPTWEINE
Ashbourne Pinot Noir und Chardonnay;
Hamilton Russell Vineyards Pinot Noir,
Chardonnay, Sauvignon Blanc

Das Weingut Hamilton Russell Vineyards ist eine der großen Adressen am Kap und hat kürzlich zur Überraschung vieler den »estate«-Status beantragt; dabei hatte der Gründer Tim Hamilton-Russell so lange und hart dafür gekämpft, dass seine ersten Jahrgänge aus zugekauften Trauben zertifiziert wurden. Und dennoch bedeutet sein neuer Schritt die Krönung von zwei Jahrzehnten Arbeit mit speziellen Böden, verschiedenen klimatischen Bedingungen, Rebsorten und Klonen. Jetzt ist man dem höchsten Ziel näher gekommen, »Weine anzubieten, die den Charakter eines einzigartigen Terroirs widerspiegeln, die den äußersten Ausdruck der Herkunft leisten«, wie Anthony Hamilton-Russell erklärt, der in Oxford studierte. Man geht sogar so weit und experimentiert mit dem Ablagern der eigenen Holzdauben, die für die Herstellung der Allier-Holzfässer verwendet werden.

Sein Vater Tim ließ sich auf diesem 175 Hektar Land umfassenden Gut im Jahre 1975 nieder, nachdem er zehn Jahre lang die Kap-Weinländer nach einer kühlen Gegend abgesucht hatte, in der er Burgunderweine anbauen konnte. Und dennoch war es nie sein Ziel gewesen, Burgunder-Doppelgänger zu produzieren. Er wollte immer bei seinen Weinen nach einer ausgeprägten Identität streben. Jede Ernte wurde als Probelauf behandelt, um die richtige Lage für die richtige Rebsorte und die richtigen Klone zu identifizieren. Sohn Anthony kam 1991 an Bord, und Spitzen-Weinmacher Steve Smith aus Neuseeland wurde als Berater hinzugezogen. So wurden die Chardonnays und Pinot Noirs auf 30 beziehungsweise 22 Hektar lehmreichen Schieferböden gepflanzt. Sauvignon Blanc einschließlich des südafrikanischen Klons »Weerstasie« und eines neuen Loire-Klons wurden auf den sandigeren, kiesigeren Böden mit guter Drainage gepflanzt.

Ein bedeutender Schritt war die stufenweise Ausmusterung der alten BK5-Pinot-Noir-Klone, auf die sich der frühe weltweite Ruf des Weinguts für seine wundervollen Weine im Burgunder-Stil mit ihrem Aroma von Trüffeln gründete. Was genau genommen ein Schweizer Schaumwein-Klon war, wurde durch eine Auswahl an Burgunderklonen ersetzt, wobei der 1997er Jahrgang der erste war, der gänzlich aus dem neuen Material bestand. Bei der Vinifikation wird auch weiterhin laufend experimentiert. Für den Pinot Noir verwendet man wilde Naturhefen und er wird nicht filtriert.

In dem Weinmacher Kevin Grant, der seit 1994 in der Weinkellerei arbeitet, hat Hamilton-

Die winzige Probierstube, der Produktionskeller und der Barrique-Keller auf Hamilton Russell – die einfache Konstruktion täuscht: Die Weine sind sehr komplex.

Russell einen Gleichgesinnten gefunden: Durch die Vinifizierung einzelner Lagen wurden die Rebflächen »kartografiert«. In den 1995er und 1996er Jahrgängen fanden sie endlich, wonach sie gesucht hatten: zwei Weinberg-Parzellen, eine mit Chardonnay, die andere mit Pinot Noir bepflanzt, deren Trauben zu charakteristisch waren, um in die Standard-Verschnitte einzugehen. So wurde das Aushängeschild des Weinguts geboren, das Etikett *Ashbourne*, dessen beide Weine »mehr Struktur und Komplexität und einen längeren Abgang aufweisen« als die beiden entsprechenden Standard-Weine.

Die Tendenz geht in Richtung Eleganz und Raffinesse. Der Pinot ist samtig, weich und reich an Aromen von Himbeeren und dennoch fest. Der Chardonnay variiert oft mit den Jahrgängen, von reichhaltigen Weinen mit Röstaromen zu etwas milderen, frischeren Weinen mit Zitrusaroma, doch alle Weine sind bemerkenswert lang im Abgang. Der Loire-ähnliche Sauvignon ist durchweg stahlig und mineralisch, angereichert mit dem Aroma tropischer Früchte.

NEWTON JOHNSON

Für den *négociant* (Weinhändler) David Johnson und seine Frau Felicity (geborene Newton) wurde ein lang gehegter Traum wahr – mit diesem 4-Hektar-Weingut und der manuellen Weinkellerei mit einer Verarbeitungskapazität von 70 Tonnen.

Johnson hatte bereits ein erfolgreiches Exportunternehmen mit seinen Cape-Bay-Weinen gegründet (die Weine werden von verschiedenen Weingütern und Kooperativen entsprechend seinen Angaben hergestellt, eingekauft oder verschnitten), bevor er im Jahr 1997 seine eigenen Rebstöcke pflanzte: Sauvignon Blanc und Pinot Noir. Die Söhne Bevan und Gordon sind beide Weinmacher und studierten an der Universität Stellenbosch. Erfahrungen sammelten sie auf den Médoc-Châteaux d'Angludet und Palmer sowie in Napa Valley. Bartho Eksteen, der frühere Weinmacher vom Weingut Wildekraans, berät.

Aus hinzugekauften Trauben aus Walker Bay und Stellenbosch werden ein geschmackvoller Sauvignon, ein zitroniger, vollmundiger Chardonnay, mit dem vollen Aroma eines Weines, der lange auf dem Hefesatz ausgebaut wird, und ein eleganter, ziemlich trockener Cabernet-Merlot-Verschnitt hergestellt.

BARTHO EKSTEEN

Nachdem sich Bartho Eksteen von Wildekraans, einem anderen Weingut in Walker Bay, getrennt hatte, auf dem er sich mit einigen exzellenten Sauvignon Blancs und Pinotages einen Namen gemacht hatte, fand er bei Newton Johnson Arbeit als Weinberater und kann dort nun auch seine eigenen Weine vinifizieren.

Sein Erstlings-Wein musste ein Sauvignon Blanc sein, seine Leidenschaft. Er ist von herausragender Qualität, frisch, mit Aromen von Stachelbeeren, und wird aus zugekauften Trauben hergestellt, die von lokalen Weinbergen stammen, die Eksteen selbst beaufsichtigt. Es ist auch ein Shiraz in Sichtweite, der erste aus Walker Bay.

WILDEKRAANS

Dies ist eine Farm mit großem Potenzial; sie gehört dem Unternehmen EK Green's Houw Hoek Farms. Der neue Weinmacher Jacques Fourie produziert aus den 42 Hektar Weinbergen etwa 10 000 Kisten Wein. Das Aushängeschild Pinotage ist eine moderne Mischung aus pflaumenartigen Fruchtaromen und dichten Tanninen. Neuklone von Cabernet-Sauvignon-, Merlot- und Cabernet-Franc-Rebstöcken weisen ein vorzügliches Fruchtaroma und eine Struktur auf, die eine gute Zukunft verheißen. Der Sauvignon Blanc ist ein gutes Beispiel für die Rassigkeit, die diese Sorte unter kühlen klimatischen Bedingungen an den Tag legt, und der in Eichenholzfässern vergorene Chardonnay besitzt genau die richtigen Bestandteile. Der Chenin wird sowohl in französischer als auch in amerikanischer Eiche verarbeitet und ein wenig Sauvignon und Sémillon werden für einen recht schwergewichtigen Reserve-Wein verwendet.

SOUTHERN RIGHT

Besitzer sind Anthony Hamilton-Russell und sein Weinmacher Kevin Grant. Da das Etikett *Hamilton Russell Vineyards* den Reserve-Flaschenabfüllungen ihrer klassischen Chardonnays, Pinot Noirs und eines Lagen-Sauvignon-Blanc vorbehalten ist, suchte man nach einem anderen Label, um mit der traditionellen Kap-Rebsorte Pinotage sowie mit Chenin Blanc und Sauvignon Blanc experimentieren zu können.

Die Trauben verschiedener Lagen in der Walker-Bay-Gegend sowie eingekaufte Trauben von Weinbergen mit einem ähnlich kühlen Klima in Elandskloof und Stettyn in der Nähe von Villiersdorp gehen in einen vollmundigen, pflaumigen Pinotage ein, einen hervorragenden Wein für jeden Tag. Ferner gibt es einen milden Sauvignon Blanc mit dem Aroma tropischer Früchte und einen festen, fruchtigen Chenin, im Eichenholz ausgebaut. Auf einem erst kürzlich erworbenen 113 Hektar umfassenden Besitz ist eine Weinkellerei mit einer Produktionskapazität von 30 000 Kisten geplant.

GOEDVERTROUW

Der pensionierte Ingenieur Arthur Pillmann, dessen Hobby das Restaurieren alter BMWs ist, kaufte 1984 das alte Gut Goedvertrouw mit seinen 250 Hektar Land. Dort produziert er guten Pinot Noir und Chardonnay. Der Pinot Noir besitzt ein intensives Fruchtaroma und ausgewogene Tannine, der Chardonnay ist kräftig mit Röstaromen und Nuancen von Zitrusfrüchten; die Weine altern bemerkenswert gut. Ein stahliger und doch fruchtiger Sauvignon Blanc, ein himbeerähnlicher Pinotage und ein Cabernet mit intensivem Geschmack runden das Sortiment ab. Die Produktion beträgt rund 1000 Kisten Wein aus 8 Hektar Rebstöcken, die in einem kühlen, trockenen Klima auf mageren, steinigen Böden gedeihen.

WHALEHAVEN

Die Besitzerin Storm Kreusch-Dau, eine international ausgebildete und erfahrene Weinmacherin, bezieht ihre Trauben aus Weinbergen im Hemel-en-Aarde-Tal in der Nähe von Stanford und Elgin. Bei der schwierigen Rebsorte Pinot Noir verwendet sie in ihrer Mischung aus überwiegend neuen Burgunderklonen immer noch ein wenig BK5, um einen süßen, geschmeidigen und leicht würzigen Wein herzustellen. Sowohl der Merlot als auch der Cabernet zeichnen sich durch ein festes Fruchtaroma aus, und der Verschnitt *Baleine Noir* aus Shiraz und Merlot ist ein sehr guter Wein für jeden Tag.

WhaleHaven produziert etwa 4 000 Kisten Wein.

ELGIN

Wie Walker Bay ist auch Elgin ein Bezirk des Overberggebietes. Eingebettet in die zerklüftete Hottentots-Holland-Bergkette, die die Kap-Halbinsel von den wogenden Weizenfeldern von Caledon trennt, verheißen die kühlen klimatischen Bedingungen Elgins gute Weintrauben. Elgin wurde in den frühen 1990er Jahren zum Wine-of-Origin-Bezirk proklamiert.

Der Neurochirurg und Obstfarmer Paul Cluver war mutig und rodete auf seiner Apfelfarm De Rust unberührtes Land, das in einer Höhe von 400 bis 500 m über dem Meeresspiegel liegt. Cluver ist die einzige private Weinkellerei des Bezirks.

Aus dem 1998er Erstlingsjahrgang von Chardonnay und Pinot Noir sind feste, gut gemachte Weine hervorgegangen, die unter dem Etikett *Thandi* auf der Cluver-Farm erhältlich sind.

Nach Ansicht von Fachleuten ist noch genügend Potenzial vorhanden, um mindestens weitere 200 Hektar Land mit Weintrauben in Premium-Qualität zu bepflanzen. Ein Gemeinschaftsprojekt zwischen De Rust, der South African Forestry Company und Safcol-Arbeitern der ehemaligen Forstwirtschaftsstation Lebanon sieht die Entwicklung von 100 Hektar früherem Forstland für den Anbau von Obst und Wein vor (hauptsächlich Sauvignon Blanc, Cabernet und Merlot).

Ziel ist es, den größten Teil des enormen Potenzials dieses Bezirks mit seinen mageren Schieferböden und Granitböden zu nutzen. Führende Weinmacher wie Peter Finlayson und Neil Ellis wollen hier Güter aufbauen, die Trauben zuliefern sollen.

Aus der Gegend um Villiersdorp stammen Trauben für exzellente Weine wie Bouchard Finlaysons *Kaaimansgat Chardonnay*.

ELGIN

1. Paul Cluver
2. Villiersdorp

PAUL CLUVER

EIGENTÜMER
Dr. Paul Cluver

HAUPTWEINE
Pinot Noir, Cabernet Sauvignon, Sauvignon Blanc, Chardonnay, Weisser Riesling, Gewürztraminer

Das Weingut Paul Cluver Estate ist ein Familienbetrieb. Dr. Paul Cluver jongliert mit seinen Berufen als Neurochirurg, als Geschäftsführer der Obst-Export-Kooperative Kromco und mit seiner neuesten Rolle in einem Gemeinschaftsunternehmen zur Erschließung landwirtschaftlicher Nutzfläche. Und dennoch schafft er es mit Hilfe seiner Frau Songvei und drei der vier Töchter, einige sehr gute Weine aus 54 Hektar Land zu produzieren, die mit Premium-Rebsorten bepflanzt sind. Sohn Paul wird vielleicht schon bald hinzukommen, sobald er sein Önologie-Studium abgeschlossen hat.

Seit 1997 ist Schwiegersohn Andries Burger für den Keller verantwortlich. Früher gingen die Trauben nach Nederburg, dessen ehemaliger Weinmacher Günter Brözel den Cluvers dabei half, aus einer Verpackungsscheune für Obst eine Weinkellerei zu machen, in der nun etwa 9000 Kisten Wein jährlich produziert werden.

Trauben und Saft werden mit penibler Sorgfalt verarbeitet, und ebenso sorgfältig ist auch der Ausbau in den Eichenholzfässern. Die verschiedenen Parzellen der Weinberge werden separat vinifiziert, um die lagenspezifischen Besonderheiten herauszuarbeiten.

Es wurden weitere Lagen für Sauvignon Blanc, Pinot Noir und den ersten Merlot festgelegt, während alte Gewürztraminer-Wurzelstöcke mit Sauvignon veredelt werden. Cabernet wird zwar auf den wärmeren Hängen gepflanzt, doch Burger ist überzeugt, dass diese Sorte in kühleren Regionen besser gedeiht.

Der Cabernet, neu im Sortiment, ist ein typischer, dichter Wein von einer gewissen Zurückhaltung und mit mineralischem Charakter, dennoch verspricht er gereift ein köstliches Fruchtaroma. Der nicht im Holz ausgebaute Sauvignon ist rassig und mineralisch. Eine fassvergorene Version weist ein Aroma von Butter auf. Die ersten Pinot Noirs zeigten zunächst ein wundervolles Aroma süßer Kirschen, das sich dann wieder verlor und nun erneut zum Vorschein kommt. Der halbtrockene Riesling hat sich vom eleganten zum vollmundigeren, fetteren Wein gewandelt, der oft mit edelfaulen Trauben angereichert wird, wodurch er sehr langlebig wird.

VILLIERSDORP

Villiersdorp ist eine Kooperative, die 1920 gegründet wurde und Früchte aus einem Gürtel von etwa 500 Hektar Weinbergen bezieht, der sich vom warmen Worcester bis hin zu den kühlen Overbergbezirken erstreckt. Die Weine werden für gewöhnlich als *Western Cape* oder *Overberg* gekennzeichnet.

Manager und Kellermeister JP Steenekamp produziert Rot- und Weißweine mit einem sehr guten Preis-Leistungs-Verhältnis. Der Pinotage mit schönem Fruchtaroma und Noten von Eichenholz ist gefällig, und der authentische Portwein ist viel versprechend.

OBEN: Der Cluver-Clan einschließlich Protegé Patrick Kraukamp sowie Schwiegersohn und Weinmacher Andries Burger produziert auf der Farm De Rust **(RECHTS)** Weine, die in kühlem Klima gedeihen.

ROBERTSON

Robertson ist ebenso wie Worcester ein Bezirk in der Region Breede River Valley. Obwohl der Bezirk trocken (die jährliche Niederschlagsmenge kann weniger als 300 mm betragen) und unfruchtbar aussieht und man einst glaubte, er sei zu heiß für die Produktion von Qualitätswein, zieht die kühle, feuchte Luft das Tal hoch, das weniger als 100 km von der Küste entfernt liegt.

Der Brandvlei-Damm liefert mit seinem Kanalsystem, das entlang des Breede Rivers verläuft, ständig Wasser. Die Rebstöcke gedeihen sehr gut auf den angeschwemmten sandigen, oftmals übermäßig fruchtbaren Böden. Auf der Suche nach mageren Böden, die zwar eine geringere Ernte, aber qualitativ hochwertigere Trauben mit einem konzentrierteren Fruchtaroma hervorbringen, weichen die Weinbauern auf etwas höhere Lagen aus, die aus krümeligem Lehm und Kalkstein bestehen. Gleichzeitig erkunden sie die kühlen felsigen Ausläufer der Langeberg-Bergkette im Norden.

Weinkellereien wie Rooiberg rühmen sich moderner, fruchtiger Rotweine, die in einem neuen Stil vermarktet werden.

Obwohl der Bezirk traditionell Weißweingebiet ist – quantitativ Chenin Blanc und Colombard, qualitativ Chardonnay und Sauvignon Blanc –, geht die Tendenz in Richtung Rotweine: Shiraz ist der aufstrebende Stern, während sich Cabernet Sauvignon, Merlot und Pinotage ebenfalls als sehr erfolgreich erweisen. Ein weiterer Favorit ist der Ruby Cabernet; er verleiht den Verschnitten, wenn er wirklich reif gepflückt wird, mehr Farbe und Fruchtigkeit.

Die Weinfarmer haben sich zur Robertson Valley Association zusammengeschlossen, in erster Linie um ein regionales Zertifikationssystem einzuführen. Die Entwicklung wird zwar immer noch vom Wine & Spirit Board der Weinindustrie überwacht, doch damit ist ein bedeutender Schritt getan, um regionale Weinstile am Kap zu etablieren.

Hauptanliegen aber ist es, rote und ausgewählte weiße Rebsorten auf wissenschaftlicher Basis so anzupflanzen, dass die richtigen Rebsorten (vor allem die Premium-Sorten) in den für sie am besten geeigneten Lagen gepflanzt werden.

ROBERTSON

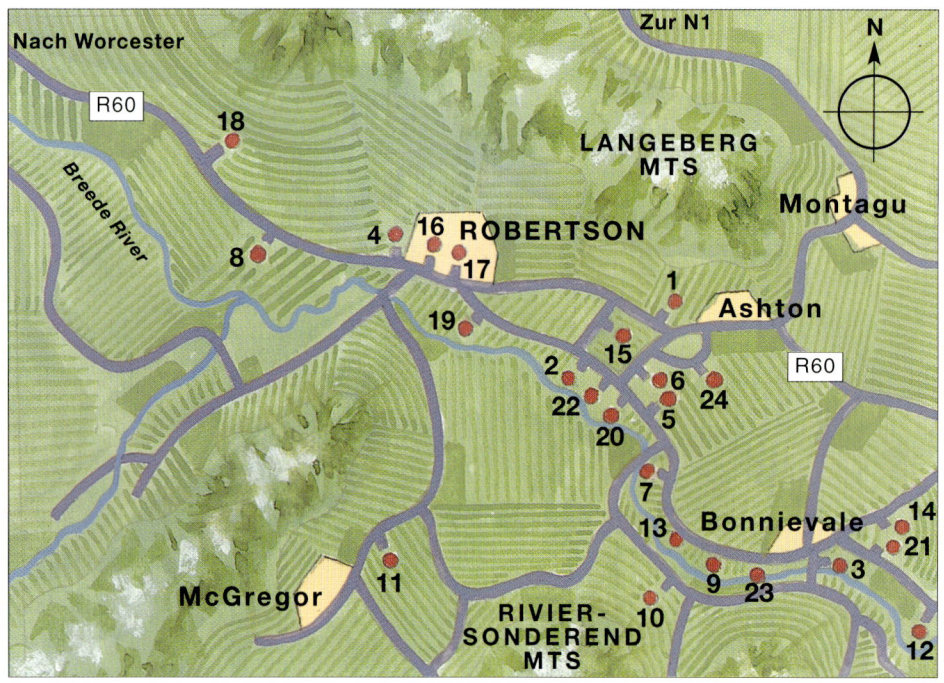

1. Ashton	9. Jonkheer	17. Roodezandt
2. Bon Courage	10. Langverwacht	18. Rooiberg
3. Bonnievale	11. McGregor	19. Springfield
4. Clairvaux	12. Merwespont	20. Van Loveren
5. De Wetshof	13. Mooiuitsig	21. Van Zylshof
6. Excelsior	14. Nordale	22. Viljoensdrift
7. Goedverwacht	15. Rietvallei	23. Weltevrede
8. Graham Beck Cellars	16. Robertson	24. Zandvliet

SEITE 144: Der Bezirk Robertson ist nicht so trocken und unfruchtbar, wie manche glauben. Er ist oft in Nebel und Wolken eingehüllt und bietet somit die für die Produktion von Qualitätstrauben erforderliche Kühle.

GRAHAM BECK CELLARS

EIGENTÜMER
Graham Beck

HAUPTWEINE
Cap Classique Brut Blanc de Blancs,
Brut NV, Ridge Shiraz, Railroad Red,
Lone Hill Chardonnay, Sauvignon Blanc,
Waterside White, Rhona Muscadel

Der Schaumweinspezialist Pieter Ferreira zog aus dem malerisch schönen Franschhoek, wo er unter dem Champagnerfanatiker Achim von Arnim auf dem Weingut Cabrière arbeitete, in das trockene und dürre Robertson um, weil Graham Beck ihn darum gebeten hatte. Dieser mächtige, publicityscheue Kohlemagnat und Pferdezüchter kaufte sein erstes Weingut im Jahr 1983 (heute gehören ihm ferner Bellingham und zwei Besitztümer in Helderberg).

Das Gut wurde systematisch neu bepflanzt. Früher gingen die Trauben an die benachbarte Kooperative Rooiberg, bevor sie dann für die ersten Weine verwendet wurden, die Ferreira 1991 produzierte: einen fassvergorenen Chardonnay und einen Cap Classique, der zu gleichen Teilen aus den Traditionssorten Chardonnay und Pinot Noir besteht.

Ferreira produziert seine Schaumweine unter Anwendung der traditionellen Champagner-Techniken: Pressung der Trauben samt Stielen, Verwendung des ablaufenden Traubensaftes, Gärung in Eichenholzfässern und lange Jahre auf dem Hefesatz vergoren vor der Degorgierung. Auch wurden über die Jahre hinweg Vorräte an Basisweinen aufgebaut, die dem fertigen Wein eine ungewöhnliche Komplexität und Reife verleihen und in bester Tradition der Spitzen-Champagner-Häuser einen gleich bleibenden Stil gewährleisten. Der *Chardonnay Pinot Noir Brut NV* mit seiner leicht höheren Dosage als die der Blanc de Blancs, die zu 100% aus Chardonnay bestehen, sollte jünger getrunken werden und liegt nur zwei statt fast vier Jahre lang auf der Hefe.

Doch Ferreira und sein Assistent Manie Arendse haben nun Premium-Rotweine im Visier, nachdem sie bereits einen sehr cremigen, fruchtigen, fetten Lagen-Chardonnay namens *Lone Hill* meisterhaft hergestellt haben und jetzt dabei sind, der Großproduktion ihrer exzellenten und preiswerten Verschnitte *Waterside White* und *Railroad Red* den Feinschliff zu geben. Der *Railroad Red* wird aus Cabernet und Shiraz hergestellt; die Pflanzungen dieser beiden Rebsorten wurden erst kürzlich auf 22 Hektar ausgeweitet. Ferreira, der eine Schwäche für Shiraz hat, füllte 1997 knapp über 1000 Kisten dieses ersten sortenreinen Weins ab. Die Trauben stammten von 6 Hektar Land, die 1994 auf neuen Lagen auf den benachbarten Langeberghängen gepflanzt wurden. Seinen modernen, saftigen *Ridge Shiraz* mit seinem ausgeprägten Fruchtaroma baut er in amerikanischer Eiche aus. Er füllte auch sortenreinen Merlot aus sechs Hektar und Cabernet aus zwei Hektar ab.

Die Gesamtproduktion der Graham Beck Cellars, die durch ein erfolgreiches Exportgeschäft gesteigert wurde, beträgt die enorme Menge von 150 000 Kisten Wein aus nahezu 180 Hektar.

Pieter Ferreira (**LINKS OBEN**) ist Experte für flaschenvergorene Schaumweine und produziert nun einige sehr gute Shirazes in den ultramodernen Graham Beck Cellars (**OBEN**).

SPRINGFIELD

EIGENTÜMER
Abrie Bruwer

HAUPTWEINE
Méthode Ancienne Cabernet Sauvignon, Cabernet Sauvignon, Life from Stone Sauvignon Blanc, Special Cuvée Sauvignon Blanc, Sauvignon Blanc, Méthode Ancienne Chardonnay, Wild Yeast Chardonnay, Colombard Chardonnay

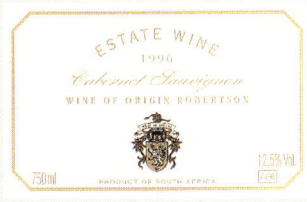

Abrie Bruwer ist in der vierten Generation Weinfarmer und war vor noch nicht allzu langer Zeit noch damit zufrieden, Trauben und Weine an die Stellenbosch Farmers' Winery zu liefern. Als er 1995 um eine Preiserhöhung bat und abgewiesen wurde, entschloss er sich dazu, selbst Wein herzustellen. Von seinen 160 Hektar Weinbergen, die an den Ufern des Breede River liegen, sind die besten Lagen steinige Böden, auf denen die Löcher für Spalierpflöcke und Rebstöcke mit einer Stahlstange in den Boden gestoßen werden mussten. Er bewässert bei Bedarf durch Tröpfelbewässerung. Die Ernteerträge werden niedrig gehalten und betragen zwischen 5 und 6 Tonnen Trauben pro Hektar Land. Gepflückt wird in den kühlen Nachtstunden. Sein Prinzip ist es, die Eingriffe im Keller auf ein Minimum zu reduzieren: keine Filtration, keine Stabilisierung. Bei der Weinbereitung orientiert er sich an traditionellen französischen Methoden, auch bei der Verwendung von Eichenfässern: Die Holznote ist durchweg sanft und ergänzt die Frucht in jeder Beziehung. Und dennoch sind die meisten Weine alterungsfähig.

Seine ersten eleganten Sauvignon Blancs mit mineralischem Charakter und dem Aroma von Feigen und die dichten, fruchtreichen Cabernets waren eine Offenbarung in Robertson, von dem man immer geglaubt hatte, dass es für diese Rebsorten nicht geeignet wäre. Und nach einem Jahr oder länger in der Flasche kam die wahre Klasse seiner *Special Cuvée Sauvignon Blanc* erst richtig zur Geltung.

Im Jahre 1997 zog Bruwer abermals die Aufmerksamkeit mit seinem neuen *Chardonnay Méthode Ancienne* auf sich, diesmal durch die Verwendung von wilden Naturhefen, die auf den Schalen der frisch gepflückten, reifen Trauben natürlich vorkommen. Auch hier hat er wieder eine uralte Burgundermethode angewendet: Die Gärperiode des Weines beträgt drei Monate, anschließend wird der Wein etwa ein Jahr lang auf den Hefen in französischen Eichenfässern ausgebaut und dann sofort ohne Klärung, Filtration oder Stabilisierung in schwere Burgunderflaschen abgefüllt. Der 1997er Jahrgang, der schön in der Flasche reift, und der feine zitronige 1999er sind ein bedeutender Schritt weg von dem noch immer sehr guten Standard-Wein *Wild Yeast Chardonnay*, der weniger Eichenholz aufweist, aber nun ebenfalls mit wilden Naturhefen vergoren wird.

Ein erstklassiger Cabernet von einer 3 Hektar großen Parzelle wird 18 Monate lang in Eichenfässern vergoren und erst nach langer Flaschenreifung zum Verkauf freigegeben. Mit seinem typisch mineralischen, würzigen Charakter, unterlegt mit kräftiger Frucht, ist er einfach umwerfend.

Abrie Bruwer (**OBEN**) war früher Weinlieferant für Großhändler, und jetzt ist er mit Springfield (**LINKS**) ein Synonym für Sauvignon Blanc und Cabernet in Spitzenqualität.

ZANDVLIET

EIGENTÜMER
Paul und Dan de Wet

HAUPTWEINE
Zandvliet Kalkveld Shiraz, Shiraz, Chardonnay, Cabernet, Merlot, Cabernet Merlot; Astonvale Shiraz, Chardonnay, Sauvignon Blanc, Colombard

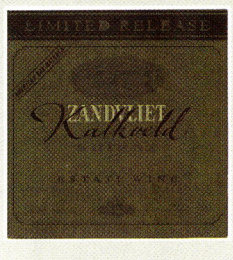

Die beiden Brüder Paul und Dan de Wet bewirtschaften die 1000 Hektar große Obst- und Weinfarm Zandvliet mit angeschlossenem Rennstall bereits in der vierten Generation. Der Wein verdrängt in zunehmendem Maße die anderen landwirtschaftlichen Aktivitäten und auch der Rennstall wird verkleinert, da die kalkreichen Böden, die als Weideland dienten, nun mit Rebstöcken bepflanzt werden.

Man geht weg von den dunklen, fruchtbaren, angeschwemmten Böden entlang des Cogmans River und erkundet die kühleren, niedriger gelegenen Berge auf der gegenüberliegenden Seite, wo über 100 Hektar weitgehend unberührtes Land schon bald zu den bereits bestehenden 150 Hektar Land der Farm hinzukommen könnten. Die Böden dort sind rote, kiesige Karoo-Böden, eine exzellente krümelige Kombination aus Lehm und Kalkstein.

Beratender Weinmacher ist Phil Freese vom Weingut Sonoma, der u. a. auch De Wetshof und Thelema berät. Shiraz, Cabernet und Merlot werden auf diesen Bergen alle gut gedeihen, doch vor allem der Shiraz zeigt bereits eine Änderung im Stil. Bei den ersten Weinen, die aus diesen »Kalkland«-Reben vinifiziert wurden, stammten die Trauben aus dem 1996er Jahrgang und wurden am Ende des Millenniums als *Zandvliet Kalkveld Shiraz* zum Verkauf freigegeben. Diese Weine und die nachfolgenden Jahrgänge sind von intensiver Farbe und hoher Fruchtkonzentration auf der Basis von ganz neuem Eichenholz. Sie bedeuten einen wirklich neuen Kurs für Zandvliet. Die de Wets experimentieren mit französischem und amerikanischem Eichenholz, variieren die Zeiten, in denen der Wein auf der Schale gärt, und die Verwendung von ablaufendem und gepresstem Traubensaft. Trauben aus verschiedenen Lagen werden separat vinifiziert, damit Qualität und Entwicklung jedes einzelnen Weines verfolgt werden können.

Zandvliet hat das Etikett *Ashton* erfolgreich für den Exportmarkt aufgebaut. Das Sortiment aus Rot- und Weißweinen ist für den direkten Zugang bestimmt – sowohl am Gaumen als auch beim Portemonnaie. Damit der Name Zandvliet in Zukunft nur noch mit Shiraz in Verbindung gebracht wird, ist ein weiteres Etikett geplant, um Cabernet, Merlot und einen in Holzfässern ausgebauten Chardonnay mit einem Label zu versehen; bisher werden sie noch unter dem Etikett *Zandvliet* verkauft.

ASHTON

In dieser Kooperative, deren Mitglieder einst überwiegend Chenin Blanc und Colombard produzierten, ist die Rotweinproduktion nun auf dem Vormarsch. Cabernet Sauvignon, Cabernet Franc, Merlot, Shiraz und Pinotage werden angepflanzt, wobei der Shiraz am vielversprechendsten ist. Doch dieses Land bleibt auch ein Land für Süßweine, wobei der gespritete Muscadel Jerepigos, insbesondere der weiße, ein köstlicher, preiswerter Dessertwein ist.

BON COURAGE

Anton Bruwer und sein Sohn Jacques erregten vor ein paar Jahren die Aufmerksamkeit der Leute mit einem sehr feinen Cap Classique. Der *Jacques Bruère Brut Reserve* ist eine traditionelle Mischung aus Chardonnay und Pinot Noir und weist eine ungewöhnliche Reichhaltigkeit und Hefigkeit auf, die durch vorzügliche Aromen von Melonen und Äpfeln ausgewogen wird. Bruwer seniors Gewürztraminer ist ein lieblicher, voller, blumiger, halbtrockener Wein und ist sein Geld ebenso wert wie der *Gewürz Special Late Harvest* (Spätlese) aus edelfaulen Trauben. Mittlerweile arbeitet der fortschrittliche Jacques mit kleinen Mengen Sauvignon Blanc und Chardonnay, die in Holzfässern ausgebaut werden, und produziert Prestige Cuvées mit ziemlich viel Substanz. Neupflanzungen von Cabernet, Merlot und Shiraz bringen Weine für jeden Tag hervor.

BONNIEVALE

Diese Kooperative wurde 1964 gegründet und ist ein weiterer Massenproduzent von Chenin Blanc und Colombard. Die Premium-Sorten Chardonnay, Cabernet Sauvignon, Pinotage und Ruby Cabernet gehen in neue Verschnitte unter dem Etikett *Riggton* ein.

CLAIRVAUX

Produziert werden eine sehr reife, fruchtige Auslese und eine köstliche neue Beerenauslese. Ansonsten gibt es das übliche Sortiment aus trockenen und halbsüßen Weißweinen, Muscadels und Jerepigos. Der halbsüße Riesling kann ganz delikat sein.

DE WETSHOF

Der Besitzer und Weinmacher Danie de Wet, in Geisenheim ausgebildet, hat sich auf Chardonnays spezialisiert und produziert davon fünf Varianten. Das beginnt beim saftigen *Bon Valon*, der nicht in Eichenholzfässern ausgebaut wird,

OBEN: Die Brüder Paul (STEHEND) und Dan de Wet investieren stark in die Zukunft der Rotweine auf Zandvliet (RECHTE SEITE), das berühmt ist für seinen Shiraz.

und dem nur leicht im Holz ausgebauten, zitronigen *Finesse*. Ein weiterer Schritt nach oben ist der fassvergorene und in Eichenfässern ausgebaute *d'Honneur* mit seinen Röstaromen, gefolgt vom *Bateleur*, einer besonderen Fassauswahl, die nach seinem persönlichen Geschmack hergestellt wird. Nun hat er einen *Chardonnay Sur Lie* hervorgebracht, fassvergoren und lange auf dem Hefesatz ausgebaut, um die cremige Struktur zu erzielen. De Wet setzt auch schon immer auf Riesling, der sowohl als trockener als auch als halbsüßer Dessertwein aus edelfaulen Trauben produziert wird.

EXCELSIOR

Nachdem das Weingut von Stephan und Freddie de Wet mehrere Jahre lang Massenweine an den Großhandel geliefert und ein erfolgreiches Exportgeschäft aufgebaut hatte, produziert Weinmacher Jaco Marais nun unter neu gestaltetem Etikett einen geschmackvollen, charaktervollen Sauvignon Blanc und einige äußerst trinkreife Cabernets, allesamt zu einem guten Preis. Merlot und Shiraz werden folgen. Mit seinen 200 Hektar ist dies eines der größten Weingüter in Familienbesitz am Kap.

GOEDEVERWACHT

Dies ist weitgehend ein Lieferant für Massenweine. Jan du Toit hat seit seiner ersten Flaschenabfüllung eines 1993er Colombard expandiert, und sein Sortiment umfasst nun auch einen Sauvignon Blanc und einige vorzügliche Chardonnays. Die neu gepflanzten roten Rebsorten werden schon bald Früchte liefern; bis zu 30 % der Ernte sollen in Flaschen abgefüllt werden.

JONKHEER

Dirk Jonker etabliert gerade einige interessante neue Markenweine in dieser Weinkellerei, die 150 Hektar verjüngter Weinberge umfasst. Das Etikett *Bakenskop* ist zu einem Synonym für zwei gute gespritete Dessertweine geworden: den *Red Muscadel* und einen weichen, in der Flasche gereiften *White*. Ferner gehört ein schmackhafter Chardonnay dazu. Das New-Look-Etikett *Jonkheer* umfasst ein Sortiment von sortenreinen Rot- und Weißweinen in Premium-Qualität.

LANGVERWACHT

Diese Bonnievale-Kooperative ist wahrscheinlich am bekanntesten durch ihren frischen Colombard mit ausgeprägtem Guajaven-Aroma. Sie kauft auch in zunehmendem Maße Sauvignon Blanc und Chardonnay hinzu, Letzterer mit einem schönen Aroma von tropischen Früchten. Der Keller verarbeitet etwa 10 000 Tonnen Traubengut, füllt aber nur rund 1000 Kisten Wein selbst ab.

MCGREGOR

Der Kooperativen-Weinmacher Danie Marais macht einige gute Verschnitte aus Chardonnay und Chenin Blanc, während seine geradlinigen Chenins und die gerade noch halbtrockenen Colombards köstlich fruchtig und würzig sein können. Der *Village Red*, ein ziemlich trockener und dennoch fruchtiger Ruby Cabernet mit leichter Eichennote, ist nicht schlecht.

MERWESPONT

Die Weinbauern dieser 65 Mitglieder umfassenden Kooperative konzentrieren sich auf den Anbau der Big-Six-Kap-Rebsorten: Chardonnay, Sauvignon Blanc, Cabernet Sauvignon, Merlot, Shiraz und Pinotage. Gestützt auf jahrelange Aufzeichnungen und ihre eigene Rebschule erkunden die Mitglieder nun auch die kühlen Hänge der Langeberg-Mountains. Die besten Weine unter den neuen sortenreinen Abfüllungen sind Chardonnay und Cabernet.

MOOIUITSIG

Dieser Produzent und Großhändler befindet sich im Besitz der Familien Jonker und Claassens und verkauft Mooiuitzicht-Tafelweine und die Weine *Oude Rust Muscadels* und *Hanepoots*. Er ist auch eine Quelle für ungewöhnliche Dessertweine wie Malvasia und Marsala.

NORDALE

Der neue Weinmacher der Kooperative, Tinus Els, füllt knapp über 3 000 Kisten von wenigen ausgewählten Weinen ab, der Rest wird an Großhändler verkauft. Das Etikett *Nordale* umfasst einen großartigen Chardonnay und einen Verschnitt aus Chardonnay und Colombard. Der *Vin Rouge Ruby Cabernet Cabernet Sauvignon* ist ein Wein für jeden Tag, der *Red Muscadel Jerepigo* ist gut. *Mon Don* ist ein kleines Zweitetikett.

RIETVALLEI

Johnny Burger ist bereits in der fünften Generation für diesen Familienbesitz verantwortlich. Der Großteil der Trauben aus den gut 170 Hektar Rebstöcken geht an Distillers in Stellenbosch.

Rietvallei füllt einen Chardonnay und den berühmteren Rotwein *Estate Muscadel* in Flaschen ab. Letzterer ist ein frischer, sauberer, eleganter Wein, der nach einem alten Rezept aus Trauben hergestellt wird, die von über 70 Jahre alten Rebstöcken stammen.

ROBERTSON

Dies ist eine der progressivsten Kooperativen in der Gegend. Bowen Botha und seine Weinmacher verarbeiten rund 23 000 Tonnen aus nahezu 1500 Hektar. Es sind moderne und fruchtige Alltagsweine.

Das Etikett *Wide River* kennzeichnet Weine der Neuen Welle: sortenreine Sauvignon Blancs, Chardonnay-Reserve-Weine und Cabernets von ausgewählten Lagen. Das Sortiment *Robertson* bietet moderne, kräftige Weine, vom im Fass ausgebauten Cabernet bis hin zu äußerst trinkreifen Merlots und Pinotages. Eine köstliche neue Riesling-Beerenauslese erscheint unter dem Etikett *Almond Grove*.

ROODEZANDT

Der Kooperativen-Weinmacher Christie Steytler liebt Ruby Cabernet und Chardonnay; die Liebhaber der so*etes* (Süßweine) verlangen lautstark nach dem roten und weißen Muscadel. Roodezandt produziert auch einen der wenigen Ruby-Ports der Gegend.

ROOIBERG

Rooiberg bietet Weine mit dem besten Preis-Leistungs-Verhältnis in Robertson. Die Kooperative ist zu einem Synonym für Shiraz geworden, und Kellermeister Tommy Loftus ermuntert seine Weinbauern dazu, noch mehr davon anzupflanzen. Sein saftiger Pinotage ist ein weiterer erfolgversprechender Wein ebenso wie der Ruby-Portwein. Pflanzungen von Cabernet und Merlot haben Hochkonjunktur, seit die Mitglieder den kalifornischen Weinmacher Phil Freese vom Weingut Zandvliet zu Rate ziehen.

VAN LOVEREN

Das Weingut wurde lange Zeit wegen seiner ungewöhnlichen Weißweine (Hárslevelü, Fernão Pires, Pinot Gris) beachtet und hat einige gut zu trinkende Weiß- und Rotweinklassiker hervorgebracht.

Zuletzt ist noch Pinotage hinzugekommen, während die Verschnitte *River Red* und *River White* ihr Geld wert sind. Die Weinberge werden mit roten Rebsorten neu bepflanzt, sodass schließlich ein Verhältnis von 50:50 bei roten und weißen Rebsorten besteht.

VAN ZYLSHOF

Der kleine 30-Hektar-Besitz gehört seit drei Generationen der Familie van Zyl. Sorgfältig platzierter Chardonnay, Sauvignon Blanc und ein wenig Chenin Blanc sowie eine 3 Hektar große, mit Cabernet Sauvignon neu bepflanzte Parzelle bilden die Mischung der Weine, die von Sohn Andri, einem Diplom-Önologen, gemacht werden.

VILJOENSDRIFT

Die fünfte Generation Viljoen-Brüder, Weinmacher Fred und Weinbauer Manie, füllten 1998 ihren ersten Wein ab. Etwa 70 Tonnen Chenin Blanc, Colombard, Chardonnay, die lokale Rarität Sémillon, Cabernet Sauvignon und Pinotage gingen früher überwiegend in den Export, doch seit neuestem werden die Weine auch vor Ort angeboten.

WELTEVREDE

Besitzer ist der KWV-Vorsitzende Lourens Jonker. Zu den Erstabfüllungen Mitte der 1970er Jahre gehörten auch der erste *Red Muscadel* und der erste gespritete Dessertwein des Landes, die für den Verkauf auf der Nederburg Auction ausgewählt wurden. Der Aufstieg zu den klassischen Rebsorten hat einen eleganten Chardonnay, einen mineralischen Sauvignon Blanc und einen im Holz ausgebauten Verschnitt der beiden hervorgebracht. Der *Philip Jonker Brut Cap Classique* ist nach Jonkers Sohn benannt, der nun der Weinmacher ist. Unter den 100 Hektar mit überwiegend weißen Rebsorten finden sich auf den hoch gelegenen Schieferböden auch ein wenig neu gepflanzter Merlot und Cabernet. Begrenzte Mengen an sortenreinen Spitzen-Premium-Weinen werden unter dem Etikett *Oude Weltevrede* abgefüllt. Ein roter und ein weißer Muscadel sind sehr erfolgversprechende Weine.

Van Loveren ist eine jener Weinkellereien in Robertson, die die Berghänge und das warme Klima für ihre fruchtigen Weine nutzen.

WORCESTER

Worcester ist einer der neueren Weindistrikte und gehört zur Region Breede River Valley. Es produziert etwa 25% der Gesamttraubenernte des Landes, wodurch Worcester hinsichtlich des Volumens das größte Weinbaugebiet Südafrikas ist.

Frühnebel im breiten Breede River Valley, das meist mit extremer Hitze in Verbindung gebracht wird.

Während Colombard in Robertson die am weitesten verbreitete Sorte ist, bleibt hier Chenin Blanc das Rückgrat der Weinindustrie. Traditionell wird diese Rebsorte zum Brennen verwendet, doch seit kurzem werden daraus auch Traubensäfte und Konzentrate für diesen wachsenden Markt hergestellt. Doch im letzten Jahrzehnt des 20. Jahrhunderts unternahmen einige vorausdenkende Winzer ernsthafte Versuche, sich den Markt für Qualitätsweine zu erschließen. Die Weinbauern experimentierten mit den klassischen Kap-Rebsorten: hauptsächlich Chardonnay, ein wenig Sauvignon Blanc. Unter den roten Rebsorten überwiegen Cabernet Sauvignon und Shiraz, dazu etwas Merlot und Pinotage.

Das warme Klima begünstigt das Wachstum reichhaltiger, reifer Frucht, die man für die Produktion von fruchtigen, jung trinkbaren Rotweinen für jeden Tag benötigt. Im Jahre 1995 begannen Berater damit, Gebiete für spezifische Rebsorten genau zu bestimmen, und berieten dementsprechend die Kooperativen. Zum Beispiel wurde Shiraz, der sich eigentlich auf Schiefersand am wohlsten fühlt, auf den Weingütern De Wet, Slanghoek und Du Toitskloof angepflanzt. Merlot, der am besten in lehmigeren Böden gedeiht, brachte auf Botha, Bergsig, Romansrivier und Badsberg gute Ergebnisse. Cabernet Franc gedieh am prächtigsten auf dem Weingut Nuy mit seinen kalkreichen Böden.

Die Modernisierung der Weinkellereien stand als nächster Punkt auf der Liste. Es wurde viel Geld in neue pneumatische Traubenpressen und Gäranlagen für Rotweine investiert. Vor allem Produktionsanlagen in Italien und Frankreich gelten der progressiven neuen Generation von jungen, qualifizierten Weinmachern, die die Weinkellereien der Kooperativen leiten, als Vorbild.

WORCESTER

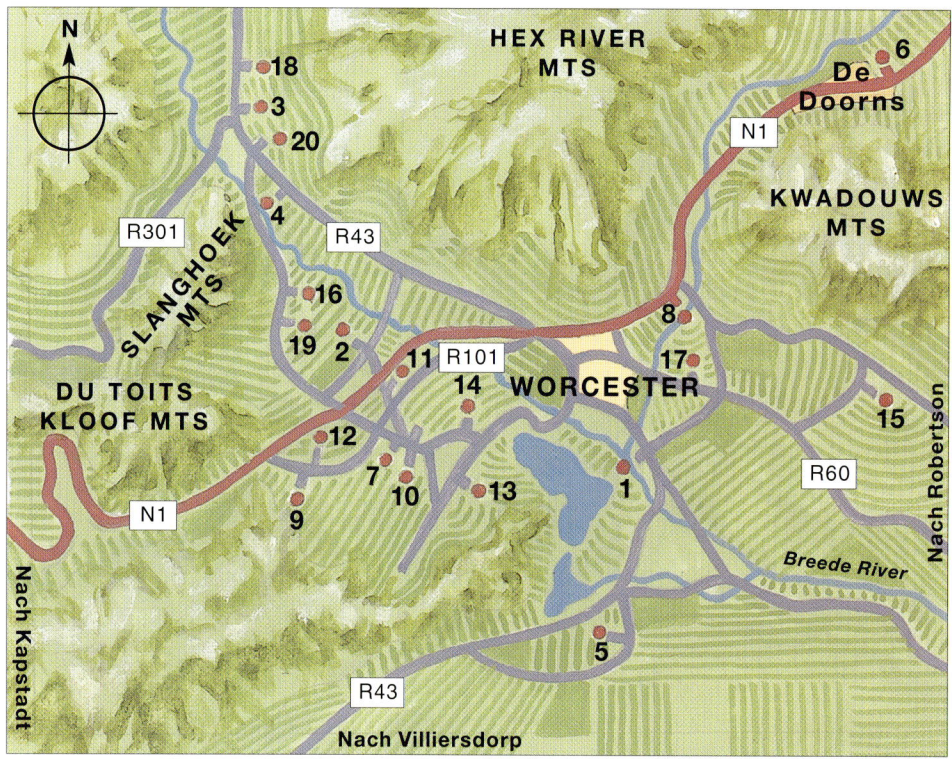

1. Aan-de-Doorns	8. De Wet	14. Merwida
2. Badsberg	9. Du Toitskloof	15. Nuy
3. Bergsig	10. Goudini	16. Opstal
4. Botha	11. Groot Eiland	17. Overhex
5. Brandvlei	12. HL Du Preez	18. Romansrivier
6. De Doorns	13. Louwshoek-Voorsorg	19. Slanghoek
7. Deetlefs		20. Waboomsrivier

SEITE 154: Durch die spektakulären Du Toitskloof Mountains werden die Kap-Weinländer der Küstenregion von den Weinländern des Hinterlandes getrennt, das in Worcester beginnt.

NUY

EIGENTÜMER
21 Kooperativen-Mitglieder

HAUPTWEINE
Red Muscadel, White Muscadel, Cabernet Sauvignon, Rouge de Nuy, Sauvignon Blanc, Colombard, Riesling (Crouchen Blanc), Chant de Nuit, Fernão Pires, Sauvignon Blanc Sparkling Wine

Das Sortiment sieht vielleicht nicht so imponierend aus, wenn man es vom Standpunkt sortenreiner Premium-Weine aus betrachtet, doch der großartige Wilhelm Linde, der seit 30 Jahren Kellermeister der Kooperative ist, hat sozusagen im Alleingang den viel geschmähten Muscadel-Weinstil auf hohes Niveau gebracht.

Die Kooperative ist mit ihren etwa 20 Mitgliedern relativ klein. Dadurch ist es ihm jedoch möglich, die Einflüsse des Wetters auf die Entwicklung im Weinberg genau im Auge zu behalten und sich genügend Zeit bei der Vinifizierung der Trauben zu lassen. Der Großteil geht an Stellenbosch Farmers' Winery, den langjährigen, alleinigen Käufer.

Die 500 Hektar Rebfläche von Nuy breiten sich sowohl fächerförmig auf tiefen, fruchtbaren, angeschwemmten Böden aus als auch auf schwereren, kalkhaltigeren Sandsteinböden auf den niedriger gelegenen Hängen der Langeberg-Mountains, die im Winter oftmals von

Schnee und Eis bedeckt sind. Im Sommer fängt sich in diesen Ausläufern der kühlende Sommerwind aus Südost.

Außer önologischem Geschick gibt es nicht viel, was erklären würde, warum Linde aus einem gewöhnlichen Colombard – er weist eine ungewöhnliche Entwicklung in der Flasche auf – oder

OBEN: Wilhelm Linde produziert auf Nuy einen der besten gespriteten Muscadel-Dessertweine am Kap.

aus einem unspektakulären Crouchen Blanc so viel mehr machen kann. Oder dass er einen zu jeder Zeit beliebten Wein wie den *Chant de Nuit* hervorgebracht hat, einen Verschnitt aus Colombard und Chenin Blanc. Oder dass er Muscadels herstellt, die anderen Weinen dieser Art haushoch überlegen sind.

Während andere sich mühsam mit Pflanzungen von roten Rebsorten vorankämpfen, fand der Fortschritt auf Nuy schrittweise statt, wurde aber mit penibler Sorgfalt geplant. Die Premium-Rebsorten wurden auf Merlot, Cabernet Sauvignon und Cabernet Franc, Sauvignon Blanc und Chardonnay beschränkt. Trotzdem kommen auch langsam neue Sorten zum Zug.

Bei dem Rotweinverschnitt *Rouge de Nuy* erreicht der Wein mit jedem Jahrgang mehr Körper und Komplexität, wobei nun kein Pinotage mehr verwendet wird, sondern Cabernet Sauvignon und Merlot. Dieser Wein mit einer leichten Eichenholznote und den tiefen Aromen schwarzer Johannisbeeren ist ein moderner, trinkreifer Wein zu einem günstigen Preis.

Ähnlich werden auch der Sauvignon Blanc und der Chardonnay mit ihrem köstlichen sortenreinen Charakter mit jedem Jahr besser.

Es ist die immer gleiche Eleganz, die die Muscadels zu so bezaubernden Weinen macht. Der *White Muscadel* ist wahrscheinlich besser als der *Red Muscadel*. Der weiße ist konzentriert im Geschmack, mit reichem Bukett, Aromen von Blumen und Trauben, frisch in seiner Jugend und besitzt, nachdem er ein wenig in der Flasche gealtert ist, ein Honigaroma; der rote ist schwerer, wird mit 225 g Zucker pro Liter Wein hergestellt und hat einen Alkoholgehalt von 17%. Trotzdem ist sein Verhältnis von Trauben zu Alkohol wunderbar ausgewogen im Geschmack, und er besitzt eine samtige Struktur.

AAN-DE-DOORNS

Diese Kooperative baut hauptsächlich weiße Rebsorten an, die sie verkauft und die zum Brennen dienen: Clairette Blanche, Colombard und Chenin Blanc.

Dennoch werden hier auch einige gute Traubensorten wie Chardonnay, Merlot, Pinotage und Ruby Cabernet angebaut.

Johan Morkels Tinta-Barocca-Portwein kann sehr gut sein.

BADSBERG

Weinmacher Willie Burger war in den letzten Jahren vor allem damit beschäftigt, das Sortiment der Weine um einige Premium-Sorten zu erweitern. Diese Weine sind ziemlich gelungen, da sie aus Trauben aus den besten Lagen rund um Rawsonville hergestellt wurden. Der Chardonnay, der mit einer großzügigen Dosis amerikanischer Eichenspäne ausgebaut wurde, und ein fruchtiger Verschnitt aus Chardonnay und Chenin sollten jung getrunken werden. Der Sauvignon Blanc weist in der Regel einen überraschenden sortenreinen Charakter auf.

BERGSIG

Dieses Weingut befindet sich bereits seit sechs Generationen im Besitz der Familie Lategan und wird nun von Prop Lategan und seinen drei Söhnen geleitet. Unter den 370 Hektar Rebland sind einige gute Lagen auf den Ausläufern des Mostertshoek-Berges. Chenin Blanc und Chardonnay gedeihen hier gut, Letzterer zeigt eine schöne Mischung aus Röstaromen und Nuancen von Butter und Zitrusfrüchten. Ihr Ruby Cabernet ist ebenfalls gut; er wird mit Merlot verschnitten und gehört zusammen mit Cabernet und Pinotage zum Rotwein-Sortiment. Die Weine unter eigenem Etikett stellen nur einen winzigen Teil der Gesamtproduktion dar; der Großteil der Weine geht an die Supermarktketten Woolworth und Spar sowie in den Export.

BOTHA

Diese Kooperative wurde in ein eigenständiges Unternehmen umgewandelt. Der langjährige Kellermeister Dassie Smith vom Weingut Rooiberg produziert ein ungewöhnlich reichhaltiges Sortiment an früh trinkreifen Weinen zu einem unschlagbaren Preis. Der *Dassie's Rood* ist ein reifer, süßer und würziger Verschnitt aus Cabernet Sauvignon, Ruby Cabernet und Cinsaut, und es gibt einige vorzügliche sortenreine Premium-Weine wie zum Beispiel Reserve Cabernet Sauvignon, Merlot und Pinotage. Als Meister von Jerepigos produziert die Weinkellerei einen weißen Hanepoot (Muscat d'Alexandrie) und einen roten Hanepoot aus Pinotage, Ruby Cabernet und Shiraz. Der Ruby Port ist ebenfalls ein erfolgversprechender Wein.

BRANDVLEI

Diese Kooperative produziert hauptsächlich Weine für Großhändler und für die Brandyproduktion und füllt selbst einige der feinsten, hellsten und fruchtigsten Chenin Blancs der Gegend ab. Weitere Premium-Rebsorten tauchen nun in den Weinbergen (und in den Flaschen) auf, darunter Sauvignon Blanc, Chardonnay, Merlot und Ruby Cabernet.

DE DOORNS

Traubensaftkonzentrate sind hier das große Geschäft, da die meisten Weinbauern dieser Hex-River-Kooperative Tafeltrauben anbauen oder am laufenden Band Chenin, Colombard und Clairette Blanche produzieren. Weinmacher Danie Koen füllt kleine Mengen ab, die für den Eigenbedarf der Mitglieder und den Verkauf ab Keller bestimmt sind. Diese Weine werden demnächst auch Chardonnay, Cabernet Sauvignon und den immer beliebten Pinotage umfassen.

DEETLEFS

Der Winzer Kobus Deetlefs bewirtschaftet das Gut bereits in der sechsten Generation. Aus den etwa 100 Hektar Rebstöcken werden nicht nur gute Weine für Großhändler produziert, sondern auch ein aufregendes kleines Sortiment unter dem Etikett *Deetlefs*. Die Spezialität ist der Sémillon mit frischen zitrusartigen Aromen und zitronigen, grasigen Nuancen. Der Wein erhält seine Komplexität durch die teilweise Verwendung von Eichenfässern und den Ausbau auf den Hefen. So entsteht ein vorzüglicher Wein, der Zeit braucht. Eine Reserve-Flaschenabfüllung aus ausgewählten Fässern ist reichhaltiger und vollmundiger im Geschmack und besitzt ein großes Alterungspotenzial. Ein Chenin Blanc weist ein ähnlich reichhaltiges Fruchtaroma auf. Der milde Chardonnay mit Eichenholznote ist elegant und ausgewogen. Neu ist ein Pinotage, der erste Rotwein des Weinguts und noch dazu einer der besten in der Gegend.

DE WET

Zakkie Bester füllt bloß ein Prozent seiner Ernte in Flaschen ab, der Rest wird von Großhändlern aufgekauft. Die Rotweine stellen etwa ein Fünftel der Gesamtproduktion dar. Der *Worcester Dry Red* ist ein Verschnitt aus den Bordeauxgrößen Cabernet Sauvignon, Merlot und Cabernet Franc, ein trinkreifer Wein mit »Eichenholzeinfluss« (bei der Herstellung werden anstelle von Eichenfässern Eichenspäne verwendet).

Diese Weine wie die große Menge an trockenen und halbsüßen Weißweinen täuschen nicht vor, mehr zu sein als Weine für jeden Tag. Der Ruby Port, ein Shiraz mit einem Schuss Merlot, überrascht mit seinem authentischen Charakter.

DU TOITSKLOOF

Diese Kooperative produziert Qualitätsweine. Weinmacher Philip Jordaans umfangreiches Sortiment umfasst einen konzentrierten Cabernet, einen rauchigen, reifen Shiraz und einen guten Pinotage. Ein preisgekrönter Cabernet-Shiraz-Verschnitt weist ein schönes, weiches, reifes Fruchtaroma auf. In Jordaans vollmundiger, fruchtiger Auslese und in dem reichhaltigen, durch Rosinen verstärkten Dessertwein *Hanepoot Jerepigo* sind Süße und erfrischende Säure erfolgreich ausgewogen.

GOUDINI

Neben den preiswerten Weinen unter dem Etikett *Goudini* beliefert Hennie Hugo auch die internationale Weinkellerei Long Mountain. Der Ruby Cabernet glänzt in einer sortenreinen Reserve-Abfüllung, einem Verschnitt mit Merlot und in einem Portwein. Sein Verschnitt *Umfiki Chardonnay Sémillon* gefällt mit seinem frischen, fruchtigen Charakter.

GROOT EILAND

Pieter Carstens stellt einen bezaubernden Verschnitt aus Sauvignon Blanc, Chenin Blanc und Colombard namens *Meander* und eine zitronige, frische Chardonnay-Colombard-Cuvée mit langem Abgang her. Er produziert auch einen interessanten Hanepoot (Muscat d'Alexandrie), der zusammen mit der Buketttraube zu einem köstlichen halbsüßen Wein wird.

HL DU PREZ

Besitzer sind Hennie du Prez und sein gleichnamiger Sohn. Der aufgehende Stern in der Worcester-Weinszene umfasst 150 Hektar Rebfläche und hat schon immer Trauben an Stellenbosch Farmers' Winery geliefert. Nun interessiert sich auch der KWV für seine roten Qualitätstrauben. Der junge Hennie ist davon überzeugt, dass die felsigen Sandsteinböden und das kühle Terroir ein unbegrenztes Potenzial zur Erzeugung von Spitzenqualitätsweinen bergen. Daher rührte auch die Entscheidung, im Jahr 1998 mit eigenen Flaschenabfüllungen zu beginnen.

Der Sauvignon Blanc ist ein großartiger Wein. Der 1998er Pinotage ist dicht, mit einem sehr reifen, süßen Fruchtaroma. Der *Polla's Red* ist ähnlich vollmundig und fruchtig, eine opulente, teilweise in Eichenfässern vergorene Mischung aus Shiraz, Pinotage und Ruby Cabernet und dem seltenen Petit Verdot.

LOUWSHOEK-VOORSORG

Jaco Potgieter hat sich in seiner Kooperative auf Sémillon spezialisiert. Die Trauben stammen aus einigen der besten Lagen hoch an den Hängen der Du-Toitskloof-Berge.

Beachtenswert ist auch der *Nectar de Provision*, ein gespriteter, in alten Brandyfässern ausgebauter Colombard.

MERWIDA

Wie viele andere Güter experimentiert auch Merwida mit Rotweinen. Neben Ruby Cabernet kauft Weinmacher Wollie Wolhuter auch Cabernet Sauvignon und Merlot hinzu und füllt kleine Mengen als Verschnitt ab. Zu den Weißweinen sind nun noch Chardonnay und Sauvignon Blanc hinzugekommen.

OPSTAL

Stanley Louw ist die sechste Generation auf Opstal und exportiert praktisch alle seine Weine. Erst kürzlich hat er einen erstaunlichen, dichten, reifen Cabernet Sauvignon von intensiver Farbe produziert, der im Eichenholz ausgebaut wird. Beachtenswert ist das Etikett *Carl Everson*, das einen *Reserve Chardonnay* und einen *Classic Red*, eine Mischung aus Cabernet Sauvignon, Ruby Cabernet und Pinotage, umfasst.

OVERHEX

Der Weinmacher AB Krige experimentiert mit der Gärung in Eichenholzfässern. Cabernet Sauvignon, Merlot und Pinotage repräsentieren diese neue viel versprechende Richtung, wenn man nach dem Erfolg des für Worcester eher ungewöhnlichen Shiraz urteilt. Der Chardonnay ist unverwechselbar.

ROMANSRIVIER

Weinmacher Albie Treurnicht führte für die Premium-Rebsorten, die auf den kühleren Hängen gepflanzt wurden, das Etikett *Wine of Origin Ceres* ein. Er produziert einen köstlichen fruchtigen Chardonnay. Neu angepflanzt wurden hauptsächlich Shiraz und Merlot, der einen besonders eleganten Wein mit konzentriertem Fruchtaroma hervorbringt. Aus Trauben von etwa 30 Jahre alten Pinotage-Rebstöcken wird ein frischer, fruchtiger Wein mit einem leichten Kräuteraroma hergestellt. Der Cabernet ist ebenfalls gut. Zu den Neuheiten gehören eine Chardonnay-Beerenauslese aus edelfaulen Trauben, ein innovativer *Vin de Paille* (Strohwein) und ein Süßwein aus Muscat d'Alexandrie und Colombard.

SLANGHOEK

Der Kellermeister der Kooperative, Kobus Rossouw, produziert einen erstaunlichen Sauvignon Blanc, der gegenwärtig ein wenig untergeht in dem Verschnitt *Private Reserve Chardonnay Sauvignon Blanc*. Der Sémillon ist ebenfalls gut, und verleiht dem meistverkauften Verschnitt mit Riesling, *Crouchen Blanc*, mehr Körper. Die süßen Weine schlagen einen anderen Ton an, insbesondere eine Beerenauslese: tiefgolden, vollmundig und komplex, doch im Abgang frisch und delikat. Ein Süßwein ist ebenfalls gut, ebenso die Hanepoots und Jerepigos.

WABOOMSRIVIER

Diese 50 Jahre alte Kooperative mit Kellermeister Chris van der Merwe hat kürzlich den Ruby Cabernet zu ihrer Spezialität erklärt, obwohl der Merlot ebenfalls gut ist.

KLEIN KAROO

Auf den ersten Blick sieht das trockene, mit Buschwerk bedeckte Klein Karoo nicht gerade wie ein Weinbaugebiet aus – heiß im Sommer, frostig kalt im Winter, mit einer jährlichen Niederschlagsmenge von weniger als 300 mm. Als der internationale Markt für Straußenfedern im frühen 20. Jahrhundert zusammenbrach, wendeten sich die Farmer dem Anbau von Weintrauben zu, organisierten sich zu Kooperativen und fanden einen beständigen Markt für Weine zum Brennen.

OBEN UND LINKE SEITE: Die Schieferböden im zerklüfteten Karoo mit seinen felsigen Bergketten erinnern an die Douro-Region in Portugal, die Heimat der großen Portweine.

Die meisten Kooperativen stellen auch heute noch diese Weine her und verkaufen sie in Massen, doch füllen sie auch kleine Mengen überwiegend süßer Weine und Dessertweine wie Muscadels und Jerepigos ab. Dabei vertrauen sie auf die Anpassungsfähigkeit, die Fruchtbarkeit und die hohen Ernteerträge der Rebsorten Muscat de Frontignan, Muscat d'Alexandrie (Hanepoot), Chenin Blanc und Colombard. Und dennoch hat die Großhändler-Nachfrage nach Trauben für erstklassige Weine dazu geführt, dass nun auch andere Rebsorten wie Chardonnay, Cabernet Sauvignon, Pinotage zu finden sind. Als Flaschenabfüllungen sind sie allerdings nicht sonderlich erfolgreich.

Die Bezirke Tradouw und Montagu sind Ausnahmen. Kühle Nächte und tiefe lehmige Schieferböden auf den Ausläufern der Berge ermöglichen die Produktion von Weinen in besserer Qualität aus den Premium-Rebsorten Cabernet Sauvignon, Merlot, Pinotage und Chardonnay – erstaunlich, dass man Shiraz nicht in Erwägung gezogen hat.

Im Gebiet Calitzdorp erkannten einige mutige Weinmacher, insbesondere die beiden Cousins Nel von den Weingütern Boplaas und Die Krans, dass die Schieferböden für den Anbau von Portwein-Rebsorten geeignet sind. Jetzt bringt Calitzdorp einige der besten Portweine am Kap hervor und ist somit zur »Portweinhauptstadt« des Landes geworden. Die South African Port Producers Association hat den Kampf gegen die Entscheidung der Europäischen Gemeinschaft verloren, in der Portugal der alleinige Anspruch auf die Verwendung des Begriffs »Portwein« zugesprochen wird; nun muss Südafrika innerhalb von fünf Jahren einen anderen Namen finden.

KLEIN KAROO

1. Axe Hill
2. Barrydale
3. Bloupunt
4. Boplaas
5. Calitzdorp
6. Cogmans
7. Die Krans
8. Die Poort
9. Domein Doornkraal
10. Grundheim
11. Kango
12. Ladismith
13. Mons Ruber
14. Montagu
15. Rietrivier
16. Withoek

BOPLAAS

EIGENTÜMER
Carel Nel

HAUPTWEINE
Cape Vintage Reserve Port, Cape Vintage, Cape Ruby, Cape Tawny, Cape White, Cabernet Sauvignon, Merlot, Pinotage, Dry Red, Chardonnay, Sauvignon Blanc, Blanc de Noir, Golden Harvest, Late Harvest, Hanepoot, Red Dessert, Sweet Muscadel, Pinot Noir Brut, Sweet Sparkling

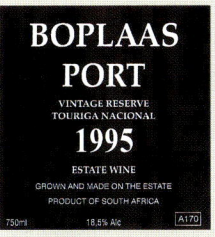

Carel Nel zog 1980 auf das Gut seines verstorbenen Vaters Danie. Er war einer der Ersten, die neue Portwein-Rebsorten anpflanzten, führte authentische portugiesische Stile ein, ermunterte die Portweinerzeuger dazu, nach Qualität zu streben, und vermarktete Kap-Portweine in Übersee. Traditionell stützte Boplaas sich auf die Rebsorte Tinta Barocca, die durch Souzão und Tinta Roriz ergänzt wird. Carel pflanzte zusätzlich die noch höher bewertete portugiesische Sorte Touriga Naçional an. Alle seine Weine, mit Ausnahme des *White Port*, enthalten nun diese klassische Zutat mit ihrem kräftigen Fruchtaroma, zu der sich nun auch noch der Newcomer Touriga Francesa gesellt.

Der für Portwein-Rebsorten ideale steinige, schieferähnliche Boden findet sich meist an den niedriger gelegenen Hängen über der Talsohle, die selbst überwiegend aus tiefen, angeschwemmten sandigen Böden besteht.

Nels *Vintage Reserve*, der nur in außergewöhnlichen Jahren hergestellt wird (sowohl der Jahrgang 1996 als auch der von 1997 haben einen solchen Wein hervorgebracht), ist ein dunkler, kräftiger Wein mit Aromen von Pflaumen und einer massiven Struktur, wodurch er für die Alterung besonders geeignet ist. Sein vielfach preisgekrönter sortenreiner Touriga Naçional aus dem 1995er Jahrgang ist aus demselben Holz geschnitzt. Der *Cape Vintage* ist jünger trinkbar und besitzt mehr Eleganz als Stärke. Tatsächlich zeichnen sich alle Boplaas-Portweine durch Ausgewogenheit und Harmonie aus, obwohl der *Ruby*, der *Tawny* (ein neuer Wein im Sortiment) und der *Late Bottled Vintage* einen guten alkoholischen Biss besitzen.

Obwohl das Terroir für klassische weiße Tafelweine nicht ideal ist, hat Nel weiße und rote Premium-Rebsorten wie Chardonnay, Sauvignon Blanc, Cabernet Sauvignon und Merlot sowie auch Pinotage eingeführt. Nachdem er das Weingut kürzlich deregistrieren ließ, kauft er nicht nur Trauben aus Stellenbosch hinzu, sondern verwendet auch Trauben, die von seinen kühlen Ruiterbosch-Weinbergen landeinwärts von Mossel Bay stammen.

Die Boplaas-Weinberge am Rand von Calitzdorp, bekannt durch Portweine in Spitzenqualität, die von progressiven Winzern wie Carel Nel **(LINKS OBEN)** produziert werden.

DIE KRANS

EIGENTÜMER
Boets und Stroebel Nel

HAUPTWEINE
Cape Vintage Reserve Port, Cape Vintage, Cape Ruby, Cabernet Sauvignon, Pinotage, Tinta Barocca, Chardonnay, Sauvignon Blanc, Chenin Blanc, Golden Harvest, Late Harvest, Spumanté Sparkling, White Muscadel Jerepigo, Heritage Collection White Jerepigo

Die Krans gehört Weinmacher Boets Nel und Weinbergspezialist Stroebel Nel, Cousins von Carel Nel von Boplaas. Ebenso wie bei Carel erbten auch Boets und Stroebel Weinberge, die voll von Chenin Blanc, Muscat d'Alexandrie, Muscat de Frontignan, Pinotage und Tinta Barocca waren. Und wie der Cousin begannen sie, sich auf die Produktion von Portwein zu konzentrieren, den sie seitdem auf der Basis von Tinta Barocca mit Zusätzen von Souzão, Tinta Roriz und Touriga Naçional herstellen.

Die Krans-Portweine weisen große Tiefe und Fleischigkeit im Geschmack auf. Der *Cape Vintage Reserve* besitzt einen reichhaltigen, pfeffrigen, würzigen Charakter, eine große Tiefe des Geschmacks und reine Saftigkeit. In den letzten Ruby-Portweinen ist die für den Stil typische süße Fruchtigkeit mit einer Note von Gewürzen geschickt eingefangen.

Die Nachfrage aus Übersee haben die Brüder davon überzeugt, in andere Rebsorten als in solche für Portwein zu investieren, in erster Linie in Cabernet, Merlot und Chardonnay. Da das Weingut nicht länger den »estate«-Status besitzt, kaufen sie nun Sauvignon Blanc aus Durbanville hinzu und verwenden ihre bestehenden weißen Trauben für süßere Weine – darunter der gespritete *White Muscadel Jerepigo*. Dieser Wein ist manchmal unter dem Etikett *Heritage Collection* als Reserve erhältlich. Ein reifes Fruchtaroma empfiehlt auch den Cabernet und einen Tinta Barocca ohne Eichenholznote.

Die Brüder Stroebel und Boets Nel auf dem Bergrücken, der dem Portweinkeller Die Krans (**RECHTS**) seinen Namen gab.

AXE HILL

Der Cape Wine Master Tony Mossop, der Vorträge für die Cape Wine Academy hält und kompetent über Wein schreibt, hat bei seinem kleinen Kap-Landhaus außerhalb von Calitzdorp einen Hektar mit wertvollen Rebstöcken bepflanzt, hauptsächlich mit der klassischen Rebsorte Touriga Naçional und ein wenig Tinta Barocca. Auf diesem felsigen, am Hang gelegenen Weinberg produzieren Rebstöcke mit niedrigen Erträgen Trauben mit hochkonzentriertem Fruchtaroma.

Diese werden mit den Füßen zerstampft und in traditionellen 500-Liter-Portwein-Pipen (längliche Weinfässer) aus Eichenholz ein bis zwei Jahre lang ausgebaut. Das Ergebnis ist der *Axe Hill Vintage Portwein*, eine dichte, komplexe Verschmelzung aus pflaumenartigen, teerigen, rauchigen und pfeffrigen Bestandteilen, ein Wein mittleren Körpers und dennoch von intensivem Geschmack, mit einem süßlichen Auftakt und einem klassischen, trockenen Abgang. Zusammen mit den Cape Wine Masters Carel und Boets Nel produziert Mossop einen *Masters Cape Vintage Reserve*, »der die Schwere und Struktur von Die Krans mit dem pflaumenartigen Fruchtaroma von Axe Hill und der Harmonie von Boplaas in sich vereint«.

BARRYDALE

Die Kooperative Barrydale war ursprünglich eine Brennerei und liegt am Rande des bezaubernden gleichnamigen Dorfes.

Barrydale liefert auch heute noch Weinbrand an Distillers in Stellenbosch. Doch jetzt bauen die Mitglieder der Kooperative auch Premium-Rebsorten wie Sauvignon Blanc, Chardonnay, Cabernet Sauvignon und Merlot an. Ein neuer Barrique-Keller mit einer Kapazität von 2000 Fässern wurde erst kürzlich fertig gestellt.

Die besten Weine werden unter dem Etikett *Tradouw* abgefüllt. Der Reserve ist ein klassisch-eleganter Verschnitt im Bordeaux-Stil, und der Merlot weist ein schönes Fruchtaroma auf. Der *Chardonnay Sur Lie*, der aus Trauben von französischen und kalifornischen Davis-Klonen hergestellt und teilweise in Eichenfässern vergoren wird, ist ein reichhaltiger, zitroniger Wein; ein Verschnitt mit Chenin Blanc mit einer leichten Eichenholznote ist gut gemacht.

BLOUPUNT

Der frühere Bankier Philip Hoffman und seine Frau Dixie verwandelten ihren Landsitz in Montagu in eine der ersten privaten Weinkellereien

In Calitzdorp stehen die rauen, trockenen Vorgebirge im krassen Gegensatz zu den grünen Rebstöcken der Talsohle.

und spezialisierten sich auf Chardonnay. Begonnen hatten sie 1997 mit Weinen mit und ohne Eichennote unter dem Label *Bloupunt*; jetzt weisen die Weine eine größere Finesse durch subtileren Holzeinsatz auf und sind bereits überaus trinkreif. Neu hinzugekommen ist ein Merlot.

Die winzige Weinkellerei produziert etwa 4 000 Kisten Wein pro Jahr. Der Rest der 9 Hektar Traubengut geht an die Kooperative Montagu, wo Weinmacher Sonnie Malan den Autodidakten Philip und seinen Sohn Paul, einen Diplom-Volkswirt, unterstützt.

Philip kümmert sich auch um die Aprikosenplantage.

CALITZDORP

Der Großteil dieser Kooperativen-Weine, die Alwyn Burger produziert, wird an Großhändler verkauft.

Unter den Neupflanzungen finden sich wichtige Portwein-Rebsorten wie Touriga Naçional und Tinta Barocca, die in einen immer besser werdenden *Cape Vintage* und einen *Cape Ruby* Portwein eingehen. Die roten Rebsorten, insbesondere Merlot, Cabernet Sauvignon und Ruby Cabernet, machen die Liste der abgefüllten sortenreinen Weine interessanter. Der *White Muscadel* kann ein ganz besonders weicher, fülliger Wein sein.

COGMANS

Die Kooperative Cogmans spezialisiert sich immer noch auf die Produktion von Muscadels, obwohl auch einige trockene weiße Tafelweine unter den Etiketten *Montagu* und *Cogmans* abgefüllt werden. Der größte Teil der Produktion wird an Großhändler verkauft.

DIE POORT

Jannie Jonkers Gut mit seinen Schwemmböden eignet sich gut für Trauben, aus denen Süßweine, die gespriteten Muscadels und Jerepigos und Brandys produziert werden. Der *Raisin Jerepigo*, der aus der Rebsorte Hárslevelü hergestellt wird, ist neu, während der *Lissa Jonker Hanepoot* einen schönen Muscat-Charakter besitzt. Die anderen Weine sind im Allgemeinen leicht und angenehm.

DOMEIN DOORNKRAAL

Domein Doornkraal ist ein weiterer Dessertweinspezialist. Das Weingut gehört seit drei Generationen der Familie Le Roux. Piet Le Roux experimentiert mit roten Rebsorten und produziert einige erstaunliche Rotweine mit schöner Frucht trotz kräftiger Tannine. Die Weine sind aus Merlot, Pinotage und Cabernet Sauvignon. Inspiriert wurde er dazu durch seine Zeit in der Kult-Weinkellerei Mondavi in Kalifornien. Der Rest des Sortiments umfasst Weine aller Sorten.

GRUNDHEIM

Der Besitzer und Weinmacher Danie Grundling beschränkt sich auf die Flaschenabfüllung eines hervorragenden *Red Muscadel*, eines *White Muscadel* und eines Dessertweins ohne Jahrgang im Portweinstil. In erster Linie gewinnt er aus den 20 Hektar Weine zum Destillieren.

KANGO

Diese Kooperative verkauft ihre Weine in Massen; kürzlich hat sie ein kleines Sortiment an Tafelweinen unter dem Etikett *Mont Noir* eingeführt: Chardonnay, Sauvignon Blanc, Merlot und Pinotage. Gespritete Dessertweine erscheinen unter dem Etikett *Rijkshof*.

LADISMITH

Obwohl diese Kooperative massenweise Weine zum Brennen produziert, füllt sie doch kleine Mengen Tafelweine unter dem Etikett *Towerkop* ab. Zu den Sorten gehören Chardonnay, Crouchen Blanc und Ruby Cabernet.

MONS RUBER

Die Brüder Rade und Erhard Meyer betreiben Straußenzucht und bauen auf 40 Hektar Wein an. In erster Linie produzieren sie Weine zum Brennen, aber auch einige Tafelweine.

Trotz der trockenen Bedingungen experimentieren die Brüder mit Chardonnay und einigen roten Rebsorten wie Cabernet Sauvignon. Letzterer taucht in den erstaunlichsten Kombinationen auf, wie einem Portwein und einem gespriteten Jerepigo.

MONTAGU

Diese Kooperative bringt einige erfreuliche, preiswerte Muscadels hervor, insbesondere den vollsüßen *Red Muscadel*. Der Weinmacher Sonnie Malan füllt auch einen Chardonnay und einen Verschnitt aus Merlot und Ruby Cabernet ab. Der Großteil der Weißweine geht an Produzenten und Großhändler.

RIETRIVIER

Die Kooperative Rietrivier produziert Weine für Massenankäufer und verwendet einen Teil ihrer Trauben der Sorten Chardonnay, Sauvignon Blanc und Muscadel, um damit halbtrockene Weißweine, süße Schaumweine und einen gespriteten Dessertwein herzustellen.

WITHOEK

Der Geschäftsmann Koos Geyser hat etwa 1 Hektar Land mit den traditionellen Rebsorten Tinta Barocca und Touriga Naçional sowie mit Pontac bepflanzt. Mit Hilfe von Carel Nel von Boplaas hat er aus Tinta Barocca zwei Ruby-Portweine hergestellt, die immer besser werden. Auch macht er einen süßen Hanepoot und einen *White Muscadel* aus Trauben von 15 Hektar Land, die mit Muscat d'Alexandrie und Muscat de Frontignan bepflanzt sind.

OLIFANTS RIVER

Die Geschichte der Weinbereitung im Tal des Olifants River reicht auf das frühe 19. Jahrhundert zurück. Außer den süßen Dessertweinen und anderen Weinen, die für den Eigenverbrauch bestimmt waren, lag der Schwerpunkt hier auf der Weinbranddestillation, und zwar bis zu den 1920er Jahren, als der KWV und das staatliche Amt für Zoll und Verbrauchssteuern die Kontrolle über die Lizenzierung übernahmen und viele ortsansässige »estate«-Brennereien schlossen. Später bildeten die Weinbauern Kooperativen, um ihre Ernten zu verarbeiten.

Die schroffen Sandsteinformationen des Cederberges täuschen darüber hinweg, dass diese Gegend einige Lagen besitzt, die für den Weinbau gut geeignet sind.

Dies ist ein raues, heißes und trockenes Land, wobei Zitrusbäume, Rebstöcke und andere Nutzpflanzen wie Rooibos-Tee ein grünes Band entlang des Olifants River bilden. Der Fluss wird von der schroffen Cederberg-Bergkette flankiert, die sich von Citrusdal aus in Richtung Süden erstreckt und in Richtung Vredendal hin flacher wird; Vredendal liegt etwa 20 km nordwestlich vom Atlantik an der Westküste. Der nördliche Teil, der heißer und trockener ist, obwohl er näher an der Westküste liegt, wird niemals ein ideales Terroir für großartige Weine sein. Viele Rebstöcke werden noch immer in übermäßig fruchtbaren organischen Böden gepflanzt, die sich nah an der Quelle des Olifants River befinden.

Doch in den letzten Jahren wurden einige Premium-Rebsorten wie Chardonnay, Cabernet Sauvignon und Merlot eingeführt, wobei auch der Pinotage einen Aufschwung erfuhr. Der Newcomer Ruby Cabernet gedeiht gut in diesem wärmeren Klima und verleiht denjenigen Rotweinen zusätzliche Farbe und ein wenig Struktur, die sich früher auf die Fruchtigkeit des Cinsaut verlassen haben. Das gilt auch für die Rhône-Sorte Grenache. Der Cinsaut steht weiterhin zu Diensten, auch gibt es ein wenig Sémillon.

OLIFANTS RIVER

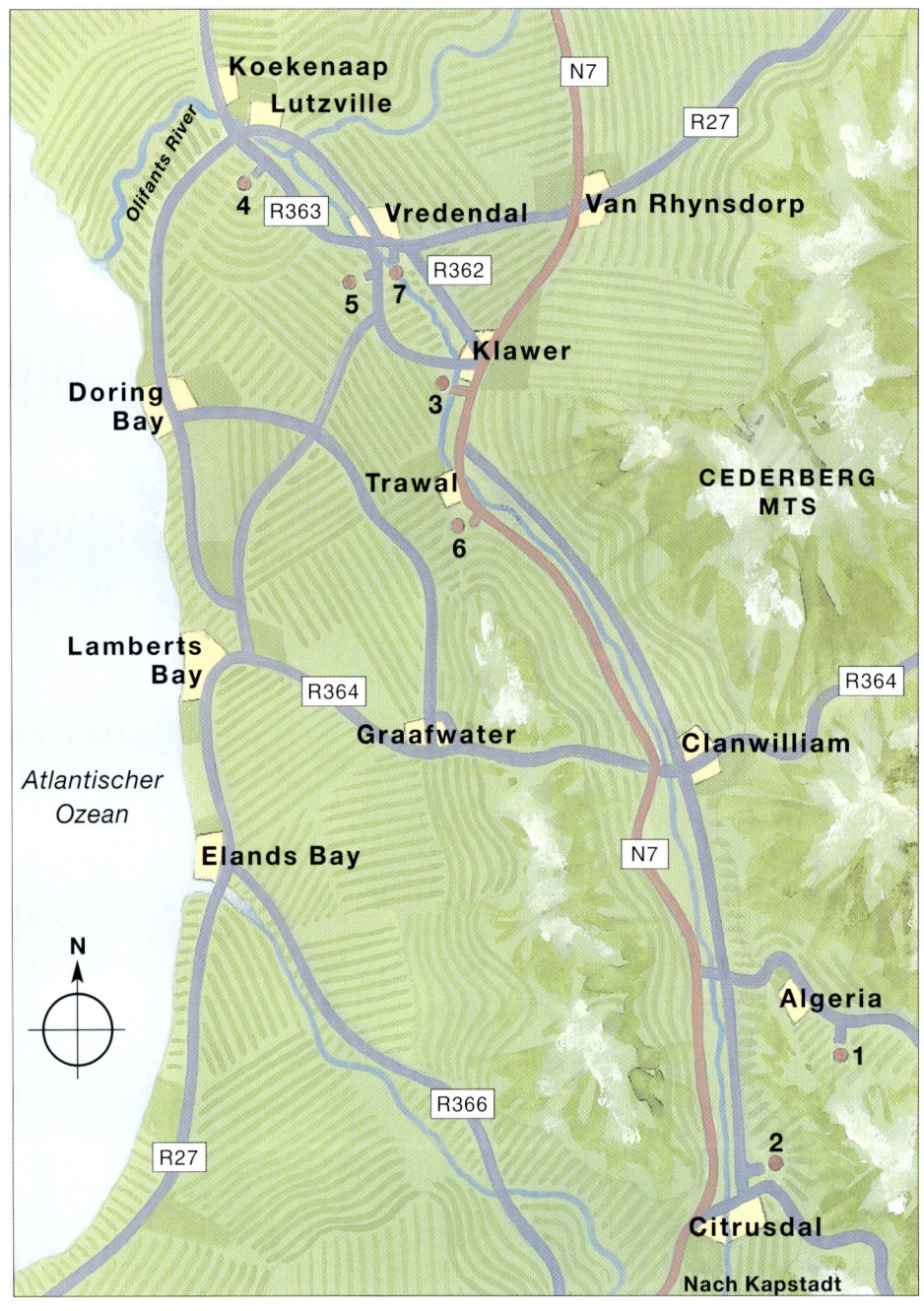

1. Cederberg
2. Citrusdal
   (Goue Vallei)
3. Klawer
4. Lutzville
5. Spruitdrift
6. Trawal
7. Vredendal

SEITE 168: Die Weinberge rund um Klawer werden vom Olifants River mit Wasser versorgt. Die fruchtbaren Schwemmböden liefern große Ernteerträge, die hauptsächlich zur Produktion von Massenwein und Brennwein verwendet werden.

CEDERBERG

EIGENTÜMER
Ernst und David Nieuwoudt

HAUPTWEINE
Cabernet Sauvignon, Pinotage,
Cederberger, Sauvignon Blanc,
Chardonnay, Chenin Blanc, Buketttraube

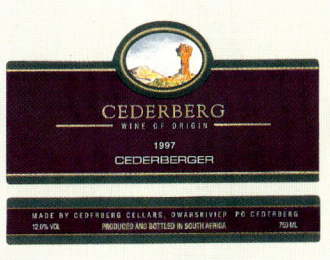

Inmitten der zerklüfteten Felsen aus rotem Sandstein liegen in einer Höhe von über 1000 m über dem Meeresspiegel etwa 23 Hektar Weinberge, die mit klassischen Weinsorten bepflanzt sind. Das Gut Dwarsrivier befindet sich bereits seit 1835 im Besitz der Familie Nieuwoudt. Die neue Bezeichnung *Cederberg* wurde 1997 von David Nieuwoudt eingeführt.

Die Böden bestehen überwiegend aus Schiefer und enthalten genügend Lehm, der die Feuchtigkeit speichert. Sie sind von Natur aus mager und bringen relativ niedrige Ernteerträge mit weniger als 10 Tonnen Trauben pro Hektar hervor, obwohl immer wieder Trauben zusätzlich entfernt werden, um ein intensiveres Fruchtaroma zu erreichen.

Obwohl Nieuwoudt der Erste war, der Rotweine in diesem Gebiet einführte, und immer noch 60 % seiner Rebfläche mit roten Sorten bepflanzt sind, kann der in kühlem Klima gut gedeihende Sauvignon, der reduktiv hergestellt wird und eine grasige Note besitzt, imponierend sein. Der halbtrockene Chenin mit seinem Aroma von Melonen wird in einem ähnlichen Stil hergestellt und wird zusätzlich noch in Eichenfässern ausgebaut.

Ähnlich der Chardonnay, ein Wein, dessen zitrusartige Frische und außergewöhnliche Weichheit fein ausgewogen sind.

Die Rotweine weisen alle eine schöne Frucht auf, wobei der Cabernet wahrscheinlich der beste ist. Die Trauben von 14 Jahre alten Weinbergen verleihen ihm Komplexität und ein Gerüst von reifen Tanninen, das im Ausbau in der Flasche noch prägnanter wird; und dennoch kann der Wein jung getrunken werden.

Erst kürzlich wurde in die weit verbreiteten Schleipp-Klone investiert, und sie sollten sich schon bald bemerkbar machen. Ein Teil des Cabernets geht auch in den zugänglichen Rotwein-Verschnitt *Cederberger*, der hauptsächlich aus Ruby Cabernet besteht und mit Merlot angereichert wird.

Nieuwoudt ist besonders gespannt auf den Merlot, der möglicherweise den Platz von Pinotage einnehmen wird.

Ein Weinberg in idealer Lage auf magerem, felsigem Schieferboden mit etwas Lehm auf einem der wärmsten Hänge wurde neu mit Shiraz bepflanzt. Die jährliche Produktion beträgt 5000 Kisten und soll auf etwa 15000 Kisten aus 40 Hektar gesteigert werden.

David Nieuwoudt (**LINKS OBEN**) baut erstklassige Rebsorten an. Sein Gut Dwarsrivier (**OBEN**) liegt malerisch zu Füßen des Sneeuberg-Gipfels, der im Winter schneebedeckt ist.

VREDENDAL

EIGENTÜMER
160 Weinbauern

HAUPTWEINE
Maskam Cabaret, Maskam Classic Red, Maskam Sauvignon Blanc, Maskam Special Late Harvest, Maskam Sweet Hanepoot, Maskam Red Muscadel, Maskam Port; Gôiya G!âan, Gôiya Kgeisje; Vredendal Sparkling Wine (trocken, halbsüß, Spumanté)

Im Jahre 1947 war Vredendal nur eine bescheidene Kooperative. Heute ist sie die größte Einzelweinkellerei in Südafrika und verarbeitet 60000 Tonnen Traubengut aus über 2000 Hektar Rebfläche.

Die Fachwelt wurde 1994 hellhörig, als ein aufregender, preisgekrönter Verschnitt aus Ruby Cabernet und Cabernet Franc mit Namen *Cabaret* herauskam. Er zeigte, dass Vredendal gute Weine produzieren kann. Man investierte mehr als acht Millionen Mark in den Keller, zog Berater bei, um die besten Parzellen auszuwählen und um sich bei der Auslichtung des Blattwerks und bezüglich des optimalen Reifegrades der Trauben beraten zu lassen.

Für den Anbau der roten Rebsorten wurden die magereren Böden ausgewählt und mit weniger Rebstöcken pro Hektar als üblich bestückt. Dies und die sorgfältige und intensive Arbeit im Weinberg schlagen sich in dem Premium-Wein-Sortiment *Maskam* nieder. Der elegante, geschmackvolle *Maskam Cabaret* kombiniert nun Ruby Cabernet mit Cabernet Sauvignon. Der *Classic Red* ist ein Verschnitt aus Merlot, Ruby Cabernet und Cabernet Franc mit einer vorzüglichen Eichenholznote; er kann ziemlich reich an Tanninen sein und Zeit brauchen.

Ruby Cabernet ist eine wichtige Sorte hier; sie gedeiht gut in der Hitze und liefert eine intensive rubinrote Farbe, ein ausgeprägtes Fruchtaroma und den typischen grasigen, kräuterigen Charakter der Sorte. Pinotage wird wie die neu gepflanzten klassischen Rebsorten wie Cabernet Sauvignon, Merlot, Cabernet Franc und Shiraz bis jetzt überwiegend in Verschnitten verwendet; verfeinert sollen sie schon bald als sortenreine Weine erscheinen.

Vredendals größter Exporterfolg ist der *Gôiya G!âan* und der weiße und rote *Gôiya Kgeisje*. (Die Namen erinnern an die Kung-Sprache des San-Volkes, die den fruchtbaren Olifants River zuerst entdeckten; sie bedeuten »Rotwein« und »Weißwein«.) Die würzige, reife, süffige G!âan-Mischung kann aus Ruby Cabernet und Cabernet Franc bis hin zu Pinotage und Shiraz bestehen. 1996 wurden 62000 Kisten eines halbtrockenen Verschnittes aus Sauvignon Blanc und Chardonnay nach Großbritannien exportiert; 1997 hatte sich die Zahl bereits verdoppelt.

Die Weinmacher Pieter Verwey und Alwyn Maass machen keinen Hehl daraus, dass sie »Weine produzieren, die man sofort trinken kann: frisch und fruchtig ohne langen Abgang oder schweren Nachgeschmack«. Die Rotweine werden behutsam im Holz ausgebaut, hauptsächlich in französischen Eichenfässern und immer zusammen mit Fässern aus Zweit-,

Dritt- oder gar Viertabfüllungen, um die Noten des neuen Holzes abzustufen.

CITRUSDAL

Diese Kooperative vermarktet ihre Weine unter dem Etikett *Goue Vallei*. Weinmacher Bennie Wannenburg bezieht 14 000 Tonnen Trauben aus etwa 800 Hektar von 120 Mitgliedern. In den erst kürzlich modernisierten Keller gelangen immer noch viele Trauben der Sorten Chenin, Palomino und Muscat. Doch Premium-Rebsorten wie Sauvignon Blanc, Chardonnay, Cabernet Sauvignon, Merlot und eine lokale Variante des Pinotage sind auf dem Vormarsch. Für diejenigen, die es lieber süß mögen, ist sowohl der *Hanepoot Jerepigo* als auch der *Red Jerepigo* ein guter Kauf.

KLAWER

Die 80-Mitglieder-Kooperative ist für ihre Dessertweine berühmt; insbesondere der *Hanepoot* und der *White Muscadel* sind preiswerte Weine. Von Rotweinen wie Merlot, Pinotage und Ruby Cabernet, die erst kürzlich auf kalkhaltigen Böden angepflanzt wurden, verspricht man sich viel. Ein geschmackvoller Chardonnay und ein halbtrockener Blanc de Noir aus Grenache finden großen Anklang. Die erfahrenen Weinmacher Sias du Toit und Len Knoetze sind neu.

Die Weinmacher Pieter Verwey, Len Knoetze und Alwyn Maass (**OBEN**) verarbeiten auf Vredendal, der größten Kooperative am Kap, 60 000 Tonnen Trauben aus 2 000 Hektar Rebstöcken (**LINKS**).

LUTZVILLE

Das *Fleermuisklip*-Sortiment der Kooperative umfasst gute sortenreine Weine aus besonderen Lagen. Der Sauvignon Blanc überrascht mit grünem Pfefferaroma und adstringiert heftig, während der fassvergorene Chardonnay reich an Frucht und buttrig fett ist. Der Sémillon hat eine grasige Note.

Der nicht in Eichenholzfässern vergorene Verschnitt *Robyn* aus Cabernet Sauvignon, Merlot und Ruby Cabernet zeigt eine reiche, reife Frucht, und verspricht viel für spätere sortenreine Weine. Kellermeister Jacques du Toit verarbeitet in dieser Kellerei, die die zweitgrößte am Kap ist, Traubengut aus nahezu 1900 Hektar Weinbergen, die den über 100 Mitglieder-Weinbauern gehören.

SPRUITDRIFT

Die Rotweine imponieren hier am meisten, obwohl Chenin Blanc und Colombard immer noch 60 % der Gesamternte ausmachen. Insgesamt beträgt die Ernte der etwa 85 Mitglieder über 28 000 Tonnen.

Die Neupflanzungen von Merlot, Pinotage, Shiraz und Chardonnay zeigen, dass man immer mehr Wert auf die Premium-Rebsorten legt. Weinmacher Erik Schlünzs weicher, fruchtiger Cabernet Sauvignon mit einer milden Eichenholznote ist bezaubernd und wird zusammen mit Merlot zu einem rundum gelungenen Wein verschnitten. Der Pinotage besitzt eine wunderbare, typische Nase und die Muscadels mit Nuancen von Honig und Rosinen sind ein Schnäppchen.

TRAWAL

Mit nur 47 Lieferanten ist Trawal zwar eine der kleineren Kooperativen in der Region, aber Weinmacher Alkie van der Merwe verarbeitet immer noch über 7000 Tonnen aus 450 Hektar. Der Großteil davon wird exportiert – meist als Massenweine –, doch eine kleine Menge wird vor Ort für das Sortiment *Travino* abgefüllt.

ANHANG

FACHBEGRIFFE UND ABKÜRZUNGEN

Abziehen	Umfüllen des jungen Weins von einem Fass in das andere.
Alkoholverstärkt	siehe Gespritet.
Barrel-fermented	Im Fass vergoren.
Big Six	Fast alle der besten Weine werden aus den sechs Rebsorten Sauvignon Blanc und Chardonnay sowie Cabernet Sauvignon, Merlot, Shiraz und Pinotage hergestellt.
Cap Classique	siehe Méthode Cap Classique.
Fortified	siehe Gesprited.
Gesprited	Erhöhung des Alkoholgehalts durch Zugabe von Branntwein oder reinem Alkohol.
Hanepoot	Bezeichnung der Rebsorte Muscat d'Alexandrie in Afrikaans.
Jerepigo	Dessert-»Wein« aus unvergorenem Saft von sehr süßen Trauben unter Zusatz von Alkohol; meist aus Muscadel.
Late Bottled Vintage	Im 4. bis 6. Jahr nach der Lese abgefüllter Portwein aus einem einzigen Jahrgang.
Late Harvest	Spätlese.
LBV	siehe Late Bottled Vintage.
MCC	siehe Méthode Cap Classique.
Méthode Cap Classique	Nach der klassischen Champagnermethode in Flaschengärung hergestellte Schaumweine aus Chardonnay und Pinot Noir.
Méthode champenoise	siehe Méthode Cap Classique.
Muscadel	In Südafrika gebräuchliche Bezeichnung für die Rebsorte Muscat Blanc à Petis Grains, die feinste Muskatellersorte.
Natural Sweet	Süßwein, stark und eher nach Trauben als nach Wein schmeckend.
Noble Late Harvest	Beerenauslese.
NV	No Vintage (ohne Jahrgang).
PC	Private Collection.
Premium-Rebsorten	siehe Big Six.
Rhine Riesling	Synonym für Riesling.
Straw Wine	Strohwein wird ganz oder teilweise aus Trauben hergestellt, die vor der Pressung auf Strohmatten oder Holzgestellen getrocknet werden.
Special Late Harvest	Auslese.
Steen	In Südafrika gebräuchliche Bezeichnung für Chenin Blanc.
Vin de paille	siehe Straw Wine.
Weisser Riesling	Synonym für Riesling.

BIBLIOGRAPHIE

André Dominé: Südafrika. In: ders.: Wein. Köln 2000, S. 772–799

Phyllis Hands/Dave Hughes: *Wines and Brandies of the Cape of Good Hope.* Somerset West 1997

Dave Hughes, Phyllis Hands, John Kench: *The Complete Book of South African Wine.* Cape Town 1988;

dies.: *South African Wine.* Cape Town 1992

John & Erica Platter: *John Platter's South African Wine Guide.* Stellenbosch 1982–1997; Cape Town 1998–1999

dies.: *John Platter's South African Wines.* Kenilworth 2000

Jens Priewe: Südafrika. In: ders.: Wein. Die Neue Welt. München 1998, S. 55–77

ders.: Südafrika. Wo die Hoffnung Berge versetzt. In: Wein Gourmet 3/2000, S. 54–85

Jancis Robinson: Rebsorten und ihre Weine. Bern, Stuttgart 1998

WINE Magazine (Südafrika-Ausgabe) Cape Town 1993–2000

WINE Magazine's Pocket Guide to Wines & Cellars of South Africa. Cape Town 1999–2000

REGISTER

Kursive Zahlen beziehen sich auf die Abbildungen, gerade auf den Text.

A

Aan-de-Doorns *156*, 158
African Wine & Spirits 28, 64
Agusta 43, *96*, 104
Allesverloren 32, *120*, 121
Alto 28, *28*, 29, *29*
Altydgedacht 21, *22*, 23f., *24*
Amani *73*, 77
Ambeloui *12*, 19
Amwines 40, 101
Appel, Danie 15, *15*
Arnold, Kevin 45, 48
Ashanti *80*, 88f.
Ashton *146*, 150
Audacia *33*, 43
Avondale 79
Avontuur *33*, 43
Axe Hill *162*, 166

B

Back, Charles 82, *82*, 125
Back, Michael und Jill 79, 81, *81*
Backsberg *80*, 81
Badenhorst, Adi 55
Badenhorst, André 19
Badsberg *156*, 158
Barlow, Simon 55, *55*
Barrydale *162*, 166
Beaumont, Raoul und Jayne 135, *135*
Beaumont/Compagnes Drift *134*, 135
Beck, Graham 97, 147
Bekker, JC 101, *101*
Bellingham, *siehe* Graham Beck Coastal
Benade, Paul 58
Berg & Brook Winery, *siehe* Savanha Wines
Bergkelder, The 24, 28, 32, 64
Bergsig 8, *156*, 158
Bernheim *80*, 89
Bertrand, Giulio 44
Bester, Neil 92
Beukes, Abé 58, 122, *122*
Beyerskloof *68*, 72
Bezuidenhout, Elzabé 77
Bianco *128*, 131
Blaauwklippen 28, *28*, 31
Bloemendal *22*, 23f.
Bloupunt *162*, 167f.
Blue Creek *28*, 31
Bodega *80*, 89
Boekenhoutskloof 8, *96*, 98, *99*
Boland *80*, 89
Bolliger, Emmanuel 11
Bon Courage *146*, 150
Bonnievale *146*, 150
Boplaas 161, *162*, 163
Borman, Jacques 93, 103, *103*, 109
Boschendal 8, *96*, 100, *101*
Boschkloof *73*, 77
Botha *156*, 158
Bottelary 59, *59*
Bouchard Finlayson 8, *134*, 137f.
Bouchard, Paul 137f.
Boustred, Murray 58
Bouwland *59*, 63
Bovlei *112*, 117
Brandvlei *156*, 158
Bredell, Albert 43
Bredell, Anton 38, *38*
Bredell, Koos (JP) *33*, 38
Bredell, Marinus 63
Brenthurst *80*, 89
Brözel, Günter 142
Bruwer, Abrie 149, *149*
Bührer, Adrian 62
Buitenverwachting 8f., *12*, 13, 19
Burger, Andries 142

C

Cabrière 8, *96*, 102f.
Calitzdorp *162*, 167
Camberley *46*, 48
Cape Wine Cellars 111
Carisbrooke *73*, 77
Carmichael-Green, Mark 32, 131
Cederberg *170*, 171
Chamonix *96*, 107
Cia, Giorgio Dalla 39, *39*, 86
Citrusdal (Goue Vallei) *170*, 173
Clairvaux *146*, 150
Claridge 111, *112*, 113
Clos Malverne 8f., *64*, 67
Cluver, Paul 141f., *142*
Coetzee, Jackie 23, 24
Coetzee, Jan Boland 31f., 45, 51
Cogmans *162*, 167
Cointreau-Huchon, Anne 52f., *52*
Constantia Uitsig 19, *19*
Coppoolse, Rob 59
Cordoba 34, *35*
Cornifesto 83

D

Daneel, Jean 53, 58, 107f.
Darling Cellars *120*, 122
De Doorns *156*, 158
De Jager, Anthony 82
De Leuwen Jagt, *siehe* Seidelberg
De Meye *80*, 89
De Trafford *33*, 43
De Villiers *80*, 89
De Villiers, Bob 15, *15*
De Villiers, Paul und Hugo 90
De Wet *156*, 158f.
De Wet, Danie 150, 152
De Wet, Paul und Dan 150, *150*
De Wetshof *146*, 150, 152
De Zoete Inval *80*, 89
Deetlefs *156*, 158
Delaire *46*, 48
Delheim *49*, 57
Dellrust *33*, 43
Dendy-Young, Mark 108
Devon Crest *siehe* Meinert/Devon Crest
Devon Hill *64*, 67

Diamant *80*, 89
Die Krans 161, *162*, 164
Die Poort *162*, 167
Diemersdal 21, *22*, 24
Dieu Donné *96*, 107
Distillers Corporation 7, 21, 24, 28f., 32, 58, 63ff., 131, 166
Dobrovic, Mike 69, *69*
Domein Doornkraal *162*, 167
Doordekraal 21
Drostdy *128*, 131
Du Toit, Hempies 29, *29*
Du Toitskloof *156*, 159
Durbanville Hills *22*, 24

E

Eaglevlei *80*, 90
Easthope, Rod 44, 55
Eersterivier 28
Eikehof *96*, 107
Eikendal *33*, 44
Eksteen, Bartho 134, 140
Elephant Pass *96*, 107
Ellis, Neil *46*, 47, *47*
Engelbrecht, Jannie 31, *31*
Engelbrecht, Jean 31
Enthoven, Dick 31
Excelsior *146*, 152

F

Fairview 8, *80*, 82, *82*
Farquharson, James 58, 77
Faure, John 43, *43*
Ferreira, Pieter 147, *147*
Finlayson, Peter 137f., *138*
Finlayson, Walter 59, 83, *83*
Forrester, Ken 8, *33*, 44
Fort Simon *59*, 63
Franschhoek Vineyards *96*, 107
Fredericksburg, R & de R *80*, 93
Freese, Phil 79, 150, 153
Fridjhon, Michael 93
Friedman, Richard 23, 108

G

Gilbeys 28, 64
Glen Carlou 8, *80*, 83
Goede Hoop *59*, 63
Goedgeloof *73*, 77
Goedvertrouw *134*, 140
Goedverwacht *146*, 152
Goudini *156*, 159
Gouws, Ernst 44, 84, *84*
Gower, Ross 16, *16*
Graceland *33*, 44
Graham Beck Cellars *146*, 147
Graham Beck Coastal *96*, 97, *97*
Grangehurst 8f., *33*, 36, 37
Grant, Kevin *138*, 139f.
Greyling, Raymond 101
Grier, Familie 87, *87*
Groene Cloof *120*, 124

Groot Constantia *12*, *14*, 15
Groot Eiland *156*, 159
Groote Post *120*, 124
Grundheim *162*, 167

H

Hamilton-Russell, Anthony 139f.
Hamilton-Russell, Tim 134, 139
Hamilton Russell Vineyards 8, *134*, 138ff.
Hanekom, Hermann 18, *19*
Hartenberg 8, *59*, 60
Haute Cabrière *96*, 102f.
Hazendal *59*, 63
Hegewisch, Hilko 63
Helderberg *33*, *33*
Helderkruin *33*, 44
Hesebeck, Hein 31
Hess Holdings 83
Hofmeyr, Familie 86, 88, *88*
Hoopenburg *80*, 84
Hopkins, Charles 97, *97*
Huchon, Alain 52
Hydro Holdings 69
Hygrace Farms 28

J

Jacaranda *112*, 117
Jacobsdal *73*, 77
Januarieskraal 119
JC Le Roux 64, *64*, 65
Jean Daneel Wines *96*, 108
Jenkins, Keith 93
Johnnic Industrial Corporation 18
Jonker, Lourens 153
Jonkheer *146*, 152
Jooste, Duggie und Lowell 16, *16*
Jooste, Jannie 34
Jordan *73*, 74
Jorgenson, Roger 113, *113*
Joubert, Chris 75, *75*

K

Kaapzicht *59*, 63
Kango *162*, 167
Kanonkop 8f., *49*, 50f., *50*
Keet, Chris 34, *34*
Kent, Marc 98, *98*
Kirschbaum, Hermann 13, *13*, 19
Klawer *170*, 173
Klawervlei *68*, 72
Klein Constantia 8f., *12*, 16, *17*
Klein Gustrouw *46*, 48
Klein Simonsvlei *80*, 90
Kleine Zalze *28*, 31
Knoetze, Len 173
Knorhoek *49*, 57
Koelenhof *68*, 72
Kotze, Sakkie 58
Kraukamp, Patrick 142
Kreusch-Dau, Storm 140
Krige, Johann *50*, 51, 63, 72
Krige, Paul *50*, 51, 63, 72

Krone, NC *129*, 129
Krone, Nicky *129*, 129
KWV 6, 7, 21, 24, 43, *80*, 90, 155, 169

L

La Motte 32, *96*, 103f., *104 f.*
La Petite Ferme *96*, 108
Laborie *80*, 90
Ladismith *162*, 167
Laibach 49, *49*, 58
Landau Du Val *96*, 108
Landskroon 8, *80*, 90
Langenhoven, Daniel 93
Langverwacht *146*, 152
Lanzerac 8, *27*, 33, *46*, 48, *48*
Laroche, Domaine 31
Laubser, Hardy 81, *81*
Laubser, Johann 44
L'Avenir 8, 49, *49*, 51f., *51*
Le Bonheur *49*, 58, *58*
Le Riche, Etienne 48, 90
Le Riche (Leef Op Hoop) *46*, 48
Le Roux, Ernst 85
Le Roux, Pietie 103
Lemberg *128*, 131
L'Emigre *73*, 77
Lievland *49*, 58
Linde, Wilhelm 157, *157*
Linton Park *112*, 114
Longridge *33*, 44
Lorenzon, Bruno 58
L'Ormarins *96*, 108
Louiesenhof *68*, 72
Louisvale *64*, 67
Louw, Tienie 24
Louwshoek *156*, 159
Lusan Premium Wines 28f., 32, 58
Lutzville *170*, 173

M

Maack, Lars 13, *13*
Maass, Alwyn 172, *173*
Mackenzie, Fiona 60, *60*
Malan, Danie 121, *121*
Malan, Familie 71f., *72*
Malan, Hennie 29
Malan, Jan 31
Marais, Newald 85, *85*
McGregor *146*, 152
Meerendal 21, *22*, 24
Meerlust *33*, 39, *39*
Meihuizen, Rob 79, 107
Meinert, Martin 44f., 67
Meinert/Devon Crest 44, *64*, 67
Melck, Familie 58
Merwespont *146*, 152
Merwida *156*, 159
Middelvlei *64*, 66f., *66*
Momberg, Familie 66, *67*
Mons Ruber *162*, 167
Mont Destin 90
Mont Rochelle *96*, 108
Montagu *162*, 167
Mooiplaas *59*, 63
Mooiuitsig 8, *146*, 152

Moore, Martin 24
Moreson 23, *96*, 108
Morgenhof 8, *49*, 52f., *52f.*
Morgenster *33*, 44
Mossop, Tony 166
Mostert, Anne-Maree 57
Moueix, JP 33
Mount Rozier *33*, 44
Mulderbosch 8, *68*, 69, *69*
Müller, Christine 13
Muratie 49, *49*, 58
Musfeld, Beat 44
Myburgh, Hannes 39, *39*

N

Napier 111 *112*, 117
Naudé, Ian 114, *114*
Nederburg 8, 21, *80*, 84f.
Neethlingshof 28, *73*, 77
Neil Ellis *46*, 47, *47*
Nel, Boets und Stroebel 164, *164*
Nel, Carel 163, *163*
Nelson *80*, 92
Newton Johnson *134*, 140
Niewoudt, Ernst und David 171, *171*
Nitida *22*, 23
Noordhoek Estate 11
Nordale *146*, 152
Nuy *156*, 157f.

O

Onderkloof *33*, 44
Opstal *156*, 159
Oude Libertas, *siehe* Stellenbosch Farmers' Winery
Oude Nektar 47, *siehe auch* Neil Ellis
Oude Wellington 111, *112*, 117
Overgaauw *73*, 75, *75*
Overhex *156*, 159

P

Papkuilsfontein 119, 124
Parker, Oliver 23f.
Paul Cluver *141*, 142, *142*
Perdeberg *80*, 92
Plaisir de Merle 8f., *80*, 92, *92*, 93
Pontac 60, 121, 167
Porterville *120*, 125
Post House *33*, 44

R

Radford, Ben 44
Ratcliffe, Norma und Stan 57
Remhoogte 49, *49*, 58
Reyneke/Uitzicht *73*, 77
Rhebokskloof *80*, 93
Rickety Bridge *96*, 108
Riebeek *120*, 125
Rietrivier *162*, 167
Rietvallei *146*, 152
Robertson *146*, 152
Romansrivier *156*, 159
Roodezandt *146*, 152
Rooiberg *146*, 147, 152f.
Roux, Wrensch 108

Rozendal *46*, 48, 63
Ruitersvlei *80*, 93
Rupert, Anthonij 93, 108
Rupert, Hanneli 103
Rust en Vrede 28, *28*, 30, 31
Rustenberg 8f., *49*, *49*, 54, 55

S

Sauer, Familie 51
Savanha Wines 21, 33, 44, 79, *80*, 89
SAVISA 24, 67, 79
Saxenburg 8f., *59*, 62f.
Schörghuber, Stephan 31
Schreiber, Hans 28f., 32, 45, 58, 77
Schröder, Hans Peter 47
Schultz, Carl 60, *60*
Schultz, Rudi 74
Seidelberg 89
Simonsig 8, *68*, 70, 71f.
Simonsvlei *80*, 93
Slaley *68*, 72
Slanghoek *156*, 159
Somerbosch *33*, 45
Southern Right *134*, 140
Sperling, Michael 57
Spice Route *120*, 125
Spier 28, 31, 44
Springfield 21, *146*, 149
Spruitdrift *170*, 173
Starke, Familie 24
Steenberg 12, 18f., *18*
Stellenbosch Farmers' Winery (SFW) 7, 21, *28*, 28, 32, 64, 73, 84f., 92, 119, 125, 149
Stellenbosch Farmers' Winary (Oude Libertas) 28
Stellenbosch Vineyards (Welmoed) *28*, 28, 32
Stellenryk 32
Stellenzicht 28, *33*, 45
Stonewall *33*, 45
Stony Brook *96*, 108
Strydom, Louis 31, *31*
Strydom, Rianie 53
Swartland *120*, 125
Sweerts, Jean-Luc 43, 104, 108
Sylvanvlei *64*, 67

T

Talana Hill 32
TenFiftySix *96*, 108f.
Thelema 8f., *49*, *49*, 56
Theuniskraal *128*, 131
Trafford, David 43
Trawal *170*, 173
Truter, Beyers 50, *50*, 51, 63, 72, 135
Truter, Danie 44
Trylogy Wine Corporation 44, 89, 93
Tulbagh *128*, 131
Twee Jonge Gezellen 8, *128*, 129, *130f.*

U

Uiterwyk *73*, 76f., *76*
Uitkyk *49*, 58
Uva Mira *33*, 45

V

Van Breda, Spekkies 101
Van der Merwe, Melanie 65, *65*
Van der Merwe, Nico 62, *62*
Van der Walt, Deon, 86
Van Loveren *146*, 153, *153*
Van Niekerk, Callie 32
Van Rensburg, Andre 40, *40*, 45
Van Velden, Braam 75, *75*
Van Zylshof *146*, 153
Veenwouden *80*, 86, *86*
Veller, Bernhard 23, *23*
Verburg, Niels 135, *135*
Verdun *73*, 77
Vergelegen *33*, *33*, 40, *41*, 101
Vergenoegd *33*, *33*, 42, 43
Versfeld, Nicky 18, *19*, 19
Verwey, Pieter 172, *173*
Viljoensdrift *146*, 153
Villiera 8, *80*, 87, *87*
Villiersdorp *141*, 142
Vlottenburg *73*, 77
Von Arnim, Achim 102f., 147
Von Ortloff *96*, 109
Vredendal *170*, 172, *172*
Vredenheim *73*, 77
Vriesenhof 8f., *28*, 31f., *32*

W

Waboomsrivier *156*, 159
Wagenaar, Gerrie 101
Wahl, Pierre 108
Walker, Jeremy 37, *37*, 135
Wamakersvallei 111, *112*, 117
Wannenburg, Bennie 173
Warwick *49*, 49, 57
Waterford *33*, 45, 48
Webb, Gyles 49, 56, *56*
Webber, Guy 45
Welgegund 111
Welgemeend *80*, 88, *88*
Wellington *112*, 117
Welmoed *siehe* Stellenbosch Vineyards
Weltevrede *146*, 153
Welvanpas *112*, 117
Whalehaven *134*, 140
Wiese, Christo 33, 48
Wiid, Ronelle 63
Wildekrans *134*, 140
Windmeul *80*, 93
Winkelshoek *120*, 125
Withoek *162*, 167
Wright, Haydn 43, *43*

Y

Yonder Hill *33*, 45

Z

Zanddrift *80*, 93
Zandvliet *146*, 150
Zandwijk *80*, 93
Zevenwacht *59*, 63